Documents manquants (pages, cahiers...)
NF Z 43-120-13

LA VIE

VAUT-ELLE LA PEINE DE VIVRE?

ÉVREUX. — IMPRIMERIE DE L'EURE.

LA VIE
VAUT-ELLE LA PEINE DE VIVRE?

ÉTUDES SUR LA MORALE POSITIVISTE

par W. Hurrell MALLOCK

AUTEUR DE LA *Nouvelle République*

OUVRAGE TRADUIT DE L'ANGLAIS, AVEC LA PERMISSION DE L'AUTEUR

ET ACCOMPAGNÉ D'UNE INTRODUCTION ET DE NOTES

par James FORBES, Missionnaire

Cinquième édition

PARIS

PEDONE-LAURIEL
13, RUE SOUFFLOT

| BERCHE & TRALIN | LIBRAIRIE JOSSE |
| 69, rue de Rennes | 31, rue de Sèvres |

1904

INTRODUCTION

DE LA PREMIÈRE ÉDITION

PAR LE TRADUCTEUR

Cet ouvrage remarquable a paru d'abord en articles dans une Revue anglaise, *The nineteenth Century*. Ces articles refondus et complétés par l'auteur forment un volume de quatre cents pages. Publié à Londres en 1880, ce livre eut tout de suite une très grande vogue; mais, je ne sais pourquoi, le succès fut plus vif aux Etats-Unis qu'en Angleterre. En France, il est complètement inconnu; et, chose étrange, aucune Revue n'en a parlé. La traduction que nous offrons au public le fera sortir, nous l'espérons, de cet oubli, qui est absolument injuste (1).

L'auteur, jeune homme d'un talent hors ligne, avait trop d'esprit, de bon sens, pour devenir adepte du positivisme. Dès qu'il étudia les choses de près, il comprit la fausseté et aussi le danger de ce système, et il lui déclara une guerre acharnée. *The new Republic* est, sous le voile du roman, une critique fine et mordante des erreurs et des rêveries positivistes. Des allusions trop transparentes à des amis de l'auteur ont, dit-on, indis-

(1) Le livre a été bien accueilli du public, et c'est pour cela que nous publions une cinquième édition.

posé contre lui certains salons de Londres et ne lui ont pas été pardonnées.

Le titre de l'ouvrage, *La vie vaut-elle la peine de vivre*, ou *La valeur de la vie*, dit assez que M. Mallock envisage surtout ici les théories morales du positivisme.

Qu'on nous permette un mot sur l'importance et sur la nécessité de cette étude.

I

Si Dieu n'était qu'une nécessité métaphysique, beaucoup d'hommes réussiraient à s'en passer. Mais Dieu est aussi bien une nécessité de l'ordre moral : il est impossible, sans Lui, d'expliquer la morale et ses bases, la distinction du bien et du mal, l'obligation, la sanction.

Or on ne peut pas se passer de morale. C'est par là que Dieu tient l'humanité. Elle ne peut se défaire de lui, sans trouver immédiatement le châtiment de son apostasie dans le désarroi de la société.

Il n'est donc pas étonnant que, dans la guerre qu'on fait à Dieu, l'effort principal se porte là : on veut une morale qui n'ait pas besoin de lui.

C'est par la morale que la philosophie agit sur les hommes : une métaphysique dont la vie dépend se fera toujours mieux écouter qu'une métaphysique qui plane dans les abstractions.

Aussi bien la morale est-elle la conclusion naturelle et obligée de tous les systèmes.

Le positivisme n'a eu garde de l'oublier : « Une dernière partie du système de philosophie synthétique, dit M. Spencer (*la morale*), est la principale, et toutes les autres n'en sont, à mon avis, que la préparation. »

« Le positivisme, dit M. Caro, entend ramener tous les phénomènes moraux, religieux et sociaux, à la loi des explications scientifiques. La religion et la métaphysique étant mortes, la philosophie positive réunit toutes les sciences isolées en une seule, qui tient en sa main tous les ordres de phénomènes : les phénomènes du monde inorganique, par les mathématiques, par l'astronomie, par la physique et par la chimie ; les phénomènes du monde organique, par la biologie, et les phénomènes moraux et sociaux, par ce que le positivisme appelle, dans son jargon, la *sociologie*.

Cette philosophie a un caractère général : l'élimination de l'absolu, la réduction de toutes les questions à des questions de fait. Y a-t-il un absolu, une cause, une substance, une âme, un Dieu ? Elle n'en sait rien et ne veut rien en savoir. Elle s'occupe des faits moraux comme elle le ferait des faits chimiques et en tire les lois de la sociologie.

La sociologie est la science des faits moraux et sociaux ; cette science lui donne le secret d'une nouvelle morale et d'une nouvelle religion.

Au début, la nouvelle école affecte de se donner des airs corrects et de parler comme la philosophie orthodoxe. La morale est une règle qui doit diriger l'activité de l'homme ; pour être morale, la vie doit rechercher un but, un bien. Mais, et c'est ici qu'elle dévie, ce bien c'est le bien social : l'homme est entraîné par deux instincts : l'instinct égoïste et l'instinct altruiste. La perfection de l'humanité, amenée par l'évolution, sera la domination des instincts altruistes sur les instincts égoïstes : travailler au bonheur général de l'humanité, voilà la règle de la morale (1). *La société*, dit le professeur Clifford, *est un vaste organisme, et de même que le bien de tout l'organisme est la raison de tous les mouvements qui s'y produisent, de même la raison de toutes les actions des individus est le bien de la société.*

La gloire, le charme de cette morale et de cette religion, c'est l'émotion qui s'éveille nécessairement, quand l'individu noie sa vie et sa béatitude dans l'océan de la béatitude commune, pour conserver cette grande société humaine, qui cependant n'a pas besoin de ce suicide, puisque, par l'effet de l'évolution, l'accord, s'établira forcément entre les sentiments égoïstes et les sentiments altruistes. Les poètes du positivisme, comme G. Elliot, ont chanté ce désintéressement sublime. A quel délire d'enthousiasme ne s'élèvera pas ce martyr de l'humanité ! Pourquoi n'échangerai-je pas ma satisfaction mesquine contre ce bonheur que je puis hâter, mais qui ne commencera à poindre que lorsque je dormirai dans la poussière ? Je ne serai plus, mais je vivrai dans le souvenir de ceux qui me devront le bonheur ! Je désespère de l'avenir pour moi, mais pourquoi la sympathie et la pitié ne me feraient-elles pas travailler à assurer une heure de joie à la créature qui n'est pas née, que je ne connaîtrai pas et qui, peut-être, ne me connaîtra pas non plus ? Ne puis-je pas entrevoir un avenir, où tout ce qu'il y a de meilleur en moi projettera sa lueur sur des existences qui me devront un rayon de joie ? Qu'elle est sage, qu'elle est tendre la grande âme qui sait immoler les joies misérables au bonheur de ses frères !

(1) V. plus bas, au chapitre III, les textes de Huxley, du professeur Clifford et de Stuart-Mill.

La maison de boue doit tomber; pourquoi s'en plaindre! Détournons nos yeux de ce qui est inévitable, pour aller au secours de nos frères et panser leurs plaies (1). »

On le voit, cette morale nouvelle n'a pas seulement la prétention de remplacer le christianisme; elle le singe et s'affuble de ses vertus et de ses gloires; elle parle de désintéressement, de charité, de martyre, elle qui proclame le principe de tous les vices : le bien social, excuse et légitimation de tous les excès! Que dis-je! elle en parodie le culte, en substituant à Dieu et à Jésus-Christ l'humanité devenue son fétiche (2).

Dans ce monde fantastique, les aphorismes sublimes mais absurdes de madame Guyon sont exhumés par des hommes qui ne croient pas en Dieu! c'est le cas de dire que toutes les erreurs sont parentes. Qui le croirait, dans la doctrine utilitaire de Stuart-Mill, dans l'altruisme de Comte et de M. H. Spencer, dans la religion de la sympathie de G. Elliot, le quiétisme donne la main à l'athéisme!

Le quiétisme, qui croit en Dieu, résume toute sa morale dans le principe de l'amour pur de Dieu, et déclare qu'agir en vue de la récompense est mal. Transportez à l'humanité ce que le quiétisme dit de Dieu, et vous avez la morale et la religion du positivisme. C'est une religion philanthropique, qui installe l'humanité sur le trône du Dieu vivant, l'adore, fait de son amour la règle du bien et du mal. Rêve insensé d'orgueil et d'impiété, qui prêche le paradis sur terre, mais un paradis dont on ne jouit pas, puisqu'on n'en a

(1) G. Elliot, *passim*.
(2) On sait que les positivistes ont à Paris et à Londres, des temples en l'honneur de la sociolâtrie.

que la perspective, paradis inévitable d'ailleurs, que l'évolution nous amènera forcément, et pour lequel on demande à l'homme un suicide inutile.

M. H. Spencer s'est attaché à donner au système un air un peu moins déraisonnable (1), et au lieu de noyer le *moi* dans le bonheur général, fait du plaisir égoïste, qui se retrouve par sympathie dans le bonheur de la race, le ressort principal et le motif définitif de sa morale.

Nous ne réfutons pas, nous exposons. Signalons en passant quelques-unes des conséquences qu'entraînent ces systèmes.

Les actes moraux ou prétendus moraux y sont des effets nécessaires des impulsions de la nature; les motifs sont des forces, dont la détermination volontaire est la résultante.

La conscience, le sentiment de l'obligation sont dus, d'après M. Spencer, à des sentiments factices créés en nous, d'un côté par la coercition, qui maintenant est nécessaire pour amortir le choc des intérêts, de l'autre par les idées religieuses et par la coutume. Mais ces deux causes n'ont pas de valeur morale; avec l'évolution elles s'évanouissent : dans cette humanité idéale, pour laquelle le bien de chacun sera le bien de tous, il n'y aura plus de cause de conflit, et l'obligation n'aura plus de sens.

(1) *La morale évolutionniste,* ouvrage vanté à la Chambre des députés, par M. Jules Ferry, comme une des œuvres *les plus propres à fonder l'enseignement de la morale laïque, s'élevant par une évolution logique, qui est admirable, à des conclusions absolument identiques à celle de Kant. Sa morale se déduit de la vraie nature de l'homme.* M. Jules Ferry savait-il ce qu'il disait?

Ces théories folles ont des conséquences qui épouvantent.

Si l'utilité présente ou future de l'humanité est la mesure du bien et du devoir, elle est aussi la mesure du droit, et alors, quelle garantie les droits de l'individu trouvent-ils contre l'Etat, contre la société? Bentham se demande ce que devrait faire l'Etat en Angleterre, s'il lui était démontré que son intérêt demande que les catholiques soient réduits en esclavage. Evidemment, il devrait s'empresser de les asservir.

Très logiquement, Stuart-Mill définit le droit : *un pouvoir que la société est intéressée à accorder à l'individu.* C'est en deux mots le communisme le plus absolu. Tout est à la merci de l'Etat; et l'Etat, qui a tout donné, peut également tout ôter.

Mais les gouvernements ne sont pas plus à l'abri que les individus.

Ils ne sont qu'un frein provisoire, qui bientôt disparaîtra.

En politique, M. Spencer va jusqu'à concevoir un état idéal de la société, qui serait l'*absence de toute loi coercitive et la complète autonomie de l'individu.* Les Codes et les Constitutions ne sont que des *appareils de contrainte* qui, en tel ou tel moment de l'histoire, font échec aux penchants égoïstes ou antisociaux, pour assurer la prédominance des penchants sympathiques ou sociaux. « Le *Gouvernement,* dit M. Spencer, *est une fonction corrélative de l'immoralité de la société!* » Le développement des sentiments sympathiques assurera graduellement la chute des institutions répressives, c'est-à-dire des lois et des gouvernements.

Nous marchons vers un état social où, selon l'expression de M. Spencer, *l'autorité sera réduite au minimum*, la *liberté élevée au maximum*. Des formes intermédiaires et transitoires se succèderont encore entre les monarchies absolues des despotes et la démocratie finale, où la nation sera le vrai corps délibérant, faisant exécuter ses volontés par des mandats impératifs consentis de part et d'autre.

Alors la nation *humaine*, façonnée par la discipline sociale, sera devenue si apte à la vie en société, qu'elle n'aura plus besoin de contrainte extérieure, et se contiendra elle-même.

On le voit, ce système touche à tout et porte dans toutes les questions ses idées aventureuses et désordonnées. Echo de toutes les folies, de toutes les audaces de la philosophie séparée, fruits monstrueux et longuement mûri de toutes les erreurs de ce temps, il réédite à la fois, et sous une forme nouvelle, le matérialisme, le naturalisme, la morale indépendante, les théories de Jean-Jacques et de Kant, le socialisme césarien et le communisme démocratique.

Cette erreur ridicule, absurde, est digne de notre temps.

On n'a pas le droit de s'en étonner, quand on entend, en pleine Sorbonne, « Comte proclamé le plus grand penseur de l'époque (1) ». Mirabeau disait : *Le droit est l'inviolabilité de la liberté*. Kant a dit : « *La parfaite moralité consiste à être à la fois l'auteur de la loi et le serviteur de la loi*. C'est ce qu'il entend par l'auto-

(1) Discours de M. Gambetta : « Là seulement les jeunes gens trouveront une philosophie appropriée à leurs besoins : ce sera pour eux la moelle des lions » (21 avril 1881). La moelle des lions ! *Risum teneatis...*

nomie de la volonté, dont il fait le fondement du droit.

Royer-Collard, Cousin et Jouffroy ont dit : « *Du libre arbitre procèdent à la fois le devoir et le droit.* »

Un philosophe contemporain, maître de conférences à l'École normale, esprit distingué mais faux, écrivait l'année dernière : *Le droit fondé sur Dieu aboutit à la suppression du droit humain* (1).

Quand on sait que de pareilles doctrines ont été enseignées pendant plus de soixante ans dans une grande partie de l'Europe, on ne peut plus s'étonner de voir apparaître le positivisme.

Mais aussi, parce que tous les principes fondamentaux ont été ébranlés par la philosophie rationaliste, et parce que le positivisme a profité de tous ces malentendus, une réfutation sommaire de ce système ne suffit pas.

Ce n'est pas assez de prouver que le principe fondamental du positivisme ne tient pas devant une science sérieuse; que les sciences elles-mêmes nous font conclure du relatif à l'absolu, de l'effet à la cause, à la substance.

Il faut le suivre dans ses théories morales et sociales, rétablir toutes les notions, tous les principes qu'il a faussés et travestis, lui arracher tous ces masques de morale, de vertu, de dignité, de désintéressement dont il se pare.

Cela est nécessaire, parce que c'est surtout par sa morale que le positivisme se propage. Système artificieux, délié, spécieux, il fascine les esprits superficiels et emprunte le prestige de la science à quelques savants

(1) M. Fouillée : *L'idée moderne du droit.*

distingués qui le représentent surtout à l'étranger (1). L'emploi qu'il affecte des grands mots de morale et de vertu, les subtilités ingénieuses derrière lesquelles il se dérobe, l'aplomb avec lequel il nie ce qu'on a toujours cru, déroutent l'esprit qui, tout en sentant que la théorie est fausse, ne trouve pas toujours la réponse. C'est que, pour démêler les idées que ce système remue, pour rétablir les principes qu'il a faussés, il faut des études et une éducation malheureusement fort rares.

Nous sommes en présence d'un système retors et subtil, qu'il faut étudier et suivre de près. Qu'on ne s'y trompe pas : si absurde et si inconséquent qu'il soit, il est la forme en vogue de l'incrédulité moderne. Il est, comme on l'a dit, le symptôme caractérisé d'une maladie générale (2).

Le livre que nous présentons ici au public français est, à notre avis, la meilleure réfutation de la morale positiviste qui ait paru jusqu'ici.

Nous savons tout ce qui a été dit sur l'auteur : nous savons que certains passages de son livre ont motivé des reproches assez graves. Mais les neuf premiers chapitres n'ont pas donné prise à des critiques sérieuses : on a seulement blâmé, et avec raison, une citation trop prolongée et trop complaisamment étalée, tirée d'un infâme roman de Théophile Gautier (3).

Dans la seconde partie du livre, qui commence au chapitre dixième, il y a beaucoup à louer et beaucoup à critiquer. A côté de pages admirables sur le catholicisme, il y en a de confuses, où un reste de scepticisme

---

(1) MM. Tyndall, Huxley, Darwin.
(2) P. de Bonniot, *Annales de la philosophie*.
(3) Nous avons réduit cette citation au strict nécessaire.

Kantien, et l'infatuation un peu positiviste des preuves physiques, percent sensiblement.

Contre le positivisme, M. Mallock est admirable. Sa logique serrée, pressante, souvent émue et éloquente, va droit au but. Quand il s'agit du catholicisme, on dirait qu'effrayé par les conclusions qu'il entrevoit, il cherche à se dérober. Il apporte les principes et il ne conclut pas.

Tout récemment encore, dans un roman (*A romance of the nineteenth century*) dont la presse anglaise a justement critiqué les situations souvent immorales et les peintures trop libres, l'auteur s'est retracé lui-même dans son héros, comme il le fait du reste dans ce livre : une âme tourmentée qui a de magnifiques lueurs, de beaux éclairs de vérité, mais qui n'ose aborder de front la question religieuse et qui, ou tient à conserver, ou conserve malgré elle, je ne sais quelles arrière-pensées de doute.

Mais toutes ces lacunes, tous ces défauts n'empêchent pas le mérite réel, la profondeur, l'originalité et j'ajoute, l'utilité de ce livre. La réfutation du positivisme, qui est presque tout l'ouvrage, est excellente : elle mérite d'être connue. Il nous paraît utile de publier la seconde partie, malgré les réserves que nous sommes obligé de faire. Nous croyons qu'il est bon qu'on lise les pages que l'Église catholique a inspirées à un rationaliste, témoignages impartiaux qui peuvent faire sur plusieurs une vive impression.

Le dirons-nous? nous soupçonnons que beaucoup de protestants n'ont été si durs pour l'auteur, en des points secondaires, blâmés d'ailleurs par nous avec eux, que parce qu'ils ne pouvaient lui pardonner cet hommage à une Église abhorrée.

C'est probablement pour cela que les revues françaises, organes habituels du rationalisme, n'ont rien dit de ce livre.

Si imparfaite qu'elle soit, la seconde partie du travail de M. Mallock est instructive. On y voit à quel point de vue se placent les rationalistes pour apprécier plusieurs de nos dogmes fondamentaux. Il n'est pas inutile à l'apologiste de le savoir.

Tandis qu'en France, le rationalisme étroit et intolérant devient tous les jours plus partial et plus violent, la Providence semble ménager chez les rationalistes des pays protestants un revirement secret, un travail souterrain d'une immense portée. Ce n'est pas à nos yeux un symptôme banal et sans conséquence que de voir des rationalistes s'écrier, comme M. Mallock : « *Il n'y a qu'une révélation sérieuse, c'est le catholicisme! Une révélation qui renonce à l'infaillibilité avoue par là même qu'elle n'est pas divine*, ou bien encore : *L'infaillibilité du Pape est à la fois un frein et un principe de liberté.*

A la fin de cette introduction, nous avons relevé et réfuté les inexactitudes et les erreurs qu'on pourrait reprocher aux quatre derniers chapitres.

Après ces préliminaires sur le but et sur la portée de ce travail, disons un mot de la méthode de l'auteur.

Rien de mortellement ennuyeux comme l'analyse des théories positivistes. « Si l'ennui est un héroïsme, disait M. Caro au sortir de cette expérience, alors je suis un héros. »

Je ne sais si le lecteur a éprouvé la même impression, mais en parcourant plusieurs des réfutations du positivisme publiées jusqu'ici, nous avons ressenti quelque chose de cet ennui que les auteurs avaient dû affronter pour suivre ces systèmes creux et contradictoires. Comme ils ont dû souffrir à lire ces fatras indigestes et révoltants! Il nous semblait que nous traversions avec eux des déserts sans fin, sillonnés par un vent brûlant, dévorés par un soleil de feu; que nous suivions péniblement, à la sueur de notre front, des sentiers à peine visibles, dont on n'apercevait pas le bout!

On n'éprouvera, en lisant M. Mallock, rien de semblable : cela tient à son talent, à son originalité, à sa verve et aussi à la méthode adoptée par lui.

Le positivisme a la prétention, tout en ignorant ce que tout le monde croit, de parler cependant comme tout le monde.

C'est par là que M. Mallock le saisit : il s'empare de ces termes communs, qui représentent des principes ou ne représentent rien; il somme le positivisme de les justifier, il le confond par ses propres définitions. D'autres ont admirablement montré que le positivisme mène à toutes les absurdités; M. Mallock s'attache à prouver qu'il n'est pas d'accord avec lui-même.

Le positivisme essaie de répondre, mais il ne répond pas; il allègue des fins de non-recevoir et cherche à se dérober. M. Mallock le poursuit dans ces faux-fuyants, le presse, le traque, le met au pied du mur et lui arrache réponse sur réponse. Chacune de ces réponses est le sujet d'une réfutation caustique, originale, étincelante d'esprit; c'est une lutte corps à corps, que le lecteur suit avec un intérêt croissant, et au bout de neuf chapitres, il a sans fatigue parcouru et analysé tout ce dédale de sophismes, de subtilités et d'obscurités calculées. Dans deux chapitres intitulés : *Superstition du positivisme* et *Contradictions du positivisme*, M. Mallock donne au système le coup de grâce et montre qu'il n'est, lui qui se pique d'exactitude et de rigueur scientifique, qu'un amas d'assertions sans preuves, d'illusions grossières et d'espérances chimériques.

II

Is life worth living! la vie vaut-elle la peine de vivre? ou en d'autres termes : Qu'elle est la valeur de la vie? Tel est le titre de l'ouvrage.

En enlevant à la vie son but et sa sanction, le positivisme en détruit la valeur et ôte à la morale sa base.

Il n'y avait que la vue chrétienne de la vie qui pût réconcillier l'homme avec la réalité des choses; car la réalité, prise isolément, c'est que la vie est une vanité, une illusion, une amère tromperie. Le résultat fatal, c'est le désespoir. Le christianisme fait envisager la vie à des points de vue qui la transfigurent. La vie devient d'une dignité, d'un prix inestimable; la douleur même, la mort changent de face.

Le positivisme enlève tout ce que le christianisme avait apporté et prétend cependant maintenir la dignité et le prix de la vie.

C'est là une prétention inacceptable : qu'il nous montre donc, qu'il nous prouve que la vie a par elle-même une valeur.

Au lieu de répondre directement, le positivisme cherche à tourner la difficulté : il va demander à l'histoire des exemples qui prouvent, selon lui, que pendant des siècles on a cru à la valeur de la vie, sans croire à la vie future ni aux autres dogmes chrétiens.

Nous ne pouvons pas suivre l'auteur dans sa réfutation très brillante et très solide de cette théorie. Que le lecteur ne juge pas du livre par cette analyse froide et sommaire.

Dans le chapitre second, intitulé *La Morale et le Prix de la vie*, M. Mallock serre la question de plus près.

La question de la valeur de la vie est intimement liée à celle de la moralité de la vie. Là-dessus, les positivistes sont d'accord avec les théistes.

« Que nous ayons ou non, disent-ils, perdu quelque chose en perdant la foi à la vie future, au fond peu importe puisque le bien, le bien moral, reste toujours le but de la vie.

« Il sera d'autant plus beau de s'y dévouer que ce sera plus désintéressé. »

En quoi consiste cette moralité qui gouverne la vie?

« Dire qu'une vie peut être morale, dit très bien M. Mallock, c'est dire qu'on peut imprimer aux actes de la vie une direction, et une seulement, qui fait de la vie une chose raisonnable et grande. La moralité des actes, c'est le rapport des actes avec ce but qui rend la vie raisonnable.

« S'il y a une morale, nos goûts, quels qu'ils soient, s'effacent devant cet idéal qui leur sert de mesure, et cet idéal, c'est le bonheur, but commun, satisfaction suprême des aspirations de l'humanité. »

En quoi consiste ce bonheur? quels en sont, dans l'opinion commune, les conditions et les attraits?

« Tout système de morale propose aux actes un but; pour arriver à ce but, il n'y a qu'un chemin, la moralité; ce but est la seule chose qui importe dans la vie.

La suffisance de cette destinée à satisfaire l'homme, c'est là toute la question de la valeur de la vie. »

Les positivistes en conviennent : il leur faut disent-ils, un but suprême auquel tende l'acte, et un bonheur qui satisfasse. Cela et cela seul peut donner un sens à l'acte et rendre la vertu possible.

Jusqu'ici nous sommes d'accord : il faut un idéal, un bonheur suprême qui règle notre vie : c'est parfait, et, à part un point obscur, c'est la réponse que nous cherchons. Malheureusement, ce point obscur gâte tout le reste : *ce bonheur, aucun positiviste ne peut nous dire ce qu'il est*. Ces mots de bien suprême peuvent dire beaucoup ou rien. Or il importe de s'expliquer là-dessus. Avant de lutter pour arriver au *bien suprême*, c'est bien le moins que nous sachions ce que c'est que ce bien suprême. Il faut arrêter au passage cet idéal brillant et voir ce qu'il nous apporte. Est-ce une réalité ou bien une illusion ?

Or voilà précisément ce que l'école positiviste ne peut supporter : elle ne veut pas qu'on dise que cet idéal est une illusion. — A l'en croire, l'illusion, c'est notre ciel à nous. Tout différent du bonheur chrétien, le *bien supérieur* qu'on nous offre est avant tout chose pratique. C'est, nous disent les prophètes du positivisme, « une béatitude qui résulte, dans cette vie, *de certaine manière d'agir* ».

Je demande alors, et, franchement, ce n'est pas être bien exigeant, je demande qu'on me révèle enfin ce bien supérieur. Si on ne peut me le montrer, qu'on dise au moins comment il faut s'y prendre pour le découvrir. Il est possible que le *bien suprême* soit chose trop vague pour permettre une définition rigoureuse. Mais ce qu'on ne peut définir, on peut toujours le décrire suffisamment pour le besoin qu'on en a, de façon qu'on sache ce que c'est, qu'on puisse, quand on veut, le trouver, le reconnaître. Je demande à nos penseurs si positifs ce qu'ils entendent par ce bien. Assurément, pour en parler, ces messieurs doivent le connaître. Et puis, grande question, qu'éprouve-t-on quand on possède le *bien suprême?* Est-ce quelque chose d'intermittent, comme un transport subit? On pourrait le supposer à les entendre. Ne l'éprouve-t-on qu'à certains moments, comme une sorte d'extase platonique? Impossible; le bonheur des positivistes doit être quelque chose de plus substantiel qu'une extase. Mais alors ce bonheur existe et on peut mettre la main dessus.

Après avoir ainsi finement raillé les positivistes, M. Mallok conclut : « Il faut, de toute nécessité, que la fin morale soit assez nettement perçue, pour qu'on puisse discerner les actes qu'elle doit régler, ceux qu'elle autorise et ceux qu'elle défend. Cela résulte de l'idée même de moralité; la voie morale est morale, parce qu'elle mène au bonheur supérieur. La voie contraire est immorale, parce qu'elle mène à d'autres biens, au bonheur inférieur ».

Il faut donc que la fin morale se présente à l'homme indifférent ou passionné, claire, nette, facile à discerner de toute autre. Ce n'est pas même assez, il faut qu'elle affronte sans crainte la critique hostile de ceux qui, contents comme ils sont et ne voulant pas être dérangés, redoutent de se laisser subjuguer par ses charmes.

Je demande au positivisme ce qu'il peut me présenter en fait de bonheur supérieur. Est-ce une réalité ou un mythe? Voilà la question, la grande question.

Ce bonheur, dit-il, ne se trouve pas dans l'autre vie : donc il se trouve dans celle-ci. Mais s'y trouve-t-il? S'il s'y trouve, qu'on nous le montre.

Voilà le positivisme mis en demeure de répondre catégoriquement. Vous croyez qu'il va s'exécuter? Pas du tout.

Il se rejette alors sur la théorie du bonheur personnel et du bonheur social, de la moralité sociale et de la moralité personnelle, et il en fait un mélange si habile, un pêle-mêle si inextricable, qu'il est impossible, en fin de compte, de savoir ce qu'il entend par le bonheur, la fin morale.

Ceci amène l'auteur à traiter à fond cette question : le bonheur social, ou, pour parler le jargon positiviste, la *sociologie* peut-elle être la base de la morale?

Ce chapitre, de tous points admirable, est un des meilleurs de l'ouvrage.

III

Les positivistes ne croient qu'à moitié à leur grand principe : *La Sociologie définit et contrôle le vrai but des êtres humains; la Sympathie le fait adopter.* Rien n'est moins certain pour eux : et en effet, si la sociologie et la sympathie suffisaient, iraient-ils, comme ils le font, chercher de tous côtés de nouveaux moyens d'étayer ces principes chancelants?

On les surprend continuellement dans cette préoccupation de fortifier leur principe fondamental, ressassant des arguments qu'eux-mêmes avaient condamnés comme puérils.

« J'ai voulu, dit M. Mallock, en finir une fois pour toutes avec ces arguments et leur fermer la porte. Ces mauvaises raisons ressemblent à ces foules bruyantes qu'on chasse d'un tribunal mal gardé et qui y rentrent de vive force, troublant par leurs clameurs un jugement qui n'est pas encore rendu. Eh bien! il faut que ce scandale finisse; qu'il ne soit donc plus question des conditions du bonheur, tant que nous ne saurons pas ce que c'est que ce bonheur. Qu'on ne nous parle pas d'enthousiasme, tant que nous ne saurons pas s'il y a une chose au monde qui vaille la peine qu'on s'enthousiasme pour elle. »

Pour étayer sa théorie, le positivisme a besoin de nous persuader qu'on peut trouver le bonheur en cette vie, que l'on peut s'enthousiasmer pour la vertu, pour la morale, sans croire à la religion et à la vie future. Maintes fois, dit le positivisme, le bonheur purement humain a été proposé aux hommes, recherché par beaucoup avec ardeur et possédé avec une sainte joie. Est-ce que la vérité, la bienveillance, la pureté, et par-dessus tout l'amour vertueux et pur n'ont pas été pour beaucoup d'hommes le but positif de leurs actes, recherché pour sa propre excellence, sans aucune *arrière-pensée de récompense ou de punition* dans le *lointain avenir*? N'est-il pas vrai qu'on a vu des vies nourries, fortifiées par l'idéal purement humain?

Le fait peut être vrai, dit M. Mallock, mais la conséquence est fausse. Oui, on a pu travailler pour la pureté, sans arrière-pensée; mais il ne s'ensuit pas que ce but ait été un but purement humain. Ceci l'amène directement à mettre au grand jour la source cachée de toutes les bévues positivistes.

L'école positiviste écrit sur son enseigne plusieurs choses qui, à première vue, semblent avoir tout ce qu'il faut pour constituer une fin morale. Là-dessus, tout ce qu'il y a en l'homme de bons sentiments et l'expérience semblent lui donner raison. On n'a oublié qu'un point mais c'est le plus important.

L'école positiviste, quand elle parle de la vie et des ressources qu'elle nous offre, affecte toujours d'en écarter l'influence religieuse qui, pour elle, n'existe pas. Elle affecte, dis-je, si on me permet de forger un mot de *déréligioniser* la vie avant de s'en occuper. Mais, dans cette entreprise, nos philosophes ne font qu'étaler aux yeux de tous leur étrange ignorance. Déréligioniser la vie ! c'est pour eux chose toute simple ! mais c'est précisément en cela qu'ils se trompent. On dirait que, pour eux, la religion n'existe que dans ce qu'ils appellent ses formes, le sentiment religieux et l'assentiment de la foi : écartons ces deux éléments, semblent-ils dire, et l'opération sera faite, la vie sera déréligionisée. Mais ils ne sont qu'au début de leur tâche, et même, à en juger par les effets, c'est à peine si leur tâche est commencée. Car, de fait, c'est la minime partie de la vie religieuse qui se traduit sous la forme de croyances et de certains sentiments. La vérité est que la religion a pénétré tous les sentiments et tous les actes, formant avec eux des composés d'une nature à part. Propriétés, couleurs, consistances, tout est métamorphosé. Pour déréligioniser la vie, il ne suffit pas de fulminer contre les *credo* et d'abolir la prière, il faut jeter la vie laïque tout entière dans la cornue, pour la sublimer et en dégager les croyances et les sentiments religieux qui se retrouvent à l'état pur dans les *credo* et dans les prières. Cette opération, fût-elle médiocrement réussie, fera voir clair comme le jour, que la religion est plus ou moins au fond de tout.

Nous verrons alors qu'une foule de choses, celles même dont nous attendions le moins cette manifestation, rendent hommage à la religion : l'esprit, l'ambition, les vices eux-mêmes, sous toutes les formes et le plaisir. A plus forte raison, reçoit-elle le tribut de l'héroïsme, de la pureté, de l'amour vertueux, de l'amour de la vérité et de tout ce que les positivistes encensent.

M. Mallock part de cette idée pour examiner successivement l'idée de la fin morale, de l'amour vertueux, de la vie avec ce qui en fait le charme, le plaisir, la passion et le vice lui-même. Il a sondé cet enthousiasme pour la vérité, pour la nature, dont les positivistes parlent tant, et au fond de toutes ces choses, il retrouve l'idée religieuse, qui est comme l'âme, le ressort, l'intérêt. Dans ces trois chapitres, M. Mallock a déployé toutes ses qualités, l'esprit, la logique, le sentiment de la poésie, l'ironie, relevées par une originalité surprenante.

« Il est donc démontré, conclut-il, que dans cet amour du vrai, et même dans l'amour et dans l'étude passionnée de la nature, où le positivisme se retire comme dans son dernier retranchement, l'élément religieux entre dans une proportion plus forte encore qu'en toute autre chose alléguée par le positivisme, comme faisant l'honneur et le charme de la vie. »

Tout le système positiviste nous enchaîne à la vie présente. Il a beau faire : son faux mysticisme ne peut rien pour nous élever à une sphère supérieure : nous sommes par lui rivés à cette vie. C'est donc par elle-même qu'il faut juger de la vie. Elle nous suffira, ou ne sera qu'une déception ; mais il n'y a pas à compter sur autre chose que sur ce qu'elle peut donner.

Eh bien! alors, cette vie réduite à ses propres ressources, que vaudra-t-elle?

M. Mallock aborde, dans un chapitre intitulé : *Superstition du Positivisme*, ce qu'il appelle « ce songe creux, cette vague confiance dans le progrès et dans l'avenir glorieux qui attend l'humanité, *cette marotte du positivisme, dont il nous rebat sans cesse les oreilles* ».

Le positivisme critique et raille amèrement la destinée chrétienne, le ciel chrétien. M. Mallock, prenant l'offensive, examine ces critiques et les pulvérise, puis, se retournant contre le positivisme, il applique ces mêmes critiques à sa propre solution et montre que c'est lui qui se repaît de songes et de chimères.

Il ne reste plus au positivisme qu'une ressource, c'est la science.

Or la science positiviste fait valoir contre les doctrines théistes et chrétiennes trois sortes d'arguments : les arguments physiques, les arguments moraux et les arguments historiques.

L'auteur examine successivement ces trois genres d'arguments. Il consacre aux arguments physiques le chapitre neuvième tout entier. Ce chapitre est remarquable, et, pourvu qu'on se mette à la place de l'auteur et qu'on entende les termes dans le sens où il les entend, nous n'y voyons rien de répréhensible. —

Impossible de donner une idée de ce chapitre par l'analyse : il faut le lire : jamais on n'a mieux fait ressortir la suffisance et les contradictions de la science positiviste.

IV

Nous entrons maintenant dans un autre ordre d'idées : les difficultés tirées de l'ordre moral, que le positivisme fait valoir contre les croyances religieuses, entendant ici par les croyances religieuses, les grands principes de la religion naturelle ou le théisme.

Le théisme, dit le positivisme, ne s'accorde pas avec la manière dont nous concevons l'ordre moral.

Les difficultés les plus considérables qu'on oppose au théisme, dit M. Mallock, peuvent se ramener à deux : l'existence du mal en face de la toute-puissance de Dieu, et l'existence de la liberté humaine en face de la volonté de Dieu.

Comment l'auteur répond-il à ces deux difficultés? Par une fin de non-recevoir. Je vais essayer de montrer, dit-il, non pas que ces difficultés ne sont pas des difficultés, non pas que ces difficultés ne sont pas insolubles; mais qu'elles ne sont pas inhérentes au théisme ou à la religion naturelle, et qu'il ne servirait de rien pour y échapper, de se faire athée ou positiviste. Ces difficultés sont inséparables de tout système de morale, et si les positivistes admettent une morale, elles se retrouvent sous leurs pas, plus insolubles qu'ailleurs. Ils n'ont donc pas le droit de nous les opposer.

Comme réponse indirecte, l'argument est excellent; mais il ne suffit pas. On pourrait, du reste, reprocher à M. Mallock d'avoir grossi les difficultés outre mesure. S'il avait lu davantage les théologiens et les philosophes catholiques, il saurait que nous avons autre chose à opposer à ces objections qu'une simple rétorsion. Il n'aurait pas présenté comme insolubles plusieurs côtés de la question, qui sont, relativement, faciles à expliquer, et il aurait mieux compris quel est le point délicat et difficile.

Le problème le plus ardu que soulève l'existence du mal, c'est que l'homme reste libre en face de la prescience infaillible de Dieu, qui est la bonté infinie, crée des êtres qu'il prévoit devoir se damner. Ce n'est pas précisément, comme le dit M. Mallock, *cette lacune, cette note dissonnante dans l'étérnelle harmonie, d'une liberté qui s'affirme*. Si la volonté persiste dans sa révolte, il n'y a là ni lacune ni note dissonante, parce qu'elle est ramenée à l'ordre par la manifestation de la justice de Dieu, qu'elle atteste par sa souffrance qu'elle s'est trompée, *erravimus*, et déteste cette révolte sinon à cause de Dieu, du moins à cause du supplice dont elle est cause. Il y a donc tout à la fois dans le damné révolte et haine, blasphème contre l'ordre et asservissement à cet ordre.

L'accord de la science infaillible de Dieu avec la liberté humaine et la conciliation de la bonté infinie avec la damnation prévue du pécheur, sont des questions incomparablement plus épineuses.

M. Mallock dit très bien que « Dieu ne *creuse l'enfer* de personne, que l'enfer, c'est la *privation de Dieu voulue et consentie par l'homme*, que c'est l'homme qui *fait son enfer.* » Cela ne suffit pas ; il faut aller plus loin et dire avec les philosophes catholiques que, logiquement, la vue de l'obstination libre du pécheur dans le mal précède en Dieu le décret de damnation ; que Dieu ne damne personne *a priori*, mais seulement sur le vu de la séparation volontaire consommée. La vue de Dieu, sa science infaillible, n'influe point sur la damnation de l'homme, car, logiquement, la damnation précède, la vue suit. L'homme n'est point damné, parce que Dieu voit qu'il se damnera ; mais Dieu voit qu'il se damne, parce que, de fait, librement, il veut se damner.

L'auteur est plus heureux, et c'est du reste le sujet principal du chapitre, quand il montre que les difficultés que le positivisme reproche au théisme, se retrouvent plus sérieuses, plus insolubles mille fois, dans son système.

La première difficulté à laquelle le positivisme se heurtera, ce sera la distinction même du bien et du mal. Il admet cette distinction et cette opposition, puisqu'il parle de morale, d'actes à éviter ; mais comment la justifie-t-il ? Dans son système, dit avec raison M. Mallock, la coexistence du mal avec le bien est bien plus difficile à expliquer que la coexistence du mal avec Dieu dans le système théiste.

Dans le système théiste, cette distinction s'explique fort clairement : le bien, c'est la conformité avec la justice absolue, avec l'ordre éternel, qui est en même temps la béatitude de l'homme. Le mal est une déviation de cet ordre.

Le positivisme ne veut pas de Dieu : que peut être alors le bien moral ? Dira-t-on que c'est l'ordre et la justice absolue? Je demande alors ce que peut être la justice absolue dans ce système? La justice absolue, répond-on, c'est la nature. — Mais alors, comment expliquer le mal? car le mal existe, et il faut lui trouver une explication. Comment se fait-il que la nature n'ait pas pourvu à ce que les êtres faits par elle ne travaillent pas contre l'ordre, c'est-à-dire contre elle-même? Comment se fait-il que la nature conspire contre elle-même? Que peut-on bien entendre encore par la justice absolue? L'humanité privilégiée, l'humanité qui progresse, qui se perfectionne? Mais alors, le problème du mal subsiste tout entier. L'humanité privilégiée en suppose une autre qui ne l'est point et qui, au lieu de progresser, recule. Que fera-t-on de ces déshérités? Les rayer d'un trait de plume serait par trop violent : il est difficile de compter pour rien ce qui, en définitive, a toujours formé l'immense majorité du genre humain.

Mais cette façon de concevoir le bien a d'ailleurs quelque chose de tout à fait antirationel. L'idée du bien, qui est la règle des actes, est quelque chose d'absolu. Vous détruisez cet idéal; vous faites du bien quelque chose d'essentiellement relatif. « Réduire le bien à n'être que l'élite de l'humanité, une flamme incertaine qui à chaque instant voltige et disparait, qui peut tout au plus briller un instant, et qui, dans son plus vif éclat, ne peut projeter ses lueurs au delà des bornes étroites de ce monde, en vérité, c'est en faire une chose qui n'a plus ni sens, ni portée, ni prise sur le cœur de l'homme. »

« Et alors même que cela ne serait pas, alors même que nous pourrions croire et trouver quelque force à croire qu'un jour, le bien l'emportera dans l'humanité; ce brillant avenir pourrait-il donc nous faire oublier le lugubre passé? La lumière, en devenant plus éclatante, ne ferait-elle pas ressortir les ombres? Et, par contraste, l'histoire ne nous apparaîtrait-elle pas comme un vaste complot contre la justice?

« Mais, dira-t-on, les peines passées sont ensevelies dans l'oubli; le mal sera comme s'il n'avait jamais été.

« Parfaitement; mais le bien qui survivra mourra, lui aussi, et si le passé de l'humanité avec ses tristesses doit compter pour si peu, pourquoi donc cet avenir qui doit être si court, pour joyeux qu'on le suppose d'ailleurs, compterait-il pour beaucoup plus? »

Les positivistes protestent contre le système des peines éternelles : Mais que lui ont-ils substitué? Une morale sans sanction, un fanatisme idiot, qui met sur le même pied le bien et le mal, et supprime la moralité, en supprimant le rapport de l'acte avec le bien définitif, puisque, forcément, par l'effet de l'évolution, quoi que nous puissions choisir, nous nous trouvons tous au même terme.

Il est une question fondamentale en morale, c'est celle de la liberté. Le positivisme nie la liberté, donc aussi la morale, car, sans liberté, pas de responsabilité. Un agent n'est responsable qu'autant qu'il dépend de lui que l'acte soit ou ne soit pas : or, pour le positiviste, il ne dépend pas de l'agent que l'acte soit ou ne soit pas; l'acte est la conséquence de la relation nécessaire entre la cause et l'effet, entre les motifs et la volonté, entre les actes antécédents et les actes subséquents.

M. Mallock se trouve amené par le sujet à examiner la théorie du théisme sur la liberté, et ici, nous allons constater dans cet esprit si distingué des lacunes singulières, fruits de son éducation rationaliste.

Il n'hésite pas sur le fait de la liberté, et à ce point de vue, il a raison de dire, qu'ici encore le positivisme est dans une position cent fois pire que le théisme. Que prétend, en effet, le positivisme? s'appuyer sur des faits. Or le premier de tous les faits, c'est la liberté.

Mais quand il s'agit d'expliquer ce fait, M. Mallock n'est plus le même. Il hésite, il tâtonne et se perd en une explication confuse. Après avoir constaté le fait de la liberté, tout à coup, comme ébloui par la vérité qu'il a entrevue, il en détourne le regard, et l'affirme non à cause de cette évidence qui lui crève les yeux, mais, dit-il, parce qu'il le veut, parce qu'il en a besoin, parce qu'il ne veut pas se suicider comme être moral.

« Nous ne pouvons pas, dit-il, ne pas voir ces questions pleines de perplexités et d'angoisses; le seul moyen de ne pas se laisser dominer par elles, c'est non pas de les ignorer, mais, au contraire, de se rendre pleinement compte de leur grandeur, et de bien comprendre que, si nous leur permettons de nous arracher quelque chose de nos croyances, elles nous les arracheront toutes; de comprendre, dis-je, que si nous ne les tenons pas sous nos pieds, elles nous écraseront impitoyablement; que nous pouvons les traiter en maîtres, bien que nous ne puissions pas les pénétrer; que nous pouvons enfin, si *nous voulons*, les réduire à l'impossibilité de nuire. »

Nous touchons ici à l'idée fondamentale de l'auteur, raison secrète de la faiblesse et de la confusion qui se trahissent dans ce chapitre.

Admirable dans l'attaque, M. Mallock est faible dans la défense. Très habile à démolir, très pénétrant, très pressant, très logique, quand il s'agit de découvrir l'erreur et de la traquer dans ses faux-fuyants, il est impuissant dès qu'il s'agit de construire.

C'est qu'il n'a pas de philosophie rationnelle et complète : il lui manque la vue des principes qui éclairent tout ; il n'a que des demi-lumières ; tant il est vrai qu'en dehors du christianisme, l'esprit même le plus distingué reste court par beaucoup d'endroits.

Il accepte l'existence de Dieu, mais on devine qu'il n'admet pas la preuve directe de l'être nécessaire. Il l'admet, parce qu'il admet une morale, parce qu'il ne veut pas abjurer sa dignité d'homme moral, plus encore par besoin que par conviction. De même pour la liberté : il l'admet comme un fait, surtout comme une nécessité, comme une base nécessaire à la morale ; mais il n'en voit pas la preuve ; il émettra même cette énormité, que « c'est *un effet sans cause* ».

Il arrive de là que les objections l'ébranlent, qu'elles lui paraissent facilement insolubles, qu'il aime mieux fermer les yeux que les regarder en face ; que, sentant la terre se dérober, il se cramponne alors à la morale, à la dignité de l'homme et, par un effort désespéré, s'écrie : Non, je ne puis renoncer à la morale, à moi-même ! je crois, je *veux croire* à un Dieu, à une autre vie, à la liberté !

Tout n'est pas faux dans cette méthode, car, assurément, les aspirations de l'homme, qui exigent un complément proportionné, la distinction du bien et du mal, des actes moraux et immoraux, qui domine les intelligences les plus égarées, la liberté à laquelle tout le monde croit, toutes ces choses sont des faits, qui ne s'expliquent que par Dieu et par la morale religieuse. C'est même par ce chemin que la plupart des hommes arrivent à la connaissance de Dieu; mais, philosophiquement, cela ne suffit pas pour comprendre les vérités fondamentales et surtout pour réfuter les objections.

Ce qu'il y a de curieux, c'est que l'auteur, tout en disant qu'il ne comprend pas la liberté, en expose parfaitement la preuve.

Voilà donc l'effet que produit le libre arbitre, quand il est analysé par la raison : il s'évapore en un brouillard confus et finit par s'évanouir complètement, si bien que nous finissons par nous persuader qu'il n'existe pas.

« Mais, dès que nous nous mettons à distance, le fantôme que nous pensions avoir exorcisé reparaît; le sphinx est là, plus visible que jamais, tenant à la main la balance du bien et du mal.

« Nous *voilà encore une fois certains*, et de cela plus que de tout autre chose, que nous sommes, comme nous l'avions toujours pensé, des agents libres, libres de choisir ou de refuser, et que, par le fait de cette liberté, et de cette liberté seule, nous sommes responsables de ce que nous sommes et de ce que nous faisons. »

Comment M. Mallock n'a-t-il pas vu qu'il résolvait par là même et complètement les difficultés qu'on oppose au libre arbitre? On demande une preuve du libre arbitre. En voici une qui doit être du goût de l'époque, puisqu'on ne veut que des faits. La liberté est un fait. Il est vrai que ce fait ne se démontre pas par un autre; mais il s'atteste par lui-même, par sa propre lumière, comme tous les faits de conscience, et la conscience, en attestant la liberté, en atteste la cause : la spontanéité de l'âme. Nous sentons que notre détermination n'est pas causée par le motif le plus agréable, puisque souvent, de fait, nous nous décidons en dépit du plaisir qui nous attire. Nous sentons que, tout en nous décidant pour le oui, nous pourrions nous décider pour le non. Nous sentons que ce pouvoir est dû à une énergie intime.

L'explication de ce fait est tout autre chose, M. Mallock ne l'a pas compris, c'est de là que vient son désarroi quand il veut pénétrer au fond de cette question. La volonté est libre parce que, par sa nature, elle n'est dominée que par une chose, la tendance vers le bien infini. Au fond nous n'avons besoin que d'une chose, il n'y a qu'une chose à laquelle nous ne puissions pas renoncer, le bonheur sans limite. L'infini clairement vu ne nous laisserait pas libres. Mais ici-bas ni la vue de l'infini, ni le bonheur par la jouissance de l'infini n'existent pour l'âme humaine. Mise en présence de n'importe quel objet fini, elle entrevoit un idéal supérieur. Elle aperçoit des lacunes; à côté des raisons qui l'attirent, elle voit des raisons qui l'éloignent; et c'est pour cela qu'en présence de tout objet, quelque séduction qu'il exerce sur elle, elle est libre.

Devant cette explication si concluante, M. Mallock n'a pas le droit de dire : il y a toujours eu les empiriques de la métaphysique, qui se sont offerts à faire du libre arbitre quelque chose d'acceptable à l'intelligence. Mais tous, ou laissent la question où ils l'ont trouvée, ou bien font semblant de l'expliquer, en niant sous main le fait, qui seul a besoin d'être expliqué.

L'auteur termine ce chapitre par l'examen de quelques difficultés moins fondamentales, dont la principale est celle-ci : S'il y a un Dieu, une Providence, comment se fait-il que l'humanité soit restée si longtemps sans histoire religieuse, et même, autant que nous pouvons en juger, sans religion? Comment se fait-il que l'immense majorité des hommes ait croupi et croupisse encore dans état de semi-barbarie?

M. Mallock exagère singulièrement en disant que l'humanité est restée longtemps sans religion. On assure que quelques peuplades sont arrivées à cet état d'idiotisme et d'enfance, où il n'y a plus ni culte ni distinction raisonnée du bien et du mal. C'est possible; mais cette dégradation jusqu'au crétinisme, où l'homme n'est plus qu'un enfant, est certainement très rare. Plus on pénètre dans les secrets de l'histoire, plus on voit que l'humanité avait gardé pendant un temps considérable le culte monothéiste et les traditions primitives et les dernières données de la science ont fait justice des prétendues peuplades sans religion.

Mais l'auteur a parfaitement raison de dire que ces difficultés, si on se renferme dans le théisme, si on ne tient aucun compte de l'appel de l'ordre surnaturel, ne peuvent être résolues d'une manière satisfaisante. Elles révèlent dans la religion naturelle des lacunes que la religion surnaturelle peut seule combler.

Dès qu'on entre dans l'ordre surnaturel, les difficultés s'aplanissent. Les secours qui ne se trouvent pas dans la sphère de la nature, mais qui s'y trouveraient, si l'homme n'avait pas été élevé à des destinées plus hautes, sont abondamment compensés par des dons d'un ordre supérieur, et Dieu donne à tous les moyens d'arriver à cet ordre.

Plus on étudie, plus on trouve que les traditions primitives ont persévéré longtemps dans une pureté étonnante, beaucoup plus longtemps même qu'on ne le pense généralement ; que l'apostolat des apôtres a été, dès l'origine, prodigieusement retentissant : *in fines orbis terræ exivit sonus eorum ;* que même dans les premiers siècles, la prédication chrétienne a pénétré beaucoup plus loin qu'on ne l'a cru jusqu'ici ; de sorte que, à mesure que les découvertes s'étendent, on voit le cercle de cette humanité si abandonnée se rétrécir de plus en plus.

Chez les hérétiques, Dieu ne condamne que l'ignorance *volontaire :* pour ceux qui n'ont point entendu la bonne nouvelle, s'ils suivent la voix de leur conscience Dieu a mille moyens de les éclairer ou par ses envoyés, ou par lui-même, de façon qu'ils puissent, mus par la grâce, faire ce qui est indispensable pour le salut.

La difficulté proposée tout à l'heure n'est pleinement résolue que par ces doctrines larges et consolantes de l'Eglise catholique. M. Mallock l'a compris, puisqu'il conclut ce chapitre par ces mots : « Le seul moyen de retrouver notre force, c'est *d'avouer notre faiblesse : nous ne pouvons sauver les croyances, indispensables, qu'en demandant à la foi de donner la main à la raison.* »

V

Cette insuffisance du théisme amène l'auteur à examiner les objections que le positivisme oppose à la religion surnaturelle. Pour tout homme impartial, le spiritualisme séparé de la religion surnaturelle est rempli de lacunes et impuissant.

« La religion est nécessaire, dit M. Mallock, le positivisme n'a pas d'objection sérieuse à faire valoir contre le principe religieux; mais cette religion qui attire les âmes d'élite, est-ce une religion purement naturelle, ou bien est-il réservé à quelque dogme exclusif de se faire reconnaitre comme le restaurateur surnaturel de l'idée religieuse? »

Peut-on prouver d'une manière nette et décisive que la révélation est nécessaire pour suppléer au théisme naturel? Non, dit M. Mallock, on ne peut pas le démontrer par des arguments sans réplique, et, immédiatement il se réfute lui-même, en apportant ces arguments.

Il y a deux principes, dit-il, qui dominent toute la discussion. Avant tout, il est clair qu'une fois accordée la nécessité de faire la volonté de Dieu, il n'y a pas pour l'homme de question plus sérieuse que celle de savoir si cette volonté ne nous a pas été révélée d'une manière spéciale.

Il n'est pas moins évident que la religion naturelle présente des lacunes considérales.

« Alors même, — ce qui dans la pratique n'arrivera pas, — que l'humanité religieuse pourrait convenir d'un *credo* fondé sur la religion naturelle, vous trouverez qu'instinctivement, fatalement, cette humanité demande quelque chose de plus. Par lui-même, le *credo* de la religion naturelle a toujours excité plus de désirs qu'il n'a pu en satisfaire et a soulevé plus de difficultés qu'il n'a pu en résoudre. »

La religion naturelle peut bien aider l'homme à se

rendre compte de la valeur de la vie, de l'alternative effroyable qui l'attend, selon la voie qu'il aura choisie; mais, quand il s'agit de choisir cette voie, l'humanité trouve que cette religion lui sert de peu. Elle ne lui tend pas la main pour l'aider. C'est une voix enchanteresse, qui se fait entendre de loin à travers le brouillard et lui crie : Suis-moi! Mais elle lui laisse le soin de se frayer la route à travers les ténèbres, les rochers et les fondrières.

Alors même que, pour les âmes d'élite, la chose ne se passerait pas ainsi, ces âmes-là sentent elles-mêmes que, pour l'humanité en général, tout cela est l'exacte vérité. Et, de fait, jamais on ne verra l'humanité gouvernée par un théisme naturel, qui ne parle pas, qui n'a ni organe ni rien qui puisse l'aider à faire passer son esprit dans une parole articulée.

Notre vie se compose de choix à faire nets et définis, il faut donc que la règle qui doit guider nos choix soit, elle aussi, quelque chose de net et de défini.

C'est ici que se fait sentir l'impuissance du théisme : il émet une majeure, et dès qu'il s'agit d'énoncer la mineure, il hésite et il balbutie. Il nous dit d'un ton emphatique qu'il faut éviter tout vice, et il ne sait jamais décider si telle ou telle chose est ou n'est pas vicieuse.

La vérité est que l'existence de tant de religions prétendues révélées est à elle seule un témoin terrible de l'insuffisance du théisme. Alors même qu'aucune ne serait le secours espéré, toutes témoigneraient des efforts passionnés de l'humanité pour l'obtenir et du besoin qu'elle en avait.

Mais d'où venait surtout ce besoin d'une révélation?

De la nécessité de remplacer enfin les incertitudes et les fantaisies du théisme par une doctrine claire et invariable. Or, comment la révélation suffirait-elle à cette tâche, si elle n'était elle-même interprétée et fixée par une autorité infaillible?

Aussi bien dit M. Mallock, toute révélation doit nécessairement s'attribuer une infaillibilité absolue, et si l'église protestante traverse en ce moment une crise qui lui sera fatale, c'est pour avoir méconnu cette loi.

Toute révélation surnaturelle qui renonce à cette prérogative avoue par là même qu'elle n'est qu'une révélation tronquée. Ce n'est plus qu'une chose hybride, mi-naturelle et mi-surnaturelle, et pratiquement elle revient à une religion qui serait purement naturelle.

Ce n'est plus qu'une énigme indéchiffrable : autant vaudrait n'avoir point de révélation. Pour qu'elle nous soit ce qu'elle est, une révélation, il nous faut, pour interpréter la parole, le *testament* du révélateur, une parole qui vaille à nos yeux le testament lui-même.

Quelque mauvaise volonté que le monde ait mise à comprendre cette vérité élémentaire, force lui est de l'admettre maintenant, car, tout autour de nous, l'histoire nous donne une leçon si éclatante, qu'il n'y a pas moyen de s'y tromper.

Cette leçon, c'est le christianisme protestant et le triste état auquel il s'est réduit après tant d'années d'existence.

Pour s'en convaincre, il n'y a qu'à étudier le protestantisme sur le vif, en Angleterre, en Allemagne, aux États-Unis. « S'il s'y trouve encore de la religion, c'est une religion dont l'élément surnaturel s'est évaporé pour faire place à un théisme purement naturel. »

Cette religion naturelle se couvre tous les jours de nuages plus épais, et M. Leslie Stéphen l'a qualifiée d'un mot cruel mais juste, en disant que c'était une *religion de rêveurs*. Tous ses dogmes sont aussi insaisissables et ont des contours aussi flottants que des rêves.

Pour nous faire comprendre la chose, M. Leslie Stéphen cite comme exemple la controverse qui vient d'avoir lieu en Angleterre, entre ministres protestants, sur la question de l'éternité des peines. A cette controverse prirent part des théologiens protestants de toutes nuances. M. Stéphen dit avec raison qu'à juger du christianisme par des discussions de ce genre, on peut croire que ses doctrines sur la vie future se perdent dans la région des rêves.

Du reste, toutes les églises protestantes pourraient lui inspirer les mêmes réflexions, car toutes sont livrées à la même anarchie. La divinité de Jésus-Christ, la nature de sa satisfaction, l'essence de la Trinité, l'efficacité des sacrements, l'inspiration de la Bible, il n'est pas un de ces points sur lequel les convictions ne soient aussi capricieuses que sur celui des peines éternelles. C'est une comédie, et on a le droit d'en rire. Au fond, le protestantisme n'est qu'un rationalisme déguisé.

Quelle est son influence comme religion naturelle? C'est le dernier souffle d'une vie qui s'éteint.

Sa morale traditionnelle peut nous faire illusion, tant qu'elle ne va pas à l'encontre des idées universellement reçues; dès qu'elle entre en lutte avec la tendance en vogue, sa faiblesse inévitable se trahit à l'instant.

Prenons comme exemple, dit M. Mallock, la physionomie morale du Christ et l'autorité de ses exemples. La vie du Christ est sainte et infaillible : voilà l'opinion reçue jusqu'ici.

« Mais soumettez ce point de doctrine au travail du principe protestant, et aussitôt cette autorité du Sauveur est ébranlée. Si le Christ n'est rien de plus qu'un homme impeccable, si vous lui refusez l'autorité doctrinale, de quel droit pouvez-vous affirmer même son impeccabilité ?

« Et d'ailleurs, alors même que nous admirerions sa doctrine en tout, ne serait-il pas vrai de dire que ce serait nous qui l'approuverions, que ce ne serait pas lui qui nous approuverait ? Les rôles seraient intervertis : nous serions les juges de notre juge éternel, nous accordant à nous-mêmes l'infaillibilité que nous lui refusons, car, pratiquement, la formule protestante revient forcément à ceci : Voilà la meilleure manière de vivre, c'est moi qui te le dit; s'il te faut un exemple, regarde le fils de David qui, et c'est encore moi qui te le dis, était le meilleur des hommes. »

Mais alors même qu'on croirait le protestantisme sur parole en ce point, à savoir que le caractère moral du Christ est admirable, encore est-il qu'il resterait à s'entendre sur ce que ce caractère était ou n'était pas, et, là-dessus, il lui est impossible de répondre. En effet, chacun entend par le caractère du Christ l'expression de son idéal à lui : le récit historique où chacun puise a beau être identique, les portraits que chacun se fait du Christ ne se ressemblent en rien, et « l'histoire, alors, n'est qu'un cadre uniforme qui peut servir à tous les tableaux ».

Mais ces divergences, si grandes qu'elles soient, ne

sont pas comparables aux systèmes d'autres penseurs, qui, à ne regarder que le talent, ont à se faire écouter les mêmes droits que les autres. *Il n'y a pas d'aberration morale, de licence même, qui ne se soit ici ou là traduite par quelque secte, qui se réclamait du protestantisme*, et il s'agit ici, non de quelques fanatiques, mais des personnages les plus graves. N'est-ce pas en Allemagne qu'une école théologique à eu le front de soutenir que *la fornication n'est pas une crime*, et qu'elle n'a jamais été défendue par l'Église?

Dans cette seule question de l'autorité des exemples du Christ, se reflètent tous les doutes, tous les découragements qui envahissent les âmes. Il n'y a plus rien de certain; tout est enveloppé d'un nuage; plus on examine, plus on écoute, et moins on distingue. A travers la brume, il nous semble entendre ce cri : Que ferons-nous pour être sauvés? Et des lèvres, qui autrefois rendaient des oracles, ne peuvent que répondre confusément : Hélas! que ferez-vous?

« Le théisme de la nature, dit avec raison M. Mallock, n'est alors d'aucun secours. Mais, dans les changements terribles dont nous pressentons les symptômes encore confus, dans ce courant impétueux d'opinion qui se prépare, dans ce tremblement qui ébranle la terre sous nos pas et fait chanceler les bases de la morale, engouffrant les anciennes limites et exhumant les convoitises du paganisme, il sera plus impuissant encore.

« Cette impuissance tient surtout à l'absence d'une règle infaillible; mais elle ne tient pas qu'à cela. Le cœur ici témoigne dans le même sens que la tête. On le sent plus encore qu'on ne le voit, s'il y a un Dieu qui aime l'homme et prend soin de lui, il a dû lui parler de façon à être compris et reconnu de lui. C'est donc pour ce monde tourmenté de velléités religieuses une question très sérieuse et pleine d'angoisses, que celle de savoir si Dieu nous a fait quelque révélation particulière et explicite. »

M. Mallock aborde l'examen de cette question et commence par déblayer le terrain des préjugés qui l'encombrent.

Les prétentions des révélations étrangères au catholicisme, il les écarte en quelques mots comme peu sérieuses. « Il n'y a, dit-il, qu'une révélation qui vaille la peine d'être examinée, c'est la révélation chrétienne, et au sein de celle-ci, il n'y a qu'un système sérieux et logique, c'est le catholicisme. »

Ce qui empêche de reconnaître cette vérité, c'est que d'abord les protestants envisagent toujours l'Église catholique à travers leurs préjugés. Il n'ont pas l'idée de ce qu'elle est en réalité; ils ne veulent pas voir que la différence essentielle qui la distingue des églises protestantes, c'est non pas tel ou tel dogme, mais l'autorité qui est le fondement de ces dogmes. N'ayant pas d'autre base de leurs croyances que la Bible, ils supposent toujours que les catholiques ont la même base, et ils ne tarissent pas en invectives contre ces traîtres, qui, disent-ils, ont abandonné leur foi primitive, comme s'il n'était pas notoire que la doctrine fondamentale de l'Église catholique c'est sa perpétuelle infaillibilité.

Il était naturel qu'envisagée sous ce faux jour, l'Église catholique fut regardée par les protestants comme un amas de superstitions et de fourberies. Mais ce qui est plus étrange, c'est que ce point de vue ait été accepté de confiance par les libres-penseurs. Jamais ils n'ont cru les protestants sur parole, excepté en ce seul point. Ils ont donc cru, parce que les protestants le disent, que le protestantisme est plus raisonnable que le catholicisme, et ils se sont imaginé, conséquence assez naturelle d'ailleurs, que, parce qu'ils en avaient fini avec le premier, ils en avaient également fini avec le second.

Mettons dit M. Mallock, le protestantisme de côté; supposons qu'il n'y a en ce monde, à l'origine, rien autre chose que le sens moral naturel à l'homme et le théisme dans sa forme primitive, et voyons comment le catholicisme s'accorde avec ces deux choses.

Quelle est la grande, l'incurable faiblesse du théisme?

C'est la division ou plutôt l'anarchie doctrinale. Comment, se demande M. Mallock, pourrait-on s'y prendre pour mettre fin à l'anarchie et y substituer une certaine unité? Et il répond : on y arriverait, si toutefois on voulait s'en donner la peine, par une sorte de convention, qui établirait une autorité sans appel.

Eh bien! reprend-il, dans la religion surnaturelle, le procédé qui ferait l'unité devrait être quelque chose de semblable. Il s'agit ici de la religion catholique, non pas réelle, non pas telle qu'elle est, mais de la religion catholique idéale, c'est-à-dire telle qu'un homme qui n'aurait que des idées naturelles pourrait se l'imaginer. Cet idéal ne s'accorde pas avec la réalité, mais il aide à faire comprendre ce qu'il y a de rationnel dans la réalité, et combien elle répond aux aspirations et aux besoins de l'humanité.

Tout cela est présenté d'une manière originale, qui,

de la part d'un rationaliste, nous paraît fort remarquable.

« Vu sous ce jour, dit M. Mallock, le monde religieux nous apparaît comme une réunion de théistes, qui sont tous d'accord sur ce point, à savoir qu'il faut faire la volonté de Dieu, mais qui se divisent tous sur cet autre point, à savoir, en quoi consiste cette volonté de Dieu et quelle peut être la nature de Dieu? Leurs idées morales et religieuses ont quelque chose de vaporeux et de rêveur, plus vaporeux encore et plus rêveur que les idées du protestantisme actuel. Leurs théories sur la vie future ne sont que des espérances et des craintes nuageuses, leur vie oscille entre l'ascétisme le plus austère et la licence la plus effrénée. Cependant, en dépit de cette anarchie, on voit poindre parmi eux des aspirations à une doctrine commune. Chacun a son rêve religieux, et le rêve de l'un ne ressemble en rien au rêve de l'autre. Ces rêves, évidemment ne peuvent représenter ce qui est, et cependant, tous sont persuadés qu'ils représentent quelque chose de ce qui est. De là une comparaison des rêves entre eux et une tentative pour en tirer l'élément commun, de façon que tous finissent par dire la même chose et que cette vision se développe suivant une loi reconnue, de façon, en d'autres termes, que cette vision ne soit plus un rêve et ait tous les caractères d'une vision réelle.

« Nous supposons que nos théistes forment une espèce de convention, de chambre consultative, qu'ils y comparent, y corrigent leurs idées auparavant si flottantes, qu'ils leur donnent une forme et qu'ils établissent un moyen pratique de formuler ce sur quoi on peut tomber d'accord. Le sens commun de l'humanité a dès lors un organe pour exprimer ses vues sur la religion et un moyen d'enregistrer ses décisions. Désormais, à la place des rêveries incohérentes des hommes, nous aurons la vision constante et sereine d'un homme parfaitement d'accord avec lui-même. »

Tout ceci n'est évidemment qu'une fiction : jamais les théistes ne réussiront à se mettre d'accord; mais, s'ils y réussissaient, ce serait en rédigeant un *Credo* et en constituant pour le promulguer et le garder un organe accepté de tous, une autorité. Cette comparaison nous aide au moins à saisir ce que peut être l'Église catholique envisagée au point de vue naturel, telle que peut la supposer, *a priori*, un homme qui lui serait étranger. Comment s'étonnerait-il que Jésus-Christ ait transporté dans son Église, avec l'action incessante de sa grâce en plus, les conditions qui seules peuvent assurer l'unité, le symbole des croyances et le gardien de ce symbole? Evidemment, loin de repousser un esprit logique et sincère, l'infaillibilité doctrinale devrait plutôt l'attirer, et M. Mallock conclut avec raison : « Si ce tableau de l'Église catholique est fidèle et si, idéalement, c'est là la place qu'occupe dans le monde *la seule révélation qui puisse nous préoccuper*, *a priori*, nous ne pouvons avoir d'objection à passer de la religion naturelle à la religion surnaturelle que je viens d'esquisser ».

Les difficultés ne seront sérieuses que lorsque nous passerons de l'idéal à la réalité. Ainsi, dit M. Mallock, expliquant sa pensée, idéalement, l'Église catholique devrait être la société des croyants; mais, de fait, elle n'en représente qu'une partie. Si Dieu voulait que tous les hommes fissent sa volonté, comment se fait-il qu'il n'ait manifesté cette volonté qu'à une petite minorité?

A cette question, dit M. Mallock, il n'y a pas de réponse : c'est un mystère.

Il dit cela, et, chose étrange, lui-même, quelques lignes plus bas, suggère la réponse, en montrant que ni Dieu ni l'Église catholique ne condamnent que l'ignorance volontaire. Le nombre de ceux auxquels Dieu a directement ou indirectement manifesté sa volonté, n'est pas si minime. Avant Jésus-Christ, les traditions primitives, comme on le voit par les découvertes les plus récentes, sont restées beaucoup plus répandues et plus intactes qu'on ne le croit généralement; après Jésus-Christ, l'apostolat, même primitif, a retenti beaucoup plus loin qu'on ne le suppose, et on ne sait pas tout. Enfin, dans le cas de l'ignorance invincible, en supposant l'observation de la loi naturelle, l'amour de Dieu comme créateur et comme rémunérateur, le repentir des fautes fondé sur ces deux motifs, et la grâce, comme principe de ces actes, rien n'empêche de croire que beaucoup d'hommes, même à moitié barbares, ont pu être sauvés.

M. Mallock connaît cette doctrine de nos théologiens et il l'admire. Il a raison d'ajouter : « A ce propos, disons de suite qu'il n'y a peut-être rien de plus méconnu et de plus travesti dans le monde que la charité discrète et en même temps sans bornes de cette Église qu'on appelle l'Église aux anathèmes. Jamais on n'a vu un corps religieux allier, comme l'Église romaine, le respect scrupuleux du dogme à une justice éclairée pour ceux qui ne peuvent se résoudre à accepter ses dogmes. Le fait est qu'elle ne condamne jamais le bien, n'importe où il se trouve, qu'elle ne condamne même pas le culte rendu en dehors d'elle, dès qu'il est sincère. L'Église n'anathématise que ceux qui la repoussent les yeux grands ouverts, jouant avec la conviction très arrêtée qu'elle possède la vérité. Elle les condamne, non parce qu'ils ne voient pas où est le maître, mais parce que, tout en le voyant, ils se bouchent les oreilles ».

M. Mallock termine ce chapitre par l'examen de quelques difficultés morales de moindre importance, et il conclut en ces termes :

« En un mot, pour comprendre le caractère du catholicisme, il faut commencer par mettre de côté toutes les idées que nous, hommes du monde, étrangers à sa vie, nous avons pris l'habitude de recevoir de confiance. Et d'abord, il nous faut voir en lui un corps vivant, spirituel, aussi infaillible, aussi autoritaire maintenant que jamais, avec une vue aussi nette que par le passé, avec sa vigueur intacte, se développant comme il l'a toujours fait ; puis, distinguons avec soin le dogme de sa discipline, de son culte et de ses opinions religieuses. »

Quiconque fera cette enquête honnêtement et sérieusement verra ses appréciations se modifier d'une manière inattendue.

« Il trouvera dans le catholicisme le développement logique du sens moral que la nature nous a donné, une intelligence du bien et du mal plus vive et plus éclairée ; il se trouvera en face des mêmes négations des mêmes vérités positives et des mêmes mystères ; il ne trouvera rien de plus que le secours, la certitude et un guide infaillible. »

Assurément, sur les lèvres d'un rationaliste, ce langage a de quoi surprendre. Nous ne sommes pas habitués à rencontrer chez nos adversaires ces vues larges et impartiales. Chose étrange! Pendant que le rationalisme français devient tous les jours plus aveugle de parti pris, plus étroit, plus bigot et plus persécuteur, Dieu recrute à son Église, dans les rangs mêmes du rationalisme anglais et américain, des admirateurs et des défenseurs. Ce mouvement présage-t-il de la part de la grâce une action prochaine et profonde? Dieu va-t-il, comme déçu par l'ingratitude des nations catholiques, se tourner du côté des peuples protestants pour combler les vides laissés par les apostats, montrant ainsi, une fois de plus, qu'il n'a besoin de personne? C'est possible. En attendant, ces symptômes nous permettent d'augurer un de ces événements extraordinaires, où l'homme n'est pour rien, et qui changent tout d'un coup la face des choses.

M. Mallock aborde maintenant des objections d'un autre ordre, les objections historiques.

« L'histoire qui témoigne contre la révélation chrétienne, dit-il, puise ses objections à deux sources principales. Les unes sont tirées de l'examen critique de la révélation chrétienne en elle-même, de l'autorité et de l'authenticité de ses livres sacrés, de l'origine et du développement de ses doctrines; les autres, de l'examen critique du christianisme comparé aux autres religions. Les résultats de ces études semblent faits pour jeter les croyants dans la stupeur : en apparence, ils sont désastreux. »

M. Mallock force un peu la note dans l'énumération de ces résultats : on serait tenté de croire qu'il attribue à la critique plus d'importance qu'elle n'en mérite, et qu'il n'est pas assez au courant des réponses qui lui ont été opposées.

M. Mallock a raison de dire que, contre la critique rationaliste, le protestantisme, en vertu même de ses principes, reste désarmé : il s'accorde en ceci avec nos meilleurs théologiens (1).

Il a raison de dire que, pour l'humanité telle qu'elle est, pour les multitudes, le grand et souvent le seul motif de crédibilité, c'est l'Église; mais il a mille fois tort de croire que la critique rationaliste ait réussi à ébranler les autres motifs de crédibilité, « *les preuves intrinsèques qui éclairent l'histoire du christianisme et l'origine de ses dogmes* ».

Ce qu'il y a de vrai dans son argumentation, c'est que, réduit à ses principes, le protestantisme ne peut établir contre la critique rationaliste ni l'authenticité de tous les livres du Nouveau Testament, ni l'inspiration, ni le sens du texte sacré, et que, le pourrait-il, ces preuves ne seraient pas à la portée de l'immense majorité des intelligences.

Ce qu'il y a de vrai, c'est que, quand même les efforts de la critique réussiraient, ce que nous n'accordons pas, à enlever aux textes sacrés leur valeur historique; quand même il serait prouvé, ce qui ne l'est pas, qu'il ne faut plus faire aucun fond sur les preuves qui éclairent son histoire, sur les motifs de crédibilité qu'allèguent d'ordinaire les apologistes pour prouver la divinité de Jésus-Christ et de son œuvre, alors même l'Église catholique aurait toujours un moyen d'échapper à ses difficultés, en se montrant

(1) V. cardinal Franzelin, *de Traditione, de Scriptura*.

elle-même, elle, le grand motif de crédibilité, le résumé vivant de tous les autres.

Citons la conclusion de l'auteur : de la part d'un rationalisme, imbu dès l'enfance d'idées protestantes, c'est une page remarquable.

« Voilà, dit-on, les conclusions qui s'imposent à nous, et que la science paraît confirmer, à mesure qu'elle avance.

« Eh bien, je me demande si ces conclusions sont aussi terribles qu'elles le paraissent d'abord;... l'école moderne s'est laissée égarer par une méprise que nous avons déjà signalée. Elle n'a vu d'autre christianisme que le protestantisme ou, si elle a aperçu l'Église romaine, elle a, dans son ignorance, traité de faiblesse les croyances qui sont la raison même de sa force.

« Tant qu'elle n'attaque que le protestantisme, l'école critique a raison; si le christianisme n'a pour démontrer la révélation divine qu'il est chargé d'annoncer que les preuves extrinsèques qui éclairent son histoire et l'origine de ses dogmes, il faut qu'il renonce désormais à convaincre les hommes; les bases qu'on veut donner à ces preuves intrinsèques ne pourront jamais porter le poids dont on les charge. Elles peuvent servir d'étais; dès qu'on veut en faire des piliers, elles plient et se brisent. »

M. Mallock a raison : bien que ces preuves subsistent entières, en dépit de la critique, elles ne sont, laissées à elles-mêmes et isolées du système de l'Eglise catholique, qui est chargée de les présenter au peuple, ni accessibles aux multitudes, ni capables de les persuader.

Or, le protestantisme est bien forcé d'en faire les piliers de son temple. La Bible est le guide infaillible du protestantisme : il a pour axiome fondamental que ce livre n'a jamais erré, c'est sur ce livre qu'il s'appuie, c'est par ce livre qu'il faut le juger.

« Pendant longtemps le protestantisme a trouvé créance, parce que son axiome était reçu de confiance (au sein des peuples protestants); il est vrai que, sans un interprète infaillible, un testament dont le sens était ambigu ne pouvait avoir que peu d'autorité; mais on n'approfondissait pas les choses et, en attendant, le testament était là et on admettait qu'il signifiait quelque chose.

« Mais maintenant tout est changé, le grand axiome protestant ne trouve plus créance. Beaucoup le croient absurde et, pour d'autres, il est au moins douteux. On ne voit pas comment les protestants peuvent s'y prendre pour nous démontrer ou que la Bible soit la parole de Dieu, ou que le protestantisme soit la religion établie par la Bible. »

« Pour le catholicisme, la question est bien différente. Le protestantisme, dit M. Mallock, se présente à l'humanité à la façon d'un domestique inconnu, avec nombre de certificats. Ces certificats, il nous demande de les examiner et de le juger, lui, sur pièces. Il ne veut pas qu'on le croie sur parole. *Je ne puis*, dit-il, *me fier à ma mémoire; elle m'a souvent trompé et peut me tromper encore; mais prenez connaissance de ces certificats et prononcez.*

« L'humanité prend ces certificats, les examine avec soin et finit par les trouver suspects : ces pièces pourraient bien être fausses. Elle demande au protestantisme d'en prouver la valeur, et le protestantisme ne peut en venir à bout.

« L'Église catholique, elle, nous arrive par un chemin tout opposé.

« Elle nous demande, avant tout, de faire connaissance avec elle, de la regarder dans les yeux, de recueillir ses paroles, d'étudier ses voies et ses œuvres, de nous soumettre à l'action de l'esprit qui l'anime; puis elle nous dit : *Pouvez-vous vous fier à moi? Si oui, vous pouvez le faire entièrement et pour tout, car la première chose que je vous dirai, c'est que je n'ai jamais menti. Pouvez-vous m'en croire? Oui! alors écoutez mon histoire. On vous l'a racontée, je le sais, de certaines façons qui m'étaient hostiles; je reconnais que dans ma vie il y a eu des circonstances qui ont pu vous paraître suspectes, mais aucune n'emporte ma condamnation : toutes peuvent être expliquées, et quand vous me connaîtrez telle que je suis, tous vos doutes se dissiperont à ma décharge.* Et alors l'Eglise catholique nous présente la Bible. *Je vous demande,* dit-elle, *de croire à la Bible à cause de moi, je ne vous demande pas de me croire à cause de la Bible* (1). »

(1) Ceci s'accorde parfaitement avec la doctrine des théologiens. Voici ce que dit à ce sujet le cardinal Franzelin (*de Scriptura*, p. 458) : Cum in communione protestantium nulla exstet auctoritas et ideo non sit societas nisi materialiter, formaliter vero singuli regendi sint judicio proprio (si practice sequerentur sua principia fundamentalia), hinc nulla apud eos potest esse Scripturæ *publica authentia extrinseca :*... neque enim Scripturæ ex eorum principiis psssunt esse instrumenta publica societatis legalis; sed sunt solum scripta destinata singulis. Quare judicium sicut de sensu ita de authentia non potest esse nisi scientificum tantummodo ac proinde ad scholam pertinet et ad paucos. Hinc saltem maximæ parti

Ces considérations fort justes et fort élevées feraient honneur à une plume catholique; mais sous une plume rationaliste, elles révèlent dans les esprits les plus éloignés de l'Église un travail secret et providentiel.

On peut rapprocher de ces lignes, écrites par un indépendant, la doctrine des théologiens catholiques sur l'Église comme motif de crédibilité.

Voici, disent les théologiens, l'ordre providentiel et ordinaire établi par Dieu pour gagner les hommes à la foi. Il y a un organisme social, fondé par Jésus-Christ, pour promulguer, pour propager et pour conserver la révélation. C'est l'Église enseignante, qui comprend les apôtres et leurs successeurs. Dieu marque les apôtres de signes tels, il les entoure de faits tels, que personne ne peut s'y tromper; ce sont ses envoyés. *Euntes in mundum universum, prædicate evangelium omni creaturæ...., illi autem profecti, prædicaverunt ubique, Domino cooperante et sermonem confirmante, sequentibus signis.* (Marc, XVI, 20.)

Leurs successeurs se relient à eux et se suivent jusqu'à nous, dans le monde entier, par une chaîne continue, à laquelle pas un anneau ne manque, unis entre eux par la même doctrine. Grâce à cet enchaînement, les prodiges et les faits qui ont à l'origine attesté la mission de l'Église primitive, attestent aussi celle de l'Église subséquente, et celle-ci d'ailleurs se montre à tous les âges glorifiée par des miracles nou-

hominum, quippe qui scientificis et difficilibus demonstrationibus idonei non sunt, non solum intelligentia veri sensus, de quo diximus in tract. de Traditione, th. XVIII, sed etiam cognitio authenticæ Scripturarum, secundum eadem illa principia est impossibilis.

veaux, qui témoignent et de son institution divine et du lien qui l'unit à Jésus-Christ. On peut même dire que l'Église, corps mystique du Christ, ne forme depuis l'origine du monde jusqu'à nous qu'un immense fait moral, dont Jésus-Christ parfaitement reconnaissable à sa vie, à ses miracles, à l'accomplissement des prophéties, à la sainteté et à la sublimité de sa doctrine, à sa mort et à sa résurrection, est le principe et la fin, l'alpha et l'oméga, car toute l'histoire est ou la préparation ou l'œuvre de Jésus-Christ.

Dieu parle donc toujours et sa parole est toujours facile à reconnaître. Au temps de Jésus-Christ, la révélation se compose d'un enseignement et de faits qui attestent sa divinité, et maintenant, de même, la révélation que l'Église est chargée de promulguer se compose d'un enseignement et de faits qui prouvent sa mission divine. Ces faits sont l'enchaînement qui relie l'Église à Jésus-Christ et aux apôtres, la propagation et la conservation miraculeuse de l'Église, son unité, ses dons surnaturels, ses martyrs, sa vie spirituelle.

Ainsi s'explique comment les simples et les ignorants eux-mêmes peuvent avoir pour croire un motif sérieux. Le motif, c'est l'Église, l'Église qui se montre divine à leurs yeux et leur est une preuve que la doctrine prêchée par elle est divine et qu'ils doivent l'embrasser. Il n'y a que ce motif qui soit à la portée de tous.

Cela est tellement vrai que, lorsque ceux qui sont séparés du corps de l'Église catholique par une ignorance involontaire croient d'une foi divine, ils le font à leur insu, sur une parole qui leur est parvenue par l'entremise de cette Église. En effet, bien qu'instruits par des ministres sectaires, ces hommes qui ne sont hérétiques que par un fait matériel, ne reconnaissent comme divine la parole qui leur annonce les dogmes révélés, que parce que, en apparence du moins, cette parole se relie à une succession non interrompue de pasteurs et à un ensemble de faits divins qu'on ne trouve que dans l'Église catholique.

Sans doute, les simples et les ignorants ne distinguent pas nettement les motifs de crédibilité; mais ils ont dans l'Église catholique un moyen toujours à leur portée de connaître ces motifs, au moins confusément, mais assez clairement pourtant, pour qu'il leur soit certain et même évident (1) que c'est pour eux un devoir d'admettre et l'existence de cette parole et la crédibilité de ce qu'elle révèle.

Ils savent que leur prêtre est en communion avec leur évêque, leur évêque avec le Pontife romain et avec l'Église universelle, d'où ils peuvent conclure que la doctrine dont il s'agit est universellement admise. Ils connaissent confusément mais suffisamment les marques de l'Église et les miracles qui ont confirmé sa mission, et cela suffit pour qu'il leur soit évident que croire est pour eux un devoir.

Les docteurs pourront pénétrer plus avant, mais ce sera surtout pour pouvoir défendre la foi. Quant aux esprits grossiers, la bonté divine a tellement disposé les choses, qu'ils trouvent dans l'Église catholique et ne trouvent que là un ensemble de motifs qui suffise à

---

(1) Habent in Ecclesia catholica modum facillimum et omnibus accommodatum cognoscendi illos caracteres saltem in confuso sed clare, ita ut eis *evidens sit* officium assentiendi in existentiam locutionis divinæ et evidens credibilitas rei in tali locutione propositæ. V. Franzelin, *De Traditione*, p. 594.

faire naître dans leur intelligence une certitude non seulement relative ou proportionnée à leur faiblesse, mais incompatible avec le doute et inébranlable.

Aussi bien, en agissant ainsi, Dieu n'était que conséquent avec lui-même : il voulait que sa révélation parvînt à tous les peuples; il avait fait de l'évangélisation des pauvres un signe distinctif de sa religion; il se devait donc à lui-même d'envoyer à tous les pays et dans tous les temps des messagers faciles à reconnaître à leur succession sans interruption, à leur accord, ainsi qu'aux caractères de leur mission. De là l'institution de l'Église avec ses caractères d'unité, d'apostolicité, de catholicité, de sainteté. Par elle, le Christ prêche, conserve, explique sans cesse la doctrine révélée. C'est elle et elle seule qui rend la vérité révélée accessible à tous; elle, qui est le grand motif de crédibilité, ou plutôt le résumé vivant de tous les motifs. Car les signes divins, qui sont l'auréole du Christ et des apôtres, sont sa propriété, puisqu'elle les reproduit sans cesse et qu'elle ne fait qu'un avec le Christ.

« Ainsi présentée, reprend M. Mallock, la Bible est chose toute différente; nous n'avons plus en main le certificat d'une personne que nous ne connaissons pas; nous avons la lettre d'un ami. Nous avons ici une présomption favorable, qui tout à l'heure nous manquait. Tout ce que nous demandons maintenant, c'est non plus que les écrits qu'on nous présente contiennent des preuves intrinsèques de leur vérité, mais qu'ils ne contiennent pas des preuves intrinsèques de leur fausseté.

« Rappelons-nous en outre que, si les catholiques et les protestants sont d'accord pour déclarer la Bible inspirée, les catholiques entendent l'inspiration d'une manière bien plus large et plus facile à défendre. Car leur Église s'attribue un pouvoir vivant, perpétuel, qui peut toujours condenser en quelques mots précis le le sens inspiré d'un passage, quelque long qu'on suppose; tandis que, pour les protestants, le sens inspiré, à moins d'être strictement littéral, devient souvent insaisissable et leur échappe. »

Aussi bien, tandis que les protestants se sont compromis à donner des définitions de l'inspiration, qu'ils ne peuvent soutenir, faisant de l'Ecriture un livre dicté par Dieu, jusqu'à un iota, jusqu'à un point; l'Église catholique n'a rien fait de semblable. M. Mallock se trompe en disant qu'elle n'a rien défini sur ce sujet; elle a défini, mais peu, et ce qu'elle a défini n'est point fait pour donner ombrage à la science.

Sans doute l'Église n'a pas défini le caractère de l'inspiration des livres saints, mais, de ce qu'elle a défini, on arrive par des déductions évidentes à déterminer ce qu'est et ce que n'est pas cette inspiration.

Le concile du Vatican a résumé et complété le concile de Florence et le concile de Trente en ces termes : *Eos vero libros integros cum omnibus suis partibus (prout in Tridentini concilii decreto recensentur et in veteri vulgata editione habentur), Ecclesia pro sacris et canonicis habet, non ideo quod sola humana industria concinnati, sua deinde auctoritate sint approbati, nec ideo duntaxat quod revelationem sine errore contineant, sed propterea quod Spiritu Sancto inspirante conscripti, Deum habent auctorem atque ut tales ipsi Ecclesiae traditi sunt.* (Constit. *Dei Filius*, c,, 2).

Ainsi les livres saints, écrits sous l'inspiration de l'Esprit-Saint, ont Dieu pour auteur.

Pour qu'un homme soit l'auteur d'un livre écrit par une autre personne qui agit librement et raisonnablement, il faut que cette personne conçoive et veuille écrire les choses, et celles-là seulement que l'auteur principal avait en vue comme formant le tissu du livre. Dieu est auteur des livres sacrés, c'est-à-dire que Dieu a fait en sorte que les vérités qu'il avait conçues, comme faisant partie de celles qu'il voulait communiquer à l'Eglise, aient été conçues par l'esprit d'un homme inspiré, et que cet homme se soit proposé d'écrire ces choses, et ces choses seulement.

De ce que Dieu est auteur du livre, il ne suit pas qu'il ait, par un acte surnaturel, fourni et déterminé les expressions. Il suffit qu'il ait assisté l'écrivain dans le choix, de façon que celui-ci rendît infailliblement la vérité que Dieu voulait révéler.

Il en serait autrement si certains mots étaient indispensables pour rendre la vérité. Il peut être difficile de déterminer jusqu'où souvent s'étendait l'inspiration, mais il y a des arguments positifs qui prouvent que le plus souvent les auteurs inspirés n'ont eu dans le choix des termes, dans l'ordre grammatical et oratoire, que l'assistance divine qui, sans rien suggérer, les gardait de l'erreur.

Tout n'est donc pas opinion libre, et, comme le dit M Mallock, question ouverte, quand il s'agit de l'inspiration. Mais il n'en est pas moins vrai, comme le remarque l'auteur, que la prudence de l'Eglise, dans le conflit de tant d'opinions qui s'agitaient autour d'elle, a été admirable, que jamais elle n'a fait un pas que la science puisse lui reprocher, et que cette prudence consommée, effet de la sagesse divine qui l'inspire, forme avec les témérités et avec les contradictions des églises protestantes le contraste le plus saisissant.

« On le voit, dit admirablement, M. Mallock, la doctrine de l'infaillibilité a un aspect qui est juste l'opposé de celui qu'on suppose d'ordinaire comme le seul possible. On croit généralement que son effet nécessaire, c'est l'asservissement et non l'affranchissement des âmes. La vérité est qu'elle fait les deux choses : elle enchaîne et elle délie, et, pour tout observateur impartial, elle est au moins autant un gage de liberté qu'un frein. C'est un fil conducteur qui aide à retrouver certains faits du passé, réels ou imaginaires, je n'examine pas ; mais c'est un fil qui peut s'allonger indéfiniment. C'est une chaîne, mais c'est aussi quelque chose de plus : c'est une corde de sauvetage, et ceux qui la tiennent peuvent, explorateurs hardis, s'élancer sans crainte dans des courants où d'autres, livrés à eux-mêmes, seraient inévitablement entraînés.

« Au point de vue catholique, la centralisation de l'infaillibilité dans un homme ne soulève point, comme on le croit souvent, de grandes difficultés.

« On dit que le Pape pourrait ériger en dogme n'importe quelle absurdité qui lui passerait par la tête, et que le catholique, en dépit de sa raison qui protesterait en vain, serait forcé de courber la tête.

« Le Pape, répond M. Mallock, pourrait le faire, en ce sens qu'aucun pouvoir extérieur ne saurait l'en empêcher. Mais, pour celui qui a accepté ce dogme fondamental du catholicisme, l'infaillibilité, il est absolument certain que le Pape ne le fera pas ; et c'est précisément parce que, évidemment, il n'y a pas de contrôle possible au dehors, que le catholique comprend mieux la nécessité de sa foi à une assistance au dedans. »

M. Mallock aurait pu ajouter, et c'est la vraie réponse, que le Pape n'est que l'interprète d'une vérité déjà révélée. Il explique, il n'invente pas, et ses décisions s'inspirent des vérités déjà définies, du sentiment général de l'Église et des lois générales de discipline, autant de freins qui excluent le caprice.

« Voilà donc l'Église romaine telle qu'elle est, corps compact, visible, terrestre, avec son passé et son avenir. Ses ennemis ont beau faire, ils ont beau la soumettre à la torture de la critique, sa constitution est à la fois si ferme et si souple, qu'ils ne peuvent ni l'étreindre, ni la démembrer, ni même l'ébranler. »

Il semblerait qu'après ces vues si profondes et si étonnantes dans un homme étranger à l'Église catholique, M. Mallock devrait conclure : Donc l'Église catholique est divine; donc il y a en elle une sagesse, une force, que rien ne peut expliquer que l'intervention constante de Dieu.

Mais non, et c'est là la déception qui nous attend : après ce livre, si beau, si intéressant par tant de côtés : M. Mallock ne conclut pas.

« Il s'agit maintenant de savoir, supposé que tout cela soit vrai, ce qu'il faut en conclure à l'égard de l'Eglise (catholique). Elle est, parmi tant de religions rivales, la plus solide et la plus heureuse : faut-il voir en elle quelque chose de plus? avons-nous des raisons de la mettre sur un piédestal plus élevé que les autres?

« Nous répondons qu'à nous en tenir aux preuves positives, nous ne pouvons rien conclure encore : ces preuves ne peuvent que nous faire pencher d'un côté; mais ce côté est justement l'opposé de ce que l'on suppose généralement. Loin de témoigner contre ses prétentions, la comparaison de l'Eglise catholique avec les autres religions est, au contraire, aux yeux du théiste, toute en sa faveur. »

Plaignons le rationaliste qui, après avoir accumulé tant de raisons de croire, ne peut encore se décider à se rendre à l'évidence de ces raisons. Mais sachons lui gré d'avoir eu le courage de dire, dans un langage magnifique, quel respect et quelle admiration lui inspire l'Eglise catholique. Certes, nous ne sommes pas assez habitués à rencontrer dans le camp rationaliste l'impartialité et la justice, pour ne pas prendre acte avec joie des hommages que M. Mallock rend à la vérité.

« L'Eglise catholique est un organisme humain, sous l'influence de l'Esprit-Saint, voilà ce que tous les corps religieux ont essayé d'être, qu'ils en eussent conscience ou non, dès qu'ils ont eu la prétention d'enseigner avec autorité. La seule différence, c'est que l'Eglise catholique a réussi, tandis que les autres Eglises ont échoué. Elles ne sont, à ce point de vue, que des catholicismes avortés. L'histoire de la fontaine de Bethsaïda se reproduit partout. Là, une fois seulement, un jour, en un lieu privilégié, l'ange est descendu et a troublé l'eau. Et, depuis ce temps, un tourbillon s'est formé là, dont les eaux guérissent les âmes. »

« Voilà les prétentions de l'Eglise catholique, et il faut avouer que la vue de ce qu'elle est, en réalité, n'est pas faite pour les démentir. Plus on la compare aux autres religions ses rivales, plus se révèle en elle, dans les points où elle leur ressemble le plus, des dissidences profondes.

« Les autres religions sont comme les imitations indécises et hasardées d'une mélodie oubliée. L'Eglise catholique est cette mélodie même, qu'on reconnaît dès les premières mesures, et dont le souvenir hantait l'esprit, alors même qu'on s'en écartait le plus. Elle est la seule religion dogmatique qui ait compris ce que c'est d'avoir des dogmes, et quelles exigences suivent de là, et elle est seule en état de satisfaire à ces exigences. Elle seule a compris que, s'il doit y avoir en ce monde une voix infaillible, cette voix doit être une voix vivante, capable de se faire entendre maintenant comme par le passé, et qu'à mesure que le monde devient plus capable ou plus avide de connaître, le maître doit donner à son enseignement plus d'ampleur. Parmi les religions qui ont une histoire, l'Eglise catholique est la seule qu'on puisse concevoir comme s'adaptant au besoin du jour, sans cesser d'être elle-même. Elle est la seule qui puisse vivre sans changer, développer son enseignement sans l'altérer, rester toujours la même tout en progressant toujours.

« Tout cela, sans doute, ne prouve pas absolument que le catholicisme soit la vérité, mais pour le théiste, tout cela prouve au moins que, en dépit de ce qui se dit en dehors de lui, le catholicisme pourrait bien être la vérité.

« C'est là un *minimum* que tous seront bientôt forcés d'accorder. L'opinion, si éclairée sur tant d'autres points, ne peut rester dans l'obscurité sur cette seule question. Il faut que cet état de choses change, et tout changement ne peut être qu'avantageux. Pour le moment, les chefs de l'école soi-disant libérale et éclairée sont sur toutes ces choses à peu près aussi clairvoyants et aussi impartiaux qu'une petite marchande de province ou qu'un sacristain de village protestant. Mais si violents et si obstinés qu'ils soient, les préjugés se dissiperont un jour devant la vérité, comme le brouillard de Londres devant le soleil : et alors la question se dessinera nettement. La question, dis-je; mais qui donnera la réponse? C'est ce que je vais examiner. »

On le voit, le chapitre se termine par un point d'interrogation. On parcourt le chapitre suivant où l'auteur résume tout son livre, croyant y trouver la solution annoncée. Pas du tout, M. Mallock nous laisse également là sur un point d'interrogation, sur une question à laquelle il ne répond pas. Mais, dans ce résumé, on pénètre la raison de cette faiblesse. Cet homme distingué, élevé dans les sophismes de Kant, saturé de théories positivistes, n'a pas encore eu le temps ou la force de se dégager des erreurs qui pèsent sur son intelligence et l'entravent.

Il croit en Dieu, mais c'est pour ne pas renoncer à la morale : au fond, il n'admet pas la preuve de l'être nécessaire. Il croit à la liberté, mais sans en comprendre la raison qui est la tendance de l'homme vers l'infini, l'équilibre où le laisse tout ce qui est fini; il l'admet, dis-je, comme une nécessité qui s'impose à tout homme qui ne veut pas se suicider moralement; il est tenté de croire à l'Église catholique, parce que le théisme sans une révélation lui semble chose impraticable, et que le catholicisme est la seule révélation logique, digne à la fois de Dieu et de l'homme, et il ne voit pas que si ces raisons valent quelque chose, elles tranchent la question. En lisant et surtout en terminant son livre, on est tenté de lui crier cent fois : Mais concluez donc! aboutissez! Faites-vous catholique!

Mais taisons-nous! l'heure de la grâce n'a pas encore sonné : nous n'avons jamais si bien compris, qu'en lisant ce livre, que tous les motifs de crédibilité du monde ne suffisent pas à faire naître la foi dans une âme : il y faut quelque chose de plus que le raisonnement, la grâce. Cette grâce, nous en avons la conviction, ne sera pas refusée à cette intelligence d'élite, et, pour emprunter la comparaison de M. Mallock, devant elle tous les doutes se dissiperont, comme le brouillard devant le soleil.

James FORBES.

Paris, le 1er avril 1882.

M. Mallock a bien voulu nous accorder la permission de traduire son livre par lettre datée du 25 avril 1881. Par une de ces distractions, qu'ont seuls les hommes d'esprit, il a, cinq mois après, accordé la même permission à M. Salmon.

Le *Tablet* (24 juin 1882) a relevé dans la traduction de M. Salmon beaucoup de méprises et de contre-sens et termine son article par ces mots : Voilà les fondrières où l'on tombe quand on entreprend de traduire un livre, dont on ne connaît pas la langue! (*Tablet*, 24 juin 1882.)

LA VIE

VAUT-ELLE LA PEINE DE VIVRE?

CHAPITRE I

NOUVEL ASPECT DE LA QUESTION

> Un changement dans le monde se faisait pressentir, dont la direction et l'issue nous sont encore cachées : c'est une ère qui finit et une ère qui commence.
> (Froude, *History of England*, ch. 1.)

Que vaut la vie? Il est probable qu'à première vue, plusieurs jugeront que je traite là une question bien oiseuse, au moins pour ceux dont l'esprit est encore sain et vigoureux.

Je me propose d'examiner, non en homme sentimental, mais en philosophe calme et impartial, quelle valeur peut avoir notre vie, à la juger par ces données positives que le monde moderne accepte, et de répondre sans passion à cette demande : La vie vaut-elle la peine de vivre?

Cette enquête a été souvent faite, je le sais, mais jamais comme il faut, jamais dans un esprit rigoureusement scientifique. Elle a toujours été dénaturée par le parti pris, par la défiance et par le sentiment; et l'école positiviste elle-même, qui affecte pourtant de tout remettre en question, a, de fait, en Angleterre du moins, laissé de côté ce problème de la valeur de la vie humaine. Quelques-uns ont pu faire parade de l'examiner, mais ils l'ont fait superficiellement, à la façon de ces douaniers, qui ouvrent une malle par pure formalité. Leur enquête est comme le casque de don Quichotte qui n'ose affronter l'épée : elle ne supporte pas la discussion.

J'ai le dessein de combler cette lacune et d'appliquer la méthode exacte à ces sujets importants, qui sont précisément les seuls à n'avoir jamais été traités scientifiquement.

Beaucoup, je l'ai dit, penseront que je fais là une besogne inutile. Cette question, pour eux, ne fait pas l'objet d'un doute, ou, si ce doute a pu exister, le bon sens public l'a depuis longtemps résolu. C'est pour eux une question oiseuse, pour ne rien dire de plus. A leurs yeux, elle est née, non d'une perplexité de l'esprit, mais d'un malaise du cœur. Elle n'est, sous une forme nouvelle que l'expression de la satiété et du désespoir, cette vieille maladie de la nature humaine. C'est la plainte maladive d'un esprit atteint de dyspepsie morale. Que de fois on en a fatigué leurs oreilles! Quand donc en seront-ils délivrés!

Je me permets de leur demander un peu de patience. Qu'ils daignent y regarder de plus près et plus à loisir, et bientôt la question se présentera sous un jour tout différent. Ils verront alors que si elle est parfois banale, on peut lui trouver un sens qui n'est point banal du tout; et que, si rebattue qu'elle paraisse dans celui que les hommes de notre génération lui donnent, elle n'en est pas moins une question vraiment neuve; que, même sur leurs lèvres, elle a un sens très pratique, très important, je dirai même d'une gravité effrayante; qu'en un mot, jamais question plus sérieuse ne s'imposa à l'attention de l'humanité.

Je sais que cette importance ne saute pas aux yeux, et même qu'à première vue on sera tenté de la nier. C'est pourquoi je m'attacherai d'abord à bien la mettre en lumière. Il faut pour cela répondre catégoriquement à ces deux points : d'abord, qu'est-ce que nous voulons dire quand nous émettons ce doute : *La vie vaut-elle la peine de vivre?* En second lieu, pourquoi cette question a-t-elle de nos jours tant d'importance?

Qu'il soit bien entendu au préalable que, lorsque nous demandons si la vie vaut la peine de vivre, nous ne demandons pas s'il y a dans la vie plus de souffrances que de jouissances. Il ne s'agit point de savoir si quelques-uns ont pu être heureux ou si quelques autres le sont. Ceux qui n'ont pas la jaunisse savent très bien qu'il y a des vies heureuses; et malgré tout leur esprit, les pessimistes ne convaincront pas un homme heureux qu'il est malheureux. Je ne vais pas m'amuser à discuter cette vérité de La Palisse que, pour beaucoup, la vie vaut bien ce qu'elle coûte; mais une proposition très différente, à savoir que la vie doit avoir cette valeur aux yeux de tous. Car c'est là ce qu'on veut dire, quand on parle de la vie communément, lorsqu'on énonce, comme un axiome, qu'elle vaut la peine qu'on s'y attache, lorsqu'on lui applique les épithètes que l'usage a consacrées. Ne dit-on pas en effet de la vie qu'elle est une chose sacrée, une chose solennelle et sérieuse? En parler autrement que dans ces termes emphatiques, c'est presque blasphémer. Or, toutes ces expressions supposent à la vie une valeur intrinsèque, indépendante des circonstances. Le succès la rehausse, il est vrai, mais les échecs la laissent intacte. Il est certain, par exemple, que l'amour donne parfois à la vie un charme incomparable; mais, si terne qu'elle devienne lorsque cet amour est malheureux, personne ne dira qu'elle a perdu son prix. Car ce prix tient à l'essence des choses et ne dépend d'aucun accident, tel que la richesse ou la santé. La vie ne peut le perdre que par des actes personnels.

On ne peut pas dire que la valeur de la vie soit une affaire d'imagination, puisque tous les hommes se sont accordés et s'accordent encore à la reconnaître. Il ne s'agit donc pas de savoir si la vie à une valeur, mais sur quelle base cette valeur repose.

Le trésor de la vie est-il de bon aloi? L'étudier de plus près, n'est-ce pas s'exposer à y découvrir de la rouille ou des mites?

Il est telles choses dont la valeur reconnue de tous s'impose; elles répondent à des sentiments profonds et simples, elles forment, pour ainsi dire, le fond de tout plaisir et de tout bonheur. Mais elles sont en petit nombre, se rencontrent rarement à l'état simple, et alors même, le plaisir qu'elles causent est passager et terne. généralement, elles se présentent à nous avec un cortège d'idées, que les croyances et les associations d'idées varient à l'infini, deux éléments, qui souvent agissent sur nous plus vivement que ces choses elles-mêmes.

Voici, par exemple, un élève d'Eton ou d'Oxford, qui prétend se connaître en vins. Donnez-lui une bouteille de champagne de groseilles (1), mais dites-lui que c'est un vin de première marque, qui coûte deux cents schellings la douzaine; vous le verrez humer ce vin avec délices, le boire respectueusement à petites gorgées, avec un air de connaisseur et avec plus de plaisir peut-être qu'il n'en aurait, si le vin était réellement ce qu'on prétend, et s'il avait assez vécu pour pouvoir l'apprécier.

On voit quel rôle jouent ici les idées reçues et les associations d'idées. Le plaisir de l'élève est très réel, et repose, en partie du moins, sur un fait réel, le goût de la boisson qui flatte son palais. Certes, une liqueur qui lui donnerait des nausées, ne lui serait pas aussi agréable; cependant le plaisir qu'il éprouve est chose assez compliquée; le goût y entre pour peu, car il tient surtout à une illusion, qu'un mot pourrait dissiper. Dites à ce jeune homme ce que c'est que ce champagne sur lequel il s'extasie, et vous le verrez aussitôt faire une autre figure et changer de sentiment.

Eh bien! l'idée que nous avons du prix de la vie ressemble un peu à l'idée qu'à ce jeune homme du prix de son vin. Dans l'un comme dans l'autre cas, les convictions et les associations d'idées jouent un rôle considérable. Il va sans dire que, quand il s'agit de la vie, les convictions peuvent être beaucoup plus fondées, mais le sont-elles de fait? C'est précisément ce que je veux examiner.

Il y a certainement des cas particuliers, où les convic-

(1) Sorte de boisson usitée en Angleterre.

tions sont très peu fondées. Miss Harriet Martineau, par exemple, jugeant la vie d'après son expérience personnelle, était persuadée et a pris soin de dire à tous que, pour elle, la vie était la chose la plus solennelle et la plus sérieuse. Mais cette idée tenait à l'importance exagérée et presque grotesque qu'elle se faisait d'elle-même comme femme du monde et comme auteur. Le prix très réel qu'elle attachait à la vie ne reposait que sur un motif futile : un peu plus d'usage du monde lui en eût fait sentir l'inanité.

Je demande sur quoi nous nous fondons, pour tant estimer la vie. N'y-a-t-il pas ici quelque malentendu, et jusqu'où va-t-il ? Nos idées sur la vie ne s'écrouleront-elles pas au premier examen, au premier souffle de la science, ou bien portent-elles sur une base si solide, qu'elles n'aient rien à redouter d'une enquête sérieuse, et qu'elles aient même tout à y gagner ?

On comprend maintenant le sens de ma question ; mais pourquoi cette question ? Est-elle aussi importante que je le dis, et pourquoi, dans la crise intellectuelle que nous traversons, est-il indispensable d'y répondre ?

A première vue, cette question paraît fort inutile : qui donc doute de la valeur de la vie ? Tout le monde y attache le plus grand prix.

Eh bien ! cette première impression ne résiste pas à l'analyse : est-ce que tout le monde ne croirait pas également à l'existence de Dieu, à l'ordre surnaturel ? Que sont devenues pourtant ces croyances générales ? dans combien d'âmes n'ont-elles pas été, je ne dis pas ébranlées, mais anéanties ? La seule philosophie qui date de notre temps, et qui semble avoir produit un mouvement en avant (1), dit que ces croyances ne sont qu'un rêve. Et cependant chez les peuples civilisés on a cru à un Dieu créateur, à l'ordre surnaturel, bien avant de croire au prix de la vie; on y a cru plus généralement, et l'expérience passait pour confirmer la croyance. Si ces convictions n'ont pu (chez quelques-uns) résister à l'examen scientifique, pourquoi nos idées sur la vie y résisteraient-elles mieux? Cela peut arriver, mais tant que l'épreuve ne sera pas faite, nous ne pouvons répondre de rien. Ni le consentement commun, ni l'expérience ne sont par eux-mêmes des garanties assez sûres pour celui qui cherche la vérité positive. Il faut les analyser. Nous tiendrons encore moins compte de l'impression. L'émotion, en philosophie moderne, n'est point un instrument de recherche : elle est un fait et comme tel peut avoir sa valeur, mais c'est tout. Elle ne conduit point à d'autres faits. Pour le positivisme, ce n'est pas une preuve de l'existence de Dieu, que les hommes l'aient aimé jusqu'ici et qu'ils aient senti sa présence au milieu d'eux. Ainsi en est-il de la vie : le respect qu'on a eu pour elle jusqu'à présent ne prouve pas aux yeux du philosophe positiviste qu'elle ait mérité ce respect. Pour bien étudier, il faut, dit l'école moderne, se réduire un instant à un scepticisme intelligent : ne rien croire sans preuve, à moins que la force des choses elle-même ne nous empêche de douter.

J'ai d'autant plus de raison de tenir ce respect universel en suspicion que, par le fait, l'accord sur ce point n'a pas toujours été unanime. Les plus grands

---

(1) L'auteur émet ici une pensée trop flatteuse pour le positivisme.

hommes ont douté par instants que la vie fût ce qu'elle paraît être. A des heures qu'ils regardaient comme leurs bons moments et où les écailles semblaient leur tomber des yeux, cette beauté prétendue, cette haute valeur de la vie ne leur a paru qu'un mirage. L'Écriture consacre un livre à exposer cette nouvelle philosophie de la vie. Aux jours de la gloire d'Athènes, la même pensée, saluée alors comme un trait de génie, s'empara du plus grand de ses poètes tragiques et inspira *OEdipe à Colonne*. Shakespeare est si plein de cette idée, qu'on ne peut s'empêcher d'y voir une allusion personnelle à son existence.

Il faut bien le reconnaître pourtant, cette théorie n'a jamais satisfait personne, pas même ses partisans. C'est un aspect, ce n'est pas le dernier mot de la vie. Ainsi présentée, la vie apparaît à Shakespeare comme une vision sanglante qui l'effraie, l'écrase et le fait pleurer. On sent à la fois et le désespoir que lui cause une vie qui n'est plus rien à ses yeux, et le dépit que lui laisse la pensée, que cette même vie eût pu être beaucoup.

Et si parfois le pessimisme a paru plus absolu, les hommes ne s'y sont pas trompés, ils n'y ont vu qu'une manière de poser ou une mélancolie maladive. Jamais les intelligences saines et vigoureuses n'ont approuvé ces excès, et si quelqu'un les défendait sérieusement, on lui tournait le dos, on se moquait de lui, mais on ne raisonnait pas avec lui. C'était une folie qui faisait pitié, un cynisme dont on s'écartait avec horreur, ou une légèreté qu'on méprisait. Et pourtant cette Europe qui nous a légué ses merveilleux progrès, a longtemps paru se ranger du côté des pessimistes. Une seule raison, une seule l'a empêchée de le faire. Le vide de la vie, le vide de ses plaisirs, leur impuissance à procurer le bonheur, ont été pendant dix-huit siècles des lieux communs, qu'on retrouve et chez les saints et chez les sages de ce monde. L'idée seule que la vie pût avoir une valeur intrinsèque semblait dénoter dans l'homme du monde une puérilité ridicule, et, dans l'homme de Dieu, un commencement de séduction. L'expérience, la réflexion, tout semblait prêcher le même sermon *De contemptu mundi*. Le moine commençait par là, et le monarque finissait par y venir aussi.

Mais, comme je l'ai dit, ce n'était là qu'un côté de la question. Derrière la vie s'avançait un avenir, qui en métamorphosait le premier aspect et faisait tout d'un coup refleurir le désert. Oui, sans doute, prise en elle-même, la vie n'était que vanité; mais aussi pourquoi ne regarder qu'elle? Y était-on forcé? C'est là qu'était l'erreur : quelque sentier qu'on suivît, on aboutissait toujours au précipice ou bien on se perdait dans le désert. La vie ne menait à aucun but visible, c'est vrai, mais elle menait à un but invisible, à des destinées éternelles, à des triomphes comme à des malheurs, qui dépassaient tout ce qu'on peut espérer ou craindre. Pour comprendre cela, il suffit de ne pas fermer les yeux; alors les actions les plus triviales se revêtent d'une importance inouïe. A ce point de vue, la vie n'est plus une vanité ni un songe creux, et ceux-là ne méritent pas d'être écoutés, qui s'obstinent à la calomnier; ce sont des fous ou des menteurs. On peut donc affirmer que, du moins chez les peuples qui progressent, la valeur de la vie humaine est une vérité rationnelle, qui n'a rien à craindre de la critique.

Mais voici que la philosophie positive a tout bouleversé. Elle n'ose cependant pas rompre en visière avec le sentiment général. Le christianisme nous a tellement pénétrés de ses idées, qu'on regarde toujours la vie à travers le prisme chrétien : que nous soyons chrétiens ou non, nous éprouvons, sur cette question de la vie, des sentiments qui supposent le christianisme. Or, ces sentiments élevés, la philosophie positive veut à tout prix les garder. Un de ses écrivains les plus populaires avoue « que les méthodes positives qui ont un peu de largeur, admettent sans restriction tout ce qui a été dit de la dignité de l'homme moral et de la vie intellectuelle. »

Mais c'est ici que la difficulté commence, car cette appréciation si élevée de la vie n'a plus de base sérieuse; il faut lui en trouver une nouvelle, une définitive. Voilà bien la prétention du positivisme. La valeur de la vie, il l'admet, il ne peut même souffrir qu'on la discute; mais il faut bien qu'il base cette valeur sur ce qui avait toujours paru un fondement ruineux. Il n'y a plus à compter sur un avenir meilleur, où toute injustice sera redressée, où le repos succédera à la fatigue, la claire vue à l'aveuglement : il n'y a plus d'avenir. Il faut tout trouver dans cette vie, dans cette vie animale, qui s'écoule entre le berceau et la tombe. L'imagination, la sympathie peuvent si l'on veut, la dilater pour quelques-uns et en reculer les bornes; mais alors même on est bien vite au bout. Limites du temps, limites de l'espace, limites même dans les facultés qui jouissent, que de barrières qui étreignent la vie !

Voilà donc clairement indiquée la tâche que la philosophie positiviste s'est mise sur les bras. Elle a enlevé à la vie tout ce qui, aux yeux des sages, compensait sa vanité, sa nullité. A elle de prouver maintenant que la vie n'est pas une vanité; que le songe creux est une réalité; que ce qui passait pour méprisable est une chose sérieuse; que ce qui n'a jamais contenté personne, est cependant capable de nous satisfaire; que les plus grands esprits se trouveront désormais à l'aise, là où les plus étroits étouffaient.

Peut-être pourrait-on croire, en s'arrêtant à la surface des choses, que cette révolution n'est pas impossible. Pourquoi ces philosophes ne l'accompliraient-ils pas? Qu'y a-t-il là de si absurde? Après tout, il se peut que la terre nous ait paru vile, parce que nos yeux se fatiguaient à fouiller un firmament vide; quand nous saurons mieux voir, nous serons tout surpris de trouver sous la main, dans cette vie, ce que nous allions chercher si loin dans l'autre.

Cependant, même si elle était possible, cette révolution n'en serait pas moins ce qu'elle est, une révolution; or on ne fait pas de révolution sans violence.

En attendant, nous nous attachons au nœud de la question que les positivistes ne doivent pas espérer d'éluder. Car c'est le point faible, le point en litige, qui une fois compris soulèvera sans cesse de nouvelles difficultés. Si cette vie peut nous donner le bonheur, eh bien! qu'ils le prouvent catégoriquement. Mais que, sur leur parole et sans preuve, le monde aille délibérément écarter comme un blasphème ce qu'il regardait jusqu'ici comme un axiome, cela, ils ne peuvent le demander.

L'objection est si naturelle, que les positivistes n'ont pu s'empêcher de la voir. Mais alors, et précisément parce qu'elle sautait aux yeux, ils ont tenté d'en pallier la force et de l'écarter comme superficielle.

Il faut pourtant leur rendre cette justice, qu'ils l'ont enregistrée et lui ont opposé une réponse très artificieuse. Cette réponse, je veux la discuter. Elle vaut la peine d'être serrée de près, car elle renferme tout ce que l'école positiviste peut alléguer de plus fort, pour justifier sa foi en la vie présente. Mais au fond, si décisive qu'elle lui paraisse, elle n'est qu'un sophisme.

Certainement, disent les positivistes, au premier abord, on pourrait craindre qu'avec la croyance en Dieu, on ne perdît la croyance à la valeur et à la dignité de la vie. Cette crainte, ils veulent bien en convenir, ne paraît pas tout à fait chimérique. Cependant l'étude scientifique du passé nous montre que ce sont là de vaines alarmes. La philosophie de l'histoire dissipera nos doutes, cette philosophie qui est pour le penseur ce que la science du monde est pour le mondain. Ainsi, quand on n'a pas l'expérience de la vie, toute calamité semble être unique en son genre et devoir nous anéantir; mais plus tard, lorsqu'après avoir longtemps souffert, on réfléchit qu'après tout on vit encore, on mesure les malheurs d'un œil froid, on les réduit à leurs vraies proportions, et on en tire même le profit de quelques bonnes leçons.

Nous aussi, si nous n'étions instruits par l'histoire, nous pourrions regarder le déclin de la foi comme une calamité sans exemple, pronostic d'une ère de ténèbres et de ruines. Mais la philosophie de l'histoire nous apprend que cet état de choses, si anormal qu'il soit d'ailleurs n'a rien d'extraordinaire. Elle nous montre des cas analogues : elle fait voir que la naissance et la chute des credo sont, dans l'histoire, des phénomènes réguliers, dont nous pouvons avec précision suivre le cours et prédire le retour. D'autres nations ont eu des credo et les ont perdus. Elles crurent, comme nous, qu'elles en mourraient, et elles n'en sont pas mortes. Les credo étaient l'expression imaginative, provisoire et erronée, de ce sentiment indestructible qui fait le fond de tout, le sentiment de la dignité de la vie humaine. C'étaient des credo esthétiques, ce n'étaient pas des credo scientifiques. Comme la statue d'Apollon, les images de la Madone reproduisaient, non ce qui existe au ciel, mais l'idéal que les hommes voudraient créer ici-bas. Voyez les grandes civilisations de l'antiquité : c'est l'intérêt purement humain qui leur a donné la vie et la vigueur. L'influence de la religion, si tant est qu'elle soit une influence, fut, ou purement politique, ou plutôt nuisible qu'utile.

La vie grecque, qui a laissé une si forte empreinte, avait pour âme un stimulant humain. Elle n'eut rien perdu de son énergie, s'il n'y avait pas eu de religion grecque. Elle suffit à nous montrer ce que peut par lui-même le sentiment de la dignité de la vie humaine. Eh bien ! nous serons comme les Grecs. Le christianisme avec son but surnaturel est une fièvre, un délire, un rêve, dont nous finirons par nous réveiller.

Un écrivain distingué a parfaitement rendu la pensée de l'école positiviste en disant : « *Imaginez un voyageur qui a usé sa vie parmi des noirs; avec quelle surprise ne regarderait-il pas un blanc, qui lui apparaîtrait soudain comme un frère ! De même, quand nous nous reportons par la pensée aux époques les plus sombres de l'Europe, et que nous arrivons à des hommes qui partageaient nos espérances, notre cœur bondit de joie et, à travers le désert, nous serrons la main à ces hommes, qui sont nos ancêtres spirituels* (1). »

On va, pour se rassurer, chercher des analogies jusque dans la nation juive... Les premiers juifs, dit-on, ne croyaient pas à l'autre vie et ils avaient le sentiment de la valeur de celle-ci.

Mais c'est à Rome, aux jours de son activité la plus prodigieuse, que nous trouverons les exemples les plus concluants. Quels hommes que Cicéron et César, César surtout ! quelle chose c'était que la vie pour ces grands hommes ! César est la personnification de la vie purement humaine; il avait peu de religion, et ce peu ne comptait pour rien dans son existence; il prenait la vie pour ce qu'elle était. C'est ainsi qu'ont fait et que feront encore tous les hommes de bon sens. César, en ce sens, n'est pas une figure à part; il n'est que le représentant de cette vie purement humaine, alors si vigoureuse et si florissante dans tout l'empire romain; fait d'autant plus significatif, que les Romains se trouvaient dans des circonstances analogues à celles qui, maintenant, nous paraissent si décourageantes. Alors comme maintenant, la vieille foi s'écroulait, et cette chute attristait et effrayait de grands esprits. Lisez Juvénal, Pétrone, Lucien ou Apulée, vous serez frappés de la ressemblance jusque dans les moindres détails. — Ceux-là ont raison, ce semble, qui disent que les temps se répètent en se succédant, et que les leçons du passé servent à comprendre le présent et l'avenir.

Il y a sans doute du vrai dans tout cela, mais tout n'est pas vrai, et l'on peut dire que, dans le sens où on

(1) M. le professeur Clifford.

l'emploie, l'argument n'est qu'un sophisme. Oui, les époques de l'histoire se répètent d'une certaine manière, et jusqu'à un certain point on peut dire : ce qui a été sera ; mais dans un sens plus profond encore et plus vrai on peut dire : jamais ce qui a été ne sera. Les années de la vie semblent également se répéter : un homme de cinquante ans conservera peut-être beaucoup des goûts et des manières de son enfance ; ses vieux amis diront qu'il est toujours le même. Et cependant, quelle différence entre l'homme de cinquante ans et l'enfant ! ses illusions sont tombées, l'avenir n'a plus de brillant, de couleur ni ne charme ; ce qui l'amusait ne l'amuse plus ; ce qui lui paraissait important lui paraît maintenant insignifiant ; et les choses sérieuses qu'il estime aujourd'hui sont précisément celles qu'il dédaignait autrefois. Les jours et les saisons se reproduisent aussi avec les mêmes alternatives de lumière et de nuit : un homme qui ne vivrait qu'un mois croirait la ressemblance parfaite ; mais encore quelques mois, et il s'étonnera de son erreur. Lentement d'abord, à travers l'été, le changement s'accuse, tant qu'enfin les jours de juin font place aux jours de décembre, les fleurs à la mort. Non, les deux saisons ne se ressemblent pas.

Ainsi en va-t-il de l'histoire : isolez certains phénomènes, la conformité est parfaite ; voyez-les dans l'ensemble, la conformité s'évanouit. De même pour la libre pensée antique. On peut, si l'on veut, s'imaginer en lisant l'histoire que l'on rencontre des frères, et, comme disait l'écrivain cité plus haut, leur serrer la main à travers les siècles. Mais ce n'est qu'une illusion, dès qu'il s'agit de questions aussi profondes et aussi générales que celles que nous traitons en ce moment, la religion, le positivisme, la valeur de la vie. En effet, les positivistes et les incrédules du xixe siècle ne sont pas les positivistes et les incrédules du monde ancien. Même quand leur langage est identique, un abîme les sépare. Dans les négations comme dans les assertions du premier, de nouveaux facteurs se sont introduits, qui faussent la comparaison. Nous parlerons plus tard de ces facteurs et nous en ferons ressortir l'importance; aujourd'hui nous n'en dirons qu'un mot.

Le premier de ces facteurs, c'est l'existence du christianisme et le changement immense, incontestable, dont il a été à la fois la cause et le signal. Il a accompli une grande œuvre; cette œuvre demeure, et, bon gré mal gré, nous en ressentons tous l'influence. Or, voici les grandes lignes de cette œuvre : le surnaturel, dans l'ancien monde, présentait quelque chose de vague et de flottant; les théologies classiques, qui en sont l'expression officielle, sont pleines de réticences : au-dessus des hiérarchies des dieux, planait un mystère inaccessible aux sens, dont le vulgaire ne se rendait pas compte, et que Platon lui-même n'apercevait qu'à travers un nuage. Ce surnaturel est une espèce de clair-obscur, où tous les rayons sont disséminés. Ces rayons épars, ces points lumineux imperceptibles, le christianisme les a réunis en un seul foyer. Cette idée vague du bien dont, selon Platon, la plupart des hommes devinaient l'existence, sans pouvoir se l'expliquer au juste, le christianisme l'a définie et personnifiée dans son Dieu. Ce Dieu, à ne voir les choses que du dehors, a conquis pour ainsi dire son empire à la façon de César. César avait réuni dans sa main tous les pouvoirs; le Dieu du christianisme absorba tous les autres dieux. En lui, comme en César, il n'y avait pas seulement réunion des énergies différentes, il y avait une nouvelle énergie, infiniment supérieure au simple total des forces isolées. Scientifiquement, philosophiquement, il devenait la première cause du monde, le père de l'âme humaine et son juge, et, qui plus est, son repos, sa joie, son amour. Cette idée transforme tout d'abord l'homme. L'homme apparaît plus grand : pendant que ses pensées les plus intimes sont sans cesse pénétrées par le regard de celui qui juge et qui contrôle tout, lui-même s'efforce de devenir la ressemblance et la reproduction du Roi des rois; il est de même race avec celui devant qui tremblent tous les êtres créés. Chaque instant de la vie de son âme recèle des profondeurs, qui dépassent toutes les profondeurs de l'espace et du temps. Mais, avec le sentiment de sa valeur, se développe dans l'âme le sentiment de sa dégradation passée, de son péché.

Ce sentiment du péché se retrouve en Eschyle à l'état d'une tristesse vague, traduite d'une manière indécise. Le Christianisme mesure le mal et le personnifie avec une profondeur effrayante; seulement le désespoir que cette vue pourrait engendrer, il le contrebalance par l'espérance.

Ainsi le christianisme a mis en évidence le surnaturel que l'humanité soupçonnait. Il ne s'agit pas de savoir si cette manifestation est complète : il suffit qu'elle soit, incontestablement, la plus complète que le monde ait vue.

Que suit-il de là? Il s'ensuit qu'à notre époque, nier le surnaturel, c'est le nier comme il n'avait jamais été nié. De même que la croyance serait plus complète, la négation est plus radicale. Pour l'ancien monde, le surnaturel était comme un parfum qui s'échappe de mille vases différents et dont une partie seulement est respirée par chaque homme ou par chaque nation. Détruire l'un ou l'autre de ces vases, ce ne serait pas anéantir le parfum.

Mais, pour nous, à qui une seule voie est ouverte, la supprimer, c'est tout supprimer.

Prenez pour exemple Lucrèce : ses négations, à première vue, ressemblent aux nôtres. Cependant, regardez-y de plus près, vous verrez la différence. Lucrèce nie la théologie de son temps, comme le positiviste nie la théologie du sien. Mais la théologie de son temps était singulièrement tronquée et puérile. Il ne nie pas le Dieu qui embrasse tout et qui soutient tout : il n'en a pas l'idée. Il nie l'existence de certains dieux, il affirme l'existence de certains autres qui, au fond, d'après ses propres prémisses soi-disant scientifiques, n'ont pas pour être de meilleures raisons que les premiers. Quand il nie l'immortalité de l'homme, il ne nie point l'avenir que les positivistes nient; celui qu'il conçoit est un avenir qui n'a d'autre effet sur ceux qui y croient, que de les attrister. C'est la prolongation de ce qu'il y a de pire dans la vie, et non le développement de ce qu'elle a de meilleur. La négation de l'immortalité est, pour nos contemporains, chose très différente. Les anciens ne pouvaient pas nier complètement le surnaturel, parce qu'ils ne le connaissaient pas complètement. Ne pas affirmer, ce n'est pas la même chose que nier. De beaucoup de croyances que nos positivistes nient, les positivistes de l'ancien monde, qu'ils s'en rendissent compte ou non, faisaient le fond de leur vie intellectuelle.

Autre point, dont il faut absolument tenir compte. Pendant les âges chrétiens, la croyance à une fin surnaturelle, qu'on ne pouvait atteindre que dans l'autre monde, avait engendré, dit avec indignation un philosophe positiviste, un pessimisme incompatible avec la dignité de la nature humaine. Mais pendant ce temps, le monde visible, dont nous étions distraits par d'autres pensées, a changé d'aspect et de caractère. Sous beaucoup de rapports, la nature n'a plus des horizons si vastes; elle s'est fanée; l'imagination a beau faire, elle ne peut lui rendre ses vives couleurs. Autrefois, ce monde, avec l'homme qui en était le roi, avait quelque chose d'imposant, c'était le centre de la création.

Maintenant, tout est changé; et, comme le dit un historien bien connu : « La voûte du ciel, semée d'étoiles, n'est plus qu'un abîme insondable : et la terre elle-même, ébranlée sur sa base, un atome dans l'immensité de l'univers » (1). Les rôles sont intervertis. Autrefois le firmament semblait fait pour la terre; il paraissait l'abriter sous sa voûte et lui faire hommage de sa lumière; mais maintenant il semble que le ciel ne doive pas avoir assez de dédain pour notre pauvre petite planète perdue dans son immensité.

La terre elle-même a changé d'aspect : elle est, si je puis ainsi parler, devenue plus petite, et elle n'a plus rien qui étonne. En un mois, un badaud de Londres en fait le tour. *Il n'y a plus de cités dorées, à dix mois de marche au loin, dans les solitudes tartares* (2). Tout est trop connu, et les confins de la civilisation ne s'éva-

---

(1) Froude, *History of England*, ch. I.
(2) Wordsworth.

porent plus dans le mystère de déserts inexplorés.

Il en est de même des sentiments : beaucoup s'évanouissent, qui étaient autrefois un levier puissant, et il n'y a rien, que je sache, pour les remplacer. Le patriotisme, par exemple, n'est plus au même degré, comme à Athènes et à Rome, le culte ou l'ivresse du pays. L'éclat d'une existence opulente n'exerce plus sur les hommes le même prestige; ce n'est pas qu'on ne soit encore esclave de *l'orgueil de la vie;* mais ceux mêmes qui recherchent la vie brillante, le font d'un air dédaigneux et cynique; c'est pour eux une fille de joie, ce n'est plus la déesse.

Nous ne sommes plus des enfants, qui s'éprennent des merveilles du monde. La jeune fille qui a grandi ne reprendra plus goût à ses poupées : jamais la terre ne sera pour nous ce qu'elle était pour les anciens. Sans doute, la jeune fille pourra regretter le temps où des poupées l'amusaient; peut-être songera-t-elle que ses joies enfantines valaient mieux que les émotions de l'amour; cependant elle ne quittera point son amant pour ses poupées. Ainsi de l'homme : si puissamment qu'on ressuscite dans sa pensée l'idéal des jours anciens, on ne lui rend point pour cela sa magie.

Pour tout dire en un mot, le positivisme actuel demande à la nature humaine plus qu'elle ne peut donner; il exige plus qu'on n'a jamais exigé d'elle, et jamais elle n'a été moins capable de répondre à ces exigences.

Mais je n'ai pas fini. Il me reste à parler d'un troisième facteur, qui entre dans nos idées modernes et nous défend de les comparer aux idées des anciens. Je veux parler de l'analyse des faits de conscience, qui est devenue un trait si saillant de notre temps. Depuis quelques générations, l'homme a beaucoup changé. Il n'est plus l'enfant irréfléchi plein de spontanéité qu'il était. Il est devenu défiant, regardant devant et en arrière Il pense trop et sa résolution, son courage s'en ressentent. Nous n'admettons plus rien sans demander la preuve, et nous démontons, pour ainsi dire, tous les motifs, tous les actes, pour les examiner à fond. Nous avons beaucoup appris, et notre science nous revient sans cesse à la bouche.

D'après la science positiviste, les religions ne sont qu'un idéal fabriqué par l'homme; elle admet que cet idéal a eu sur la marche de l'humanité une influence prodigieuse, et elle enseigne que nous devons à notre tour nous façonner un autre idéal. Elle oublie qu'il y a à cela une petite difficulté, c'est que les circonstances ne sont plus les mêmes.

Ainsi, cet idéal nouveau, nous savons ce qu'il est, un idéal, et rien de plus. Or, c'est en cela que nous différons des anciens, et les positivistes l'oublient toujours. Ils oublient que l'idéal, qui a exercé sur les peuples anciens une action si décisive, était pour ces peuples plus qu'un idéal, que, pour eux, c'était une réalité.

Mais, avec l'idéal positiviste, l'illusion ne serait pas possible. Or il n'y a pas, que je sache, dans l'histoire, un seul exemple d'hommes qui aient été influencés ou stimulés d'une manière appréciable, d'hommes surtout qui aient été retenus ou domptés par un idéal, que l'on savait n'être que cela, sans réalité correspondante, sans illusion.

On effraie un enfant par des contes de croquemitaine : ce n'est qu'une idée, mais l'enfant la croit réalisée. Dès qu'il sait à quoi s'en tenir, il n'a plus peur.

Le passé n'est donc point fait pour nous rassurer. La philosophie grecque et romaine n'a été positiviste, dans le sens que nous donnons à ce mot, que jusqu'à un certain point. La philosophie des autres empires de l'antiquité ne l'était point du tout. La plus vieille civilisation dont nous ayons des souvenirs, était fondée sur un théisme qui, plus que tout autre, se rapproche du nôtre : ce furent les Egyptiens, premiers maîtres du peuple juif, qui lui enseignèrent le dogme de la vie future. Nous aurons beau chercher, nous ne trouverons rien, absolument rien qui ressemble aux négations radicales de notre temps.

Tout ce que je viens de dire s'applique surtout aux peuples dont les destinées ont eu quelque influence sur les nôtres. Mais il y a d'autres races, parties considérables de l'humanité, qui ont été étrangères à notre civilisation. On n'a commencé que depuis peu à étudier la religion de ces peuples. Les positivistes s'en font un argument.

« L'histoire la plus superficielle des religions », dit M. Leslie Stephen, « *nous apprend que des credo, qui comptent plus d'adhérents et qui ont fleuri plus longtemps que le christianisme, ont omis tout ce qui rend la doctrine de la vie future plausible aux yeux de ses partisans* ».

Le Dr Tyndall, tout triomphant, nous montre l'évangile du bouddhisme, « *cet évangile de morale purement humaine, qui a fait divorce, non seulement avec Brahma et avec la trinité Brahmanique, mais aussi avec l'existence de Dieu* (1) ».

---

(1) Le Prof. Blackie, cité par le Dr Tyndall.

On en appelle à chaque instant aux *credo* innombrables de l'Orient; mais c'est surtout dans le bouddhisme qu'on espère. Puisqu'on veut nous forcer à en parler, parlons-en. Nous constatons sans peine que le bouddhisme est un fait immense et l'un des plus instructifs que nous connaissions. Mais il est loin d'avoir le sens que les positivistes lui attribuent.

Oui, la religion bouddhiste a envahi une bonne partie de la terre. Près de la moitié du genre humain la professe (1); elle est, après la religion juive, la plus vieille religion du monde, et de beaucoup la plus répandue.

Oui, il est vrai que, dans sa pureté primitive, elle n'a point pour base la croyance à un Dieu personnel et ne nous propose point comme but de nos actes le bonheur dans une vie immortelle.

Mais s'ensuit-il qu'elle se rapproche par là du positivisme moderne? Nullement. Elle en est au contraire tout l'opposé. Son succès, elle le doit précisément aux doctrines que le positivisme rejette avec le plus d'horreur.

De quel principe part-elle? De la pensée scientifique? de l'expérience? Pas du tout; elle s'appuie sur quatre grands mystères, qui sont absolument inabordables à toute démonstration, à tout raisonnement, et dont le plus intelligible et le principal est la transmigration ou le renouvellement de l'individu dans une autre existence.

---

(1) Ceci est contestable : on range trop facilement les Chinois en bloc parmi les sectateurs du Bouddhisme (414,000,000). Le fait est qu'on sait encore peu de choses sur l'état religieux de la Chine. Beaucoup de Chinois sont, non pas Bouddhistes, mais disciples de Confucius ou de T'ao, ce qui est très différent. (*Note du Traducteur*).

C'est cette doctrine mystique qui donne au bouddhisme prise sur le cœur humain ; c'est son levier.

En second lieu, le positivisme a pour principe fondamental que la vie est bonne ou peut être rendue telle, et que la possibilité d'en jouir est le grand *stimulus* qui pousse à l'action. Le bouddhisme enseigne que la vie est mauvaise et que le bien pour l'homme, c'est non de l'embellir et d'en jouir, mais d'en étouffer jusqu'au désir. Le positivisme enseigne que l'amour est le plus grand bien de la vie ; le bouddhisme nous dit qu'il faut l'éviter comme *une fosse remplie de charbons ardents*. L'écrivain positiviste le plus populaire a dit : « *Je ne veux point d'un avenir qui brise avec le passé* (1). » Le bouddhisme ne veut point d'un présent qui puisse se lier à l'avenir.

La doctrine fondamentale du bouddhisme, c'est la misère absolue de cette vie, et la récompense de la sainteté bouddhique, c'est d'arriver à ne plus vivre. Celui qui meurt dans le péché est condamné à revivre, et ce n'est peut-être qu'après beaucoup de vies que l'on deviendra assez pur pour ne plus renaitre. Alors, arrivé à cet état de perfection, le sort funeste sera levé, et la vie s'éteindra comme une lampe. La vie par excellence, c'est la solitude et l'ascétisme. Le fondateur du bouddhisme, au début de ses prédications, rencontra cette objection, que son système menait logiquement à la destruction de l'humanité. Il se garda bien de le nier ; mais ajouta-t-il, « ce qu'on appelle ruine est de fait le bien suprême ».

L'appel au bouddhisme est donc tout à fait malheu-

---

(1) Georges Éliot.

reux. On ne pouvait guère choisir plus mal. C'est en effet une chose étrange, de voir des optimistes se réclamer de pessimistes fanatiques, des positivistes en appeler à des mystiques.

Le fait est, et c'est la seule conclusion possible, que si la plus grande partie du genre humain a professé un *credo* différent du *credo* chrétien, ce *credo* enseignait juste le contraire du *credo* positiviste.

L'appel au bouddhisme ne résout donc rien. Son témoignage, s'il faut en tenir compte, tendrait plutôt à prouver que cette question : *La valeur de la vie*, est une question neuve et très controversée. Une question neuve, parce que jamais on ne l'avait examinée si à fond ; une question controversée, puisque la moitié du genre humain repousse la solution que prône l'école positiviste. Que le bouddhisme soit un fait écrasant, *stupendous*, comme l'appelle M. Stephen, je n'en disconviens pas ; mais, pour revenir à la question qui nous occupe, que ce fait témoigne en faveur de la dignité de l'homme et de la valeur de la vie, voilà ce que je ne puis accorder.

Résumons : plus nous examinerons la chose de près, plus nous la considérerons sous toutes ses faces, plus nous nous convaincrons que le problème qui sollicite l'attention de notre siècle n'a pas été résolu d'une manière satisfaisante. Les parallèles qu'on a cherchés dans d'autres temps et dans d'autres races, n'ont rien qui ressemble à ce qui nous préoccupe : ce sont plutôt des contrastes.

Le sentier que suivait la pensée humaine a tout à coup tourné le col de la montagne qu'elle gravissait, et nous avons trouvé sous nos yeux, à notre grand ébahissement, un spectacle inattendu. Les chefs du progrès ont salué de leurs acclamations cet horizon nouveau et déclaré que ce qui se révélait à nous, c'était la terre promise. Mais les plus clairvoyants et les plus calmes nous montrent du doigt un brouillard qui couvre la contrée et déclarent qu'il est impossible de savoir si ces pays nouveaux sont, oui ou non, la terre promise. De graves raisons leur semblent exiger un examen plus approfondi et les forcent à se demander si, après tout, ce que nous apercevons ne nous cache pas des ruines, au lieu d'une campagne riante.

Voilà, dans ses grandes lignes, la question que nous comptons traiter. Examinons-la maintenant plus en détail.

CHAPITRE II

LA MORALITÉ ET LE PRIX DE LA VIE

> Le royaume du ciel ressemble à un trésor enfoui dans un champ.

Nous avons vu quel sens il fallait attacher à cette expression *la valeur de la vie*. Voyons maintenant ce que la doctrine positiviste entend par là et procédons à cet examen avec un soin minutieux.

De toute cette discussion, nous gardons un point, qui nous paraît acquis : la question de la valeur de la vie est intimement liée à celle de la moralité de la vie. Là-dessus les positivistes s'accordent avec les théistes. La vie, disent-ils, n'a rien perdu de sa dignité. Nous n'avons point ouvert la porte au relâchement ou à la licence. Avons-nous perdu quelque chose en perdant la foi en Dieu et la foi en la vie future? Les uns l'accordent, sous certaines conditions, les autres le nient et soutiennent que cette perte est un gain; mais au fond peu importe, puisque, en toute hypothèse, la perte ne serait ni fatale ni sérieuse. Quoi qu'il en soit, le *bien* reste toujours le but de la vie, et il sera d'autant plus beau de s'y dévouer, que ce sera plus désintéressé.

Le docteur Tyndall nous informe que, bien qu'il ait jeté par-dessus bord les croyances de sa jeunesse, il ne renoncera, tant que sa santé se soutiendra, à rien de ce qu'il y avait alors dans sa vie de *spirituel* et *d'élevé*. *Il n'y a pas de résolutions dictées par le devoir, pas d'œuvre de miséricorde et d'abnégation, pas de jouissance dans la vie et dans les spectacles de la nature, qu'il ne puisse revendiquer maintenant comme alors.*

Georges Éliot enseigne la même chose dans ses romans, et le professeur Huxley nous dit que, « *quoi qu'il arrive de nos croyances ou même de notre éducation, la beauté de la sainteté et la laideur du péché resteront, pour ceux qui auront des yeux pour les voir, non des métaphores, mais des sentiments très réels et très vifs* ».

Ces exemples suffiront. La théorie positiviste est trop connue pour qu'il soit nécessaire de les multiplier. Ainsi, à l'en croire, et c'est un des points sur lesquels il est le plus véhément, le positivisme, loin de détruire la différence entre le bien et le mal, l'accuse au contraire plus nettement.

Avant d'examiner cette prétention, il faut, de toute nécessité, définir cette moralité des actes qui gouverne la vie.

Dire qu'une vie peut être morale, c'est dire qu'on peut imprimer aux actes de la vie une direction, et une seulement, qui fait de cette vie une grande et noble chose.

On appelle cela le sérieux de la vie, parce que cette direction dépend de notre choix; on dit que c'est la question solennelle de la vie, parce qu'il est entendu que ce but qui rend la vie raisonnable, nous pouvons le manquer. — S'il n'en était pas ainsi, le bien, le mal, n'auraient pas le sens général et objectif que nous leur attribuons : ce serait affaire de goût personnel. Ces noms ne seraient que de fausses étiquettes, servant à masquer les sympathies et les antipathies de chacun. Dire alors que le bien, le mal, la moralité, sont choses qui doivent régler la vie de tous, ce serait déraisonner. S'il y a une morale, nos goûts, quels qu'ils soient, s'effacent devant un idéal qui leur sert de mesure, et cet idéal, c'est le bonheur, but commun, satisfaction suprême des aspirations de l'humanité.

En quoi consiste ce bonheur? Quelles en sont, dans l'opinion commune, les conditions et les attraits? Voilà la première question qui se présente à nous. Après l'avoir résolue, nous analyserons ce bonheur qu'on nous propose, et nous verrons s'il a ce qu'il faut pour béatifier l'homme. Commençons.

Tout système de morale propose aux actes humains un but, et pour arriver à ce but il n'y a qu'un chemin, la moralité. Ce but est la seule chose qui importe dans la vie; et, puisqu'il n'y a qu'une vie, c'est dans cette vie, pendant les années et les jours qui la composent, qu'il nous faut l'atteindre. La suffisance de cette destinée à satisfaire l'homme, c'est là toute la question de la valeur positive de la vie et de la dignité essentielle de l'homme.

Voilà donc une manière d'entendre la question, et, sur ce point, les positivistes eux-mêmes nous ont souvent donné raison. Citons comme exemple ce que dit Stuart Mill, dans son *Autobiographie* :

Dès que j'eus lu Bentham, pendant l'hiver de 1821,

ma vie eut un but, celui de réformer le monde. Je cherchais à me rendre la vie aussi gaie que possible; mais en fait de satisfactions personnelles, sérieuses et constantes, je ne comptais que sur cela. Cependant un jour vint, où il me sembla que je sortais d'un rêve. Je me dis alors : figure-toi que tu as obtenu tout ce que tu désires dans cette vie; figure-toi que tous les changements dans les institutions et dans l'opinion que tu as l'ambition d'amener, tu peux les effectuer dans un instant; serait-ce là pour toi une grande joie, le bonheur? Et un cri de ma conscience, que rien ne pourait étouffer, me répondait : Non! A ce mot, le cœur me manqua, la base de ma vie s'écroulait..... La fin proposée avait perdu son prestige; quel intérêt pourait avoir pour moi ce qui n'était plus qu'un moyen? A vrai dire, la vie n'avait plus de but pour moi.

Coleridge, dans son *Découragement*, avait bien décrit ce qui se passait en moi :

Un chagrin sourd, vague, sombre et plein d'ennui,
Une douleur horrible, muette et sans colère,
Qui ne trouve d'issue ni de soulagement
Ni dans la parole, ni dans les soupirs, ni dans les larmes.
. . . .
Travailler sans espoir, c'est tirer du vin dans un panier :
Espérer, sans savoir quoi, c'est l'impossible.

Les commentaires dont l'auteur l'accompagne, rendent la confession qui précède plus saisissante encore :

Je dois avouer, en toute sincérité, dit-il, *que mon découragement n'était que de l'égoïsme, produit qu'il était par l'écroulement de cet échafaudage de bonheur : et cependant, j'avais toujours sous les yeux la question plus générale de la destinée de l'humanité, qui, je le sentais, était intimement liée à la mienne. Je sentais que cette lacune, que je venais de constater dans ma vie, était une lacune inhérente à la vie elle-même; qu'il s'agissait de savoir, au cas où les réformateurs sociaux réussiraient, au cas où tout membre de la société serait libre et vivrait dans l'aisance, si les plaisirs de la vie qui ne seraient plus relevés par la lutte et par la privation seraient encore des plaisirs; et je sentais que, à moins de pouvoir espérer mieux que cela pour le bonheur de l'humanité, mon découragement était incurable.*

Disons de suite que, pour Stuart Mill, ce découragement n'était pas incurable et que, par une évolution dont je ne veux rien dire en ce moment, il finit par trouver la destinée qu'il cherchait. Je ne le cite maintenant que pour montrer que, de son propre aveu, ce but était indispensable.

Stuart Mill voyait donc la nécessité de ce but supérieur : il la reconnaissait non seulement en théorie, mais pratiquement, par des mois de souffrance intérieure, par des pensées continuelles de suicide, par des années de mélancolie. Il lui faut, il le sent, un but suprême auquel tendra l'action, un bonheur qui satisfasse; cela, et cela seul, peut donner un sens à l'acte et rendre la vertu possible.

Un écrivain contemporain s'exprime absolument dans les mêmes termes et nous dit que, si « *l'éducation sert à quelque chose, c'est à résoudre cette question qui tourmentait Stuart Mill. La fin suprême de l'éducation, dit le professeur Huxley, c'est de développer la moralité et les sentiments élevés, en apprenant aux hommes à se discipliner, en les amenant à voir que le moyen d'atteindre le plus haut point, qui est aussi le seul qui satisfasse, ce n'est pas de ramper dans les régions infectes des sens, mais de tendre sans relâche vers ces sommets escarpés où la raison, jouissant d'un calme éternel, discerne l'idéal indéterminé mais pourtant éclatant du bien, qui se dresse devant nous, comme un nuage pendant le jour, comme une colonne de feu pendant la nuit* ».

Voilà, pour le dire en passant, le ton qui règne dans les exhortations morales de la nouvelle école !

Jusqu'ici, nous sommes d'accord : il faut un idéal au bonheur suprême qui règle notre vie. C'est parfait, et, à part un point qui reste obscur, c'est la réponse que nous cherchons. Malheureusement, ce point obscur gâte tout le reste. Ce bonheur, personne ne peut nous dire ce qu'il est. Ces mots de *bien suprême* peuvent dire beaucoup ou rien ; or il importe de s'expliquer là-dessus. Avant de lutter pour arriver au *bien suprême* c'est bien le moins que nous sachions ce que c'est que ce *bien suprême*. Il faut arrêter au passage cet *idéal brillant*, et voir ce qu'il nous apporte. S'il se dérobe, s'il n'est qu'un nuage, un mirage, qui change de forme à vue d'œil, qui est visible aux uns et invisible aux autres, alors disons que c'est une illusion et n'en parlons plus.

Or voilà précisément ce que l'école positiviste ne peut supporter ; elle ne veut pas qu'on dise que cet idéal est une illusion.

A l'en croire, l'illusion, c'est notre ciel, c'est notre amour de Dieu. Tout différent du bonheur chrétien, le *bien supérieur* qu'on nous offre est avant tout chose pratique, faite pour des êtres de chair et d'os, et qu'on trouve sous la main, dans la vie de tous les jours. C'est, nous disent les prophètes du positivisme, « *une béatitude qui résulte dans cette vie d'une certaine manière d'agir* ».

C'est une chose essentiellement actuelle, et, ajoute le professeur Huxley, *indépendante de la durée plus ou moins longue de notre vie consciente et individuelle.*

Je demande alors, et, franchement, ce n'est pas être exigeant, qu'on me révèle enfin ce bien supérieur. Si on ne peut me le montrer, qu'on me dise au moins comment il faut s'y prendre pour le découvrir. Je sais bien qu'Aristote a dit qu'il ne faut pas demander des définitions plus exactes que ne le comporte la nature du sujet. Il est possible que le *bien suprême* soit chose trop vague, pour permettre une définition rigoureuse, mathématique, mais ce qu'on ne peut définir, on peut toujours le décrire suffisamment pour le besoin qu'on en a, de façon qu'on sache ce que c'est, qu'on puisse, quand on veut le trouver, le reconnaître. Cela arrive tous les jours pour les sentiments, le caractère, la physionomie des gens. On peut en dire autant du goût, quand il s'agit d'aliments, de mobilier, ou du caractère général d'une existence : ces choses, on ne les définit point, on les dépeint. Dira-t-on que le *bien suprême* dont on nous parle est plus rebelle au pinceau que tout cela? Je demande à nos penseurs si positifs ce qu'ils entendent par ce bien. Assurément, pour en parler, ces messieurs doivent le connaître. Le professeur Huxley, par exemple, ne l'a-t-il jamais possédé, ou, du moins, n'espère-t-il pas y arriver? Où cela, de grâce, et comment? Il peut nous dire alors ce qu'il faut faire pour y parvenir, ce qu'il faut abandonner. Et puis, grande question, qu'éprouve-t-on quand on possède le *bien suprême?* Est-ce quelque chose d'intermittent, comme un transport subit? On pourrait le supposer à les entendre. Ne l'éprouve-t-on qu'à certains moments, sortes d'extases platoniques, auxquelles tous les actes de la vie dirigent et préparent? Non, cela est impossible, et nos positivistes sont gens trop pratiques pour donner dans ce mysticisme. Leur bonheur suprême doit être quelque chose de plus substantiel qu'une extase. Mais alors ce bonheur existe, et il semble incroyable qu'on ne puisse mettre la main dessus. C'est, dites-vous, une colonne de feu la nuit. Eh bien! alors, on peut le voir; il faut le mettre en vue de tous les hommes, pour les fasciner. Oui, le bonheur suprême est cela, une lumière visible à tous, ou il n'est rien. Cette vérité va du reste apparaître bientôt dans tout son jour.

Le bien par excellence, le bonheur suprême sont le but de l'acte moral. Cette vérité nous amène de suite à une conclusion qui ressort avec évidence.

Il va sans dire que tous ceux qui conforment leur vie morale, ou énoncent un système de morale, reconnaissent la valeur du bien suprême. L'homme ne peut suivre un attrait supérieur, écarter un attrait inférieur, être vertueux en un mot, que parce qu'il a devant ses yeux un but qu'il veut atteindre et qu'il perdrait en ne l'étant pas. Mais cela ne suffit pas. Non, il ne suffit pas que le bien apparaisse dans tout l'éclat de ses charmes, aux yeux de ceux qui cherchent. Il faut encore que ses appas attirent ceux qui ne le connaissent pas, qui ne l'ont jamais systématiquement cherché et se sont même systématiquement écartés de tout ce qui pouvait y mener. Ce bien, en un mot, doit être tel, que non seulement l'homme vertueux puisse s'applaudir de sa sagesse, mais que l'homme vicieux puisse se rendre compte de ce qu'il perd par sa folie. Le vice n'est le mal, aux yeux du moraliste positiviste, qu'à raison de *je ne sais quoi* de rare et de précieux qu'il nous fait perdre. Pour nous convaincre de notre erreur, nous qui sommes vicieux, il n'y a qu'un moyen, nous donner une idée de ce que nous perdons. Pour peu que le système du positiviste vaille, il faut qu'il puisse nous donner cette satisfaction. Par là même qu'il dit : J'ai un système moral, il se déclare prêt à nous rendre compte de ce que nous lui demandons. Les médecins sont faits pour guérir les malades. Je n'ai que faire d'un charlatan dont toute l'habileté consiste à m'expliquer pourquoi il se porte bien. A quoi bon la morale qu'on ne peut pas prêcher? Si elle est une chose si mystérieuse, qu'on ne peut discerner ce qu'elle propose, alors n'en parlons plus. Il est inutile de dire que telle chose est vertu et telle autre vice. Il n'y a pas de vice, quand on ne peut se rendre compte de son erreur. Ce sont là des spéculations oiseuses, qui n'auront de sens pour personne, excepté peut-être pour ceux qui n'en ont que faire. Il faut, c'est dans la nature des choses, qu'une morale ose se présenter sans rougir et que son excellence emporte l'assentiment de tout homme de bon sens. Il ne s'agit point ici d'une analyse rigoureuse et mathématique : tout ce que nous demandons, c'est que la fin morale soit assez nettement perçue, pour qu'on puisse discerner les actes qu'elle doit régler.

Tout cela résulte de l'idée même de moralité. Qu'est-ce qu'un code de morale et quel besoin le monde en a-t-il? Le code moral est un catalogue de préceptes restrictifs, qui nous imposent certaines directions, et il n'y a de voies commandées ou morales que parce qu'il y en a d'autres qui sont approuvées, non par le code, mais par l'attrait naturel, et qui sont immorales. La voie morale est morale, parce qu'elle mène au bonheur supérieur; la voie contraire est immorale, parce qu'elle mène à d'autres biens, au bonheur inférieur. Quand nous préférons le vice à la vertu, qu'arrive-t-il? Nous préférons le bonheur inférieur et moindre, au bonheur complet et suprême. Ce choix, cette méprise, c'est toute l'immoralité. Malheureusement, c'est vers la méprise que l'humanité se sent poussée par ses passions, et ce sont ces passions, ces tendances funestes, qui font tout l'intérêt des systèmes de morale.

En effet, si nous étions tous enclins par nature à suivre la vie morale, alors l'analyse du bien supérieur, de la tendance morale, ne serait plus nécessaire. Nous y serions, ce serait l'essentiel. La comprendre serait une jouissance de plus, mais une jouissance de luxe. Dans la pratique, cela ne servirait de rien.

Mais nous n'en sommes pas là. L'ordre est sans cesse violé : c'est l'origine de la loi. Le moraliste est obligé d'intervenir, parce que la nature est inconstante et corrompue. La nature est un cheval échappé, qu'il faut non seulement dompter, mais tenir sans cesse en bride. Le moraliste montre à l'homme le vrai but de la vie, lui ouvre les yeux et lui fait comprendre ce qu'il perd en le perdant.

Or les hommes auxquels il importe qu'il s'adresse, ce ne sont point, pensons-y, de grâce, ceux qui s'occupent de leur destinée, mais ceux qui ferment les yeux et auxquels il faut, pour ainsi dire, les ouvrir de force. Ce sont les pécheurs et non les justes, qui ont besoin de conversion. Il ne suffit même pas que la fin morale se présente aux indifférents, claire, nette et facile à discerner de tout autre; il faut encore qu'elle affronte sans crainte la critique hostile de ceux qui, contents comme ils sont, et ne voulant pas être dérangés, redoutent de se laisser subjuguer par ses charmes. Ces hommes feront tout pour prouver que ses attraits ne sont qu'une tromperie. Ils la mettront à l'épreuve de toutes façons, comme on fait pour un métal suspect. Ils voudront savoir sur quelle base elle s'appuie, quels sont ses attributs. Ils l'analyseront sans pitié, comme les positivistes ont analysé le théisme.

Voilà ce que dit le mot de morale, même en philosophie positiviste. Dire qu'il y a une morale, c'est dire qu'il y a pour la vie, en vertu de sa nature, la possibilité d'un bonheur accessible à tous et supérieur à tout autre. Ce bonheur est facile à reconnaître, même pour ceux qui ne l'ont pas éprouvé, et sa supériorité n'est pas seulement une apparence douteuse, mais un fait qui se prouve rigoureusement par d'autres faits évidents et incontestables.

Ce n'est pas tout; il faut que ce bonheur suprême soit infiniment supérieur aux biens imparfaits qui pourraient nous tenter. Il faut que le vice le plus heureux, le plus fier, le plus sûr du lendemain, ne soit qu'une misère horrible auprès de la vertu la plus affligée. Car c'est là ce qui fait l'intérêt terrible de la morale, cet abîme qui sépare le bien qu'elle donne, des maux dont elle sauve. Si cet abîme n'est pas un gouffre insondable, ce que nous disons tous les jours de l'importance de la vertu, de la dignité de la vie, du sérieux qui s'attache aux luttes morales, n'est plus qu'une amplification ridicule.

Je demande maintenant au positiviste ce qu'il peut

me présenter en fait de bonheur suprême : est-ce une réalité, ou un mythe? voilà la question, la grande question.

Ce bonheur, selon lui, ne se trouve pas dans l'autre vie. Donc, il se trouve dans celle-ci. Mais s'y trouve-t-il? car si cette vie ne peut le donner, alors, évidemment, pour pouvoir parler morale, il faut commencer par revenir à la religion. Mais peut-être après tout, cette vie peut-elle nous rendre heureux; peut-être a-t-elle plus de ressources que nous ne lui en supposions. Ce bonheur que donne la vie, peut-être l'avons-nous sous la main; peut-être ne l'avons-nous pas vu, précisément parce qu'il nous crevait les yeux. En tout cas, s'il existe, qu'on nous le fasse voir. Un bonheur dont on ne peut rien savoir est inutile. Il ne peut même servir à ceux qui en ont le plus besoin, tant qu'ils ne le connaissent pas. En vérité, jusqu'à ce qu'on nous l'ait montré, nous sommes dans notre droit en refusant d'y croire. Nous ne faisons que suivre en cela l'avis de ceux-là mêmes qui nous le prônent.

Il n'y a pas d'esprit si simple, dit le professeur Clifford, *il n'y a pas de poste si obscur, qui puisse dispenser un homme du devoir universel, de n'admettre qu'après preuve tout ce que nous croyons.*

Voilà le positivisme mis en demeure de répondre catégoriquement. Vous croyez qu'il va s'exécuter? Pas du tout : nous allons voir qu'il ne répond que par des faux-fuyants, par des cercles vicieux, et que ses arguments les plus spécieux ne sont, en dépit de leur subtilité, que des sophismes.

Il y a dans sa réponse deux ordres d'idées que les positivistes confondent sans cesse, mais qui n'en sont pas moins distincts. Le professeur Huxley, un de leurs penseurs des plus vigoureux, va m'aider à me faire comprendre; parlant du bien suprême, de ce bonheur qui donne à la vie sa valeur cachée, qui est la pierre de touche de tous ses actes, il dit qu'il faut distinguer le bonheur de la société du bonheur de l'individu (1). Il y a de même deux moralités; il y a la *moralité sociale*, qui a pour pierre de touche le bonheur social, et il y a ce qu'il appelle la *moralité personnelle*, qui a pour pierre de touche le bonheur de l'individu.

Il faut avoir toujours présente à l'esprit cette distinction, car, comme nous le verrons, et c'est là ce qui rend la discussion si difficile, ce ne sera plus maintenant chez les positivistes qu'un pêle-mêle inextricable de bonheur social et de bonheur personnel, de moralité sociale et de moralité personnelle, comme si, par ce mélange confus, ces deux ordres d'idées pouvaient l'un et l'autre répondre à la même question.

Ils nous répèteront à satiété, par exemple, que le couronnement de la vie, c'est le bonheur personnel, et si vous leur demandez en quoi consiste ce bonheur personnel, quelles en sont les bases, à l'instant ils font volte-face et vous exposent les lois et les conditions du bonheur social.

Le professeur Huxley soutiendra que les deux moralités se suffisent parfaitement à elles-mêmes, sans le secours de la religion, et quand je cherche sur quoi il s'appuie pour le prouver, je trouve la raison suivante, qui ne regarde que la moralité sociale, et qu'il a soin d'appliquer aux deux.

(1) *Nineteenth century*, — n° 3, p. 536.

« *Etant donnée*, dit-il, *une société d'hommes formée dans certaines circonstances, la question de savoir si l'acte d'un membre de cette société contribuera ou non au bonheur général, est une question purement naturelle, et qui, comme telle, relève de l'enquête scientifique. Si l'observation et l'expérience peuvent nous montrer que le vol, le meurtre et l'adultère ne portent pas atteinte au bonheur de la société, alors nous pourrons dire, sans nous occuper de ce que dirait une science, qui ne serait pas la science naturelle : ce ne sont pas là des immoralités sociales.* »

Cette réponse rentre dans l'un des deux ordres d'idées dont j'ai parlé plus haut, la moralité sociale. Je vais m'occuper de cette idée, et prouver que, lorsqu'il s'agit de déterminer la moralité des autres, elle est absolument étrangère à la question.

CHAPITRE III

LA SOCIOLOGIE COMME BASE DE LA MORALE

> Dans sa République, la queue
> ne s'accorde pas avec la tête.
> *(Tempest.).*

La société, dit le professeur Clifford, est l'organisme le plus parfait : « *sa nature organique est un de ces faits immenses dont notre génération a trouvé la raison. C'est cette découverte qui va nous donner les bases de la morale* ».

Parce que la société est un organisme, dit-il encore, *il arrive que des actes qui, pris individuellement, étaient insignifiants, sont, pris en masse, des mouvements importants.* La coopération, ou le *travail en commun*, c'est *l'âme de la société.* C'est la pratique de l'œuvre en commun qui, bien que sa nature nous eût échappé jusqu'ici, a lentement façonné en l'homme ces deux facultés humaines par excellence, la conscience et l'intelligence, dont l'une nous donne le désir du bien, tandis que l'autre montre le moyen de réaliser ce désir. *La vraie cité de Dieu*, dit Huxley, *serait celle où les facultés morales de chaque citoyen seraient assez développées pour refréner tous les désirs qui seraient contraires au bien de l'humanité.*

Stuart-Mill, nous l'avons vu, résout ses doutes sur la valeur de la vie par une réponse analogue. *Au milieu de toutes ses perplexités*, dit-il, *une inébranlable conviction s'était emparée de son esprit : si la vie vaut quelque chose, c'est par le bonheur qui est son but et la pierre de touche de ses actes; mais ce but,* a-t-il ajouté depuis, *on doit l'atteindre, non pas en en faisant la fin directe de ses actes, mais en fixant ses regards sur un autre but que son propre bonheur, sur le bonheur des autres, sur l'amélioration de l'humanité.*

Cette théorie a un nom : on l'appelle l'*utilitarianisme*. Son triomphe, sa force, prétend-elle, c'est de donner à la morale une base positive, une science devant laquelle on s'incline, la *sociologie*.

Nous voici donc en présence d'une nouvelle question : La sociologie peut-elle fournir une base à la morale ?

Il ne s'agit pas de savoir si on peut tirer de la sociologie certaines règles de conduite; il s'agit de savoir si ces règles répondent à ce que nous appelons la morale.

Le sociologiste se renferme dans une sphère dont les limites sont nettement tracées : il est le médecin du corps social; il étudie dans l'acte humain ce qui peut contribuer ou nuire au bien général.

Parfaitement, mais c'est ici que la difficulté commence : qu'est-ce que le bien général, quels en sont les éléments?

L'école positiviste me dit : Le bien général, c'est le bonheur général; voilà toute sa réponse à la fameuse question : quelle est la pierre de touche des actes? quel est le vrai but de la vie?

Malheureusement, cette réponse, si plausible qu'elle paraisse d'abord, ne résout absolument rien. Nous demandons : Qu'est-ce que le vrai bonheur? Et que nous répond-on? Que le vrai bonheur, c'est le bonheur général, c'est-à-dire le bonheur des hommes réunis en société, ou, en d'autres termes, le bonheur également réparti.

Eh bien! je soutiens que cela ne nous apprend rien. Ce bonheur, objet de tant de désirs, demeure un coffre scellé : on ne sait ce qu'il renferme. Une société heureuse ne peut être autre chose qu'une réunion d'individus heureux, auxquels l'organisme social assure le bonheur. Mais que désirent ces individus? Car enfin, pour leur assurer ce qu'ils désirent, il faut d'abord savoir ce que c'est. Quand nous saurons ce qui fait leur bonheur, nous saurons par là même ce qui fait le bonheur de la société, et alors, la moralité sociale, pour parler comme M. Huxley, pourra faire le sujet d'une enquête scientifique. Oui, alors mais seulement alors, quand on aura répondu. Or voilà ce que l'école positiviste oublie toujours. Nous allons voir tout à l'heure d'où lui vient cette distraction.

Sans doute, dans une certaine mesure, nous savons très bien ce que c'est que le bien général. C'est chose si claire, qu'elle ne se discute même pas. On peut donc, les yeux fixés sur ce bien, énoncer et justifier rigoureusement et scientifiquement certaines règles de conduite. On peut démontrer qu'il y a des actes que nous ne pouvons tolérer, que nous devons même empêcher à tout prix, de concert avec les autres. Un acte, par exemple, qui serait une cause d'épidémie, qui enlèverait la sécurité et rendrait les transactions impossibles, cet acte-là, on peut le démontrer scientifiquement, serait mauvais.

Mais le bien général qui nous sert ici de règle, quoique souvent intimement lié avec le bonheur, n'est pas le bonheur. On ne peut même pas lui appliquer ce terme. Il n'est le bonheur, ni en petit ni en grand. Il n'est, quel qu'il soit, que la condition négative du bonheur.

Il est très vrai que, pour être heureux, n'importe comment, il nous faut à tout prix, notre vie, notre santé et la sécurité de nos revenus; mais, de ce que je m'assure ces trois choses, il ne s'ensuit point que je m'assure le bonheur, mais simplement que je puis me l'assurer, si je fais ce qu'il faut pour cela. Que faut-il donc faire? C'est ce que je déterminerai beaucoup mieux, quand je saurai ce que c'est que le bonheur.

Tant que nous ne serons pas fixés là-dessus, la moralité sociale, le bien général n'aura qu'un but, un seul : s'assurer, non le bonheur, mais les conditions sans lesquelles le bonheur serait impossible.

Voilà, dans une cage, une volée de canaries, et nous ne savons quelles graines leur donner, du chènevis, du colza ou du mouron. C'est notre cas, et cet embarras nous représente celui de nos positivistes, quand nous leur demandons en quoi consiste le bonheur. Figurez-vous qu'on nous dise que, pour que nos canaries mangent, il faut éviter qu'ils se crèvent les yeux et leur donner libre accès à l'auge qui reste vide : comme cela résoudrait bien la question!

Or c'est là précisément ce que je reproche aux positivistes : ils confondent les conditions négatives avec les éléments positifs du bonheur. Dans le passage que j'ai cité, j'ai, pour ainsi dire, pris le professeur Huxley en flagrant délit. Ne nous a-t-il pas en effet parlé du vol, du meurtre et de l'adultère, comme si c'étaient chose à mettre sur le même pied. La vérité est que, si ces trois choses sont condamnables, c'est pour des motifs très différents. Les deux premières sont incompatibles avec toute espèce de bonheur; l'adultère est immoral, parce qu'il ne peut s'accorder avec l'idéal de la famille, qui est une espèce de bonheur, ou du moins parce qu'il substitue à cet idéal un idéal moins parfait.

Si c'est le bien *suprême*, le bonheur suprême que nous cherchons comme but de la vie, les vérités que la sociologie nous révèle nous serviront de peu. L'association du travail ne suffira jamais à construire la vraie *cité de Dieu*. Le travail en commun est un instrument qui peut servir également aux fins les plus opposées. Que la guerre soit juste ou injuste, il faudra, pour y réussir, la même discipline dans l'armée. Il faut de l'ordre dans une troupe de bandits, comme dans une troupe de soldats. On peut se figurer un lupanar qui soit aussi réglé qu'un couvent. Tout ordre suppose la coopération : la coopération est une question préalable; elle ne nous dit rien du but qu'on veut atteindre.

J'ai dit que la sociologie était la médecine du corps social : cette comparaison est instructive. Ces deux sciences se proposent comme but la santé, l'une du corps humain, l'autre de la société; et dans les deux cas, le rapport entre la santé et le bonheur est identique. Sans la santé, on ne peut jouir de rien; mais, par elle-même, elle n'est pas le bien suprême et n'y conduit pas. On peut, si on sait être prudent, se bien porter et mener une vie de turpitude. De même dans la société : la prospérité matérielle n'est pas toujours une preuve de moralité. Sodome et Gomorrhe étaient, autant que nous en pouvons juger, dans un état florissant. C'étaient des villes riches et puissantes, et le genre de bonheur en vogue n'était que trop à la portée de tous. Il n'y avait pas dix hommes qui ne fussent livrés à la jouissance de ce qu'ils appelaient le *bien suprême*. Dira-t-on que c'étaient des cités morales ?

Les positivistes supposent toujours deux choses qui, à première vue, semblent leur donner le droit de considérer le bien général, la santé sociale, comme une règle de moralité. Alors même qu'ils n'en parlent pas, on sent toujours chez eux cette arrière-pensée.

Eh bien ! là aussi, il n'y a qu'un sophisme. On peut s'y tromper au premier abord ; mais dès qu'on précise un peu les choses, il saute aux yeux.

Les positivistes supposent d'abord que la santé suffit au bonheur, et la santé, quand il s'agit du corps social, implique toujours les idées de richesse et de liberté. Ils supposent que la vie humaine, si on la laisse se développer sans entraves, sera toujours, par nature et quelque direction qu'elle prenne, morale, digne et pleine de charmes. Supposition absurde pour un moraliste. A ce compte-là Sodome eût été aussi morale que la tente d'Abraham, et on ne voit pas pourquoi, dans une société prospère, il n'y aurait pas place pour les mœurs de Sodome, comme pour les mœurs d'Abraham. Plus un organisme social serait riche, plus il produirait de variétés dans les deux genres. Un État parfait ne serait plus qu'un assemblage bizarre de communes (1)

(1) M. Spencer lui-même a très bien vu que la société n'est point un de ces organismes où tout tient si fort au centre, que l'unité du tout semble être le but principal de la nature, au

composées de monogames et de partisans de l'amour libre, d'ascètes et de sybarites, de saints et de παιδερασται, tous pierres vivantes de la cité de Dieu.

Libre a chacun de soutenir que c'est là un état enviable; je ne veux pas discuter là-dessus. Cette cité sera tout ce qu'on voudra; mais, à coup sûr, elle ne sera pas une cité morale, dans le sens connu du mot.

Les positivistes supposent ensuite, et cette hypothèse, quoique moins absurde que la première, n'est pas moins fausse, ils supposent, dis-je, que les jouissances, par la même qu'elles deviennent générales, sont des jouissances d'abord de même nature et ensuite morales.

Ce qui les amène à parler ainsi, c'est qu'il y a des jouissances qui, par la force des choses, ne sont accessibles qu'à un petit nombre, et toujours dans des conditions nuisibles au bien général. Voilà, dit-on, ce qui les rend immorales; et on cite comme exemple la séduction, qui ruine le bonheur de familles entières. On peut donc, disent les positivistes, juger de la moralité de la jouissance, par le bien général qu'elle procure ou compromet.

Eh bien! non, on ne le peut pas; car, enfin, cette circonstance de l'opposition au bien général peut dispa-

---

point que toute partie séparée soit par là même condamnée à mourir. Au contraire, la société ressemble plutôt à ces organismes, où les diverses parties vivent d'une vie distincte, tout en se réunissant pour un but commun. Là, bien qu'il y ait union et organisation, le fait le plus important, c'est la vie de chaque partie : la santé sociale, bien comprise, dépend de la vie des communes, des villages et des villes, bien plus que de la forme et de l'éclat du gouvernement central. Ajoutez-y l'union des efforts, l'œuvre en commun, l'entente pour l'exécution d'une pensée commune, et vous avez la République. (Prof. Clifford, *Nineteenth century*, oct. 1877.)

raître, sans que pour cela l'acte vicieux devienne vertueux. Cette opposition touche au mal moral; mais ce qui la condamne, c'est plutôt la loi que la morale, et cette condamnation légale tombe plutôt sur les conditions dans lesquelles l'acte se produit, que sur l'acte lui-même.

C'est ce qui a lieu pour la séduction : ce qui la rend surtout odieuse, c'est la souffrance dont elle est la source pour ses victimes et pour les familles de ses victimes. Supposez maintenant que les intéressés consentent à tout et en soient même heureux, l'opposition au bien général disparaît, et cependant, aux yeux du moraliste, la séduction est cent fois plus immorale. L'utilité commune n'est donc pas un critérium; on ne peut reconnaître à ce signe le bien suprême, le but de la vie. On peut jouir en commun du vice comme de la vertu. On peut en modérer le plaisir, de manière à en prolonger le goût. Savamment réglé, ménagé avec art, il prétendra aux mêmes honneurs que la vertu; et, franchement, à s'en tenir à la sociologie et à la moralité sociale, nous n'avons pas le droit de marquer une préférence.

Oui, il y a un bonheur qui est la règle de la moralité. Mais ce que le professeur Huxley appelle la *Moralité sociale,* c'est-à-dire l'ensemble des règles qui donnent les conditions négatives du bonheur, n'est pas la règle de la morale.

Elle peut le devenir, mais à la condition qu'elle devienne d'abord pour l'individu un bien moral par la conscience qu'il a, qu'elle contribue à son bonheur suprême et personnel. Mais en tant que générale, elle n'est pas morale. Par cette conviction, que je fais bien en m'y conformant, elle est transformée, transportée dans une sphère supérieure, et devient un bien moral qui m'est personnel; mais il ne s'agit plus alors du bien général.

Résumons : le bien général, le bonheur social, sont, à prendre les choses à la lettre, et quand il s'agit de morale, des mots vides de sens. Ce sont des faux-fuyants, qui éludent la question. Le bien n'est pas plus différencié par ce fait qu'il est général, que la nourriture ne l'est, par le fait qu'elle est partagée; qu'une langue ne l'est, par le fait qu'elle est parlée par plusieurs. Après tout, le bonheur social de tous ne signifie pas autre chose que le bonheur personnel de chacun. Le bonheur social ne peut avoir un autre sens et devenir une règle de morale, qu'à la condition de supposer dans l'individu une satisfaction morale que nous n'avons pas encore approfondie. Ou bien, si l'on veut que, par là même qu'elle est générale, la jouissance devienne morale, la sociologie ne sera plus qu'un masque pour déguiser la licence individuelle, la loi générale couvrira l'émancipation de toute loi, et la moralité sociale se composera de toutes les immoralités personnelles.

Il est certain que les faits qui sont la base de la science morale alimentent la morale, en ce sens que la morale n'existerait pas, si elle n'avait à s'occuper de ces faits; mais ces actes portent la morale, comme un piédestal porte une statue : cette statue peut être indifféremment une Minerve ou un Priape.

Il nous reste un point à éclaircir : le bien général n'est une règle générale qu'à la condition de supposer pour les membres du corps social un bien moral, une jouissance morale. En quoi peut consister cette jouissance morale? Je réponds : A se soumettre volontairement aux règles qui rendent le bien général accessible à tous. Mais, ne l'oublions pas, il faut que cette soumission soit libre, jamais forcée.

Les lois font ce qu'elles peuvent pour obtenir cette soumission, mais elles n'y réussissent qu'à moitié, et elles réussiraient, que l'obéissance n'en serait pas plus morale. L'acte le plus moral, quand il est libre, n'est plus, dès qu'il est forcé, qu'un acte légal. Un ours, dans sa cage, n'est pas apprivoisé pour cela. Vous ne direz pas qu'un homme est bon, parce que, quelle que soit la corruption de ses désirs, vous l'avez mis dans l'impossibilité de les satisfaire.

Il ne suffit même pas que l'obéissance soit sans contrainte; il faut, pour qu'elle devienne un élément moral, que chacun y trouve une satisfaction supérieure; il faut qu'elle soit moins l'obéissance à la loi qu'une coopération spontanée.

Dès que cette obéissance existe, alors même qu'elle ne viserait pas plus haut, elle constitue un élément de moralité. Deux porcs n'ont pour se vautrer qu'une mare où chacun voudrait être toujours : si je voyais un de ces animaux aimer à céder sa place à son frère et balancer le plaisir qu'il trouve à se salir par le plaisir de voir son frère aussi sale que lui, assurément, je dirais qu'il y a là un élément de moralité. Cela ne nous mène pas loin, quand il s'agit de société; mais cela met sur la voie. Il s'agit de savoir si cet élément de moralité, cette coopération généreuse et sans arrière-pensée qu'on accorde à la loi, est possible, si la loi elle-même ne nous mène à un but ultérieur. Oui, cela est possible, dit l'école positiviste; et, comme elle s'autorise, pour parler ainsi, de faits qui, à première vue, semblent lui donner raison, nous croyons indispensable d'examiner ces faits de très près.

Il y a en nous un sentiment qui joue dans notre vie un rôle important et que nous appelons selon qu'on l'envisage, s'il est passif, sympathie, et s'il est actif, bienveillance. Ce sentiment existe plus ou moins développé, chez tous les hommes. Beaucoup de personnes, dès qu'elles apprennent une bonne histoire, grillent de la redire, car jouir avec un autre, c'est jouir deux fois. Des épicuriens trouveront qu'un bon dîner est meilleur à deux. Il semble que le plaisir d'autrui soit comme un réflecteur, qui double la jouissance personnelle.

Souvent même la sympathie va plus loin : elle voudra faire jouir les autres non seulement avec nous, mais à notre place. Il n'y a qu'un fauteuil dans une chambre ; je le céderai et je resterai debout, ou bien je m'assiérai sur une table, comme je pourrai ; souvent on aime mieux souffrir que voir souffrir.

— Voilà, disent les positivistes, l'explication de l'attrait qui nous pousse au bien social : c'est cette sympathie, cette bienveillance. Voilà le secret de l'union sociale. Voilà ce qui fera, des règles de la moralité sociale, le ressort de notre vie, la règle de nos mouvements.

Eh bien! je dis que c'est demander à la sympathie et à la bienveillance beaucoup plus qu'elles ne peuvent donner. Ces sentiments existent et sont inhérents à la nature humaine, c'est vrai ; mais ils n'ont ni l'importance ni l'étendue qu'on leur attribue. On les rencontre à des doses fort inégales : ce sont des mobiles très passionnés, très partiaux et très capricieux; ils sont même souvent traversés et paralysés par des mouvements d'égoïsme, qui sont tout aussi naturels et tout aussi communs. Les gens qui, de parti-pris, ne voient qu'un côté des choses, pourront contester cela; mais avec de pareilles méthodes d'observation, il n'est rien qu'on ne puisse soutenir.

Ainsi, par exemple, on raconte beaucoup de traits spontanés d'un dévouement héroïque, observés chez des hommes grossiers, dans des naufrages. A n'en croire que ces exemples, on pourrait se dire : Voilà la vraie nature de l'homme se révélant entière, intacte; force qui demeure toujours dans l'humanité, et qu'on n'a pas su utiliser, mais que nous, nous saurons employer.

Mais il suffit de regarder autour de soi, pour trouver aussi des actes inspirés par l'égoïsme. Un marin, par exemple, se trouve avec une femme sur un vaisseau qui sombre : il pourrait la sauver; mais il lui marche sur le corps, pour se délivrer de son étreinte. Or, pour peu que nous analysions sincèrement les ressorts du cœur humain, nous verrons que ce marin est un type beaucoup plus commun que le premier.

Tous les biographes et les historiens sérieux seront de mon avis. La vie du premier grand homme venu, s'appelât-il Napoléon ou Gœthe, en témoignerait au besoin. Il n'y a pas jusqu'à la vie des hommes les plus excellents et qui ont le mieux réussi à dompter leur égoïsme naturel, qui n'atteste, à sa façon, combien cette passion est forte et tenace.

Mais renonçons, si on le veut, à tirer parti de ce vilain côté de la nature, ne parlons que de ses impulsions généreuses; nos adversaires n'y gagneront rien. Ces impulsions, alors même qu'elles seraient aussi communes qu'on le dit, ne mènent pas loin : elles n'atteignent par moments un certain degré d'intensité que dans certaines circonstances exceptionnelles, lorsqu'elles ne sont balancées par aucun mobile ultérieur, ou lorsque notre abnégation doit procurer aux autres un avantage extraordinaire, tandis qu'elle nous coûtera fort peu; ou bien encore lorsque, toute autre alternative nous échappant, nous n'avons plus à choisir qu'entre la honte et l'héroïsme. Mais cela n'arrive que rarement et dans de grandes circonstances, comme serait un naufrage. De sorte que, chose assez curieuse, le positivisme ne pourrait guère compter sur cet héroïsme que dans des circonstances qui, par le progrès naturel des choses, devraient devenir de plus en plus rares.

Pour nous, nous ne devons tenir compte que des circonstances normales, quand il n'y a ni exaltation, ni abattement, et alors le sentiment du sacrifice, qui assurément existe dans l'homme aussi bien que l'égoïsme, est comme mouvement spontané, et quand rien ne le surexcite, absolument incapable de donner ce qu'on lui demande. Vous n'aurez qu'un sentiment capricieux : tantôt on aimera mieux céder sa place et s'asseoir n'importe où, que de laisser un ami debout, tantôt on hésitera. On cédera sa place, si on y trouve plus de plaisir qu'à être bien assis, ce qui, disons-le à notre honneur, arrivera souvent. Mais si, par hasard, on avait sommeil ou besoin de repos, l'instinct de l'égoïsme l'emporterait sur l'instinct du sacrifice, et, à moins qu'un nouveau motif n'intervînt, on garderait le fauteuil. Il en sera de même des deux épicuriens : tant qu'il y aura à manger pour deux, ils aimeront mieux dîner à deux; mais s'il n'y a qu'une part, chacun voudra dîner aux dépens de l'autre.

Les mêmes réflexions s'appliquent à toutes les conditions du bonheur. Si nous pouvons, sans nous gêner, réfréner, comme dit le professeur Huxley, *tous les désirs qui conspirent contre le bonheur de l'humanité, nous le ferons de grand cœur;* alors tout ira bien. La cité de Dieu qu'on nous promet se bâtira toute seule et sortira de terre *comme une vapeur.* Mais pour peu que cette contrainte morale nous coûte, nous n'accepterons la privation que s'il nous est démontré que nous ne pourrions jouir qu'au prix d'une catastrophe pour autrui.

Un homme fait la cour à la femme d'un ami et lui donne rendez-vous au théâtre : il y renoncerait, s'il savait que, s'il persiste, le théâtre sera brûlé. Mais dites-lui que son entrée dans la salle fera scandale, vous n'obtiendrez rien. La vue du mari qui sèche de jalousie l'arrêterait encore moins.

Chaque fois qu'on sacrifie son plaisir au bien général, les deux biens sont mis dans la balance : lequel l'emportera? Or il est clair que tous les avantages sont du côté du plaisir individuel. Le bien général, ce n'est pas chose appréciable. On ne peut, si je puis m'exprimer ainsi, en mettre dans la balance qu'une portion minime. Ce qui me fait plaisir à moi dans la proportion de cent mille francs, ne peut nuire au bonheur général que dans la proportion d'un centime par tête. Il est plus excusable d'être égoïste à l'égard de la société qu'à l'égard des individus. Ces deux genres d'égoïsme ne se comparent pas : dans l'un, il y a proportion entre les deux biens; dans l'autre, non.

Dans l'antagonisme d'intérêts purement individuels, il peut arriver qu'un homme mis en demeure de choisir entre l'infamie et l'héroïsme se décide pour l'héroïsme. Mais quand l'intérêt particulier est en présence de l'intérêt général, cette alternative n'existe plus. Assurément, tel acte qui me plaît pourrait, si tout le monde en faisait autant, amener de grands désordres; mais je sais que l'écho de mon acte individuel sera presque imperceptible. Nous n'en sommes plus au cas du marin. Il ne s'agit plus de choisir entre ma vie et celle de la femme qui se cramponne à moi; il s'agit de procurer à la société un avantage insignifiant, au prix d'une gêne sérieuse pour moi. C'est comme si j'avais à choisir entre la boucle d'oreille d'une femme et mon bras.

On le voit, le bonheur indéterminé, qui s'appelle le bonheur social, est impuissant à étouffer le cri de la tentation. Jamais cet idéal flottant ne fera naître d'ardeur à se vaincre. Les conditions de ce bonheur social sont si vagues que, même dans les cas les plus graves, le trouble qu'on peut y jeter ne paraîtra pas appréciable, et, d'ailleurs, il est difficile qu'on se sente très pressé de travailler au bonheur social, à moins qu'on ne voie qu'il s'agit d'une chose de la dernière importance. Si je savais, par exemple, que le plaisir suprême de l'organisme social, en état de parfaite santé, c'est de bien dormir et de bien manger, croit-on que cela serait fait pour m'enthousiasmer? Et si j'avais le courage de me sacrifier à une si triste cause, ne devrais-je pas être plus résigné qu'heureux?

Ainsi donc, quand j'analyse la fin morale que la sociologie me propose, ce que je trouve, c'est un but dont personne ne voudra, ou qui une fois atteint produira, non le bonheur, mais tout au plus une résignation passive. Pour éveiller dans l'âme un autre sentiment, il faudrait lui proposer comme but, non les conditions préalables du bonheur, mais le bonheur lui-même. Quand nous aurons vu clairement quel est le bien suprême auquel chacun de nous peut prétendre, peut-être trouverons-nous là quelque motif de procurer le même bonheur aux autres. Tout dépend donc de ce que sera le but de l'organisme social, quand il fonctionnera d'une manière normale.

Pour répondre à cette question, il faut toujours en revenir au bonheur personnel. Le bonheur social n'est qu'une suite de zéros : pour lui donner une valeur, il faut l'unité du bonheur individuel. Une société n'est heureuse qu'autant que ses membres sont heureux. Le bonheur des autres peut sans doute contribuer au bonheur d'un homme, mais ce bonheur, qu'est-il, si cet homme ne jouit pas d'abord lui-même?

S'il n'y avait pas de bonheur plus grand que de voir les autres danser le *cancan*, peut-être la moralité consisterait-elle pour nous tous à danser; et encore, alors même, on serait heureux, non parce que la danse serait générale, mais parce que chacun jouirait du spectacle. La physionomie d'un régiment est chose commune au corps tout entier, et beaucoup d'officiers en sont fiers, et cependant, elle dépend du caractère personnel de ceux qui le composent. Dans certains régiments, les jeunes officiers se vantent qu'on dépense beaucoup d'argent; dans d'autres, que l'on boit beaucoup; dans d'autres, que les officiers sont tous hommes de grande naissance; dans d'autres enfin, que les mœurs y sont très lestes. La raison de ces différences, c'est que, dans chaque régiment, chaque officier cherche dans certaines passions des jouissances personnelles qui sont partagées par les autres.

Ce que nous disons d'un régiment, nous pouvons le dire de la vie humaine. Que signifie cette expression : *l'humanité est chose grande et glorieuse*, sinon que chaque homme peut acquérir une gloire réelle et possible? Qu'est-ce que j'aurai, moi? et moi? et moi? Voilà la première question du bon sens. *Ou vous promettez quelque chose à chacun, ou à tous vous ne promettez rien.* Il ne sert de rien de dire que nous devons travailler pour les autres et mettre là notre bonheur. Car la question se retourne et, nous regardant en face, nous dit : Quelle espèce de bonheur dois-je assurer aux autres? et qu'aurai-je moi-même en retour? Quel genre de jouissance sera-ce? A quoi cela ressemblera-t-il? Cela vaut-il seulement la peine qu'on se gêne pour l'avoir?

L'utopie positiviste nous assure que le bonheur de chacun se lie au bonheur de tous, et de cette façon s'agrandit indéfiniment. Grâce au pouvoir magique de la bienveillance, nous ne faisons plus qu'un.

J'avoue que je ne comprends pas bien cela; car enfin la bienveillance, c'est le désir que les autres soient heureux, accompagné au besoin d'un secours pour les y aider et suivi d'une joie sincère s'ils y arrivent. Mais évidemment, ce n'est pas là le bonheur. Il y faut quelque chose de plus; autrement, en partant de ce principe, que le plus grand bonheur de l'homme, c'est de savoir que les autres sont heureux, tout ce que j'aurais à faire, ce serait de faire savoir aux autres que je suis heureux, et l'utopie positiviste serait assez bien rendue par cette formule triviale : *Que je suis donc heureux de savoir que vous êtes heureux de me savoir heureux! I am so glad that you are glad that I am glad!* Mais on ne peut pas se contenter de cela. On est heureux de quelque chose. Désirer que nos voisins soient heureux, c'est bien; mais heureux de quoi? Ce je ne sais quoi que je leur souhaite, et qu'ils me souhaitent en retour, doit avoir un attrait personnel pour chacun de nous. Quel charme pourrait-on trouver à procurer aux autres ce qu'on trouverait insipide pour soi? « *De deux choses l'une*, dit Thomas Morus avec sa manière simple et énergique, *une vie joyeuse est une vie agréable, ou bien mauvaise, et alors non seulement tu ne dois aider à personne à vivre ainsi; mais tu dois autant qu'il est en toi retirer les autres de cette voie bruyante et périlleuse. Si tu dois au contraire y pousser les autres, pourquoi ne pas t'y pousser d'abord toi-même envers qui, après tout, tu es tenu de te montrer aussi aimable que pour les autres?* »

En dépit des sophismes, la première question sera toujours de savoir quelle vie l'homme se fera à lui-même, comment il la rendra la plus heureuse possible, et, quand il aura fait ce qu'il aura pu, à quoi il aboutira ! Le bien supérieur de l'homme, la valeur de la vie, est avant tout quelque chose de personnel, d'intime à l'individu; il ne sert de rien de chercher en dehors de cette condition.

Une fausse monnaie n'en sera pas moins de la fausse monnaie, parce que vous l'aurez fait passer de main en main, ou parce que vous l'aurez frappée à profusion. Un million de faux billets de banque ne vous rendront pas plus riche qu'un seul. Supposez maintenant que les billets soient tous bons : de savoir que beaucoup en possèdent, peut bien rehausser à mes yeux le plaisir d'en posséder moi-même, à condition pourtant que j'en aie réellement ma part. Le bonheur va quelquefois jusqu'à l'ivresse, à la pensée que d'autres que nous y participent, à la condition toutefois que nous ressentions autre chose que de la bienveillance. On n'a jamais vu une personne ivre de joie, parce que d'autres sont aussi bienveillants qu'elle.

Il faut remarquer d'ailleurs que cette fusion des jouissances n'a lieu, si je puis m'exprimer ainsi, qu'à un certain degré de chaleur. Alors, mais alors seulement, on peut dire qu'elles s'additionnent. Des jouissances inférieures ne donnent jamais de vrai bonheur. Deux hommes d'esprit se feront mutuellement valoir; deux hommes médiocres ne valent pas mieux qu'un. Une croûte ne gagne rien à être reproduite en grand, et un roman passable ne devient pas un chef-d'œuvre, parce qu'on le tire à dix mille exemplaires. Supposez que dix hommes soient obligés d'aller à pied de York à Londres, en un jour, sous peine de mort : si la chose est possible, chacun peut aider les autres de son mieux à faire le trajet; mais, si la distance est trop forte pour tous, ils auront beau quitter York ensemble et faire chacun un dixième de la route, jamais la bande n'arrivera à Londres. La distance parcourue par tous ne sera jamais plus grande que la distance parcourue par chacun. De même pour la vie humaine, son prix pour l'humanité dépend de la faculté de jouir qui est en chacun.

Si nous entrevoyons de grandes jouissances, nous

serons très avides de bonheur pour nous-mêmes et peut-être aussi très empressés de partager avec d'autres. Il est même possible que le second sentiment soit assez fort pour modifier et régler le premier. Mais si la jouissance est peu de chose et le moyen pour y arriver vague et indéterminé, les facultés y tendent sans ardeur, et la considération du bonheur d'autrui ne nous touche plus.

Ainsi, comme fin morale, tout bonheur qui n'est pas une jouissance positive, réelle, individuelle, n'est rien. Il ne sert de rien de l'étendre dans le présent, en le communiquant à d'autres, ou de le prolonger dans l'avenir, en se promettant des accroissements successifs : tout cela ne lui donne ni valeur ni netteté. Et que m'importe de savoir qu'il peut s'accroître, si je ne sais même pas ce qu'il est ! Le progrès ! l'avenir !... et que peuvent me dire ces mots, quand il s'agit de ce quelque chose d'insaisissable que la sociologie est impuissante à définir ! Admettons, si on veut, que, dans l'avenir, les conditions de la vie sociale seront plus douces, que nous serons moins rudement secoués dans le char social, il n'en demeure pas moins que, dans le vague où on nous laisse, ces mots de progrès et de brillant avenir ne nous disent rien. On progressera peut-être en s'enfonçant dans un ennui plus monotone et dans une sensualité plus brutale. On aura beau éviter jusqu'au pli d'une rose, l'homme qui reposera sur ce lit de fleurs sera peut-être plus dégradé et plus ennuyé de la vie. Serait-ce là la leçon que nous réserve la philosophie positive de la vie ? *Demain ! Demain ! Demain ! c'est ainsi que chaque jour se glisse d'un pas silencieux. Insensés ! tous nos jours passés nous ont conduits à la poussière du tombeau.*

Il est vrai que les positivistes ne l'entendent pas de la sorte. Ecoutons un de leur poètes, Georges Eliot :

« *Oh! puissé-je m'unir au chœur invisible de ces morts immortels, qui revivent dans des vies que leur présence rend meilleures : vivre ainsi, c'est le ciel; c'est remplir ce monde d'une harmonie qui inspire cet ordre superbe par lequel est gouvernée la vie toujours grandissante de l'homme..... Ainsi hérite-t-on de la douce pureté pour laquelle nous avons combattu et souffert l'agonie, avec des souvenirs qui nous désespéraient : ce moi meilleur vivra jusqu'à ce que le temps de l'humanité abaisse ses paupières fatiguées, jusqu'à ce que le firmament humain se replie sur lui-même, comme un parchemin désormais fermé. Voilà la vie future que tant de martyrs ont ennoblie de leur gloire, pour nous servir d'exemple à nous qui les suivons. Oh! puissé-je atteindre ce ciel pur, et devenir pour les autres âmes le breuvage des forts dans l'agonie! Puissé-je ranimer leur ardeur généreuse, alimenter l'amour pur, répandre partout un sourire plein de bonté, devenir comme la douce présence du bien, qui se répand partout comme un parfum toujours plus pénétrant Ainsi pourrai-je me joindre au chœur invisible, dont l'harmonie réjouit le monde.* »

Voilà la religion de la bienveillance et du progrès, prêchée au monde moderne au nom de la pensée scientifique et présentée dans ce résumé passionné. Voilà de l'espérance, du feu, de la sympathie, du courage, autant qu'il en faut et au delà.

Mais comment ces sentiments se sont-ils fait jour? quel en est l'objet? Car, enfin, on ne s'enthousiasme pas pour rien, on a quelque chose en vue, et c'est ce quelque chose que la sociologie ne veut pas nous révéler. Cependant ces sentiments ne peuvent pas se nourrir d'eux-mêmes; s'ils durent, ils doivent avoir une source qui les alimente, et c'est cette source qu'il s'agit de trouver.

On parle de souffrir et de mourir! Oui, sans doute, il sera parfois doux et beau pour un homme de souffrir et même de mourir, *dulce et decorum;* mais à condition pourtant que la fin pour laquelle il souffre lui paraisse digne d'un tel sacrifice. Un chrétien accepterait avec joie d'être sacrifié, s'il pouvait à ce prix convertir les hommes du vice à la vertu; mais un connaisseur en vins ne se ferait pas mettre en croix, pour obtenir que son ami préférât le vin sec au vin doux. Pour le saint positiviste, la lutte et le martyre qu'ils acceptent avec tant d'enthousiasme ne signifient quelque chose et ne sont possibles qu'autant que l'objet désiré mérite un tel effort.

Dans les vers cités tout à l'heure, cet objet est désigné, mais incidemment et en termes vagues, comme si chacun devait savoir ce qu'il est, ce qu'il vaut, et comme si la grande affaire en tout ceci, c'était le moyen et non le but; tandis que, au contraire, c'est le but qui prend les moyens à son service et reflète sur eux son importance.

Or, que nous dit-on sur le but? On nous dit que le but à poursuivre, c'est l'*amélioration du moi*, la *douce pureté*, le *sourire sans amertume;* ce qui amène ces beaux résultats, c'est la beauté de l'ordre, et le fruit, c'est la joie de l'univers.

Tout ce qu'ajoute le poète ne nous apprend rien de positif et nous fait plutôt sentir combien nous avons besoin d'apprendre. Ainsi, le ciel, pour les hommes de toutes les générations, ce sera l'accroissement de joie que leur vie irréprochable causera aux générations à venir. Cette joie quand elle se fera sentir, sera comme le chant céleste des bienheureux morts.

Ainsi, pour le positiviste, le présent, c'est l'avenir de ceux qui ne sont plus. La terre est un ciel qui se fait sans cesse et, si je puis ainsi parler, une éternelle répétition de musique, où les artistes, bien qu'ils chantent un peu faux à présent, vont toujours se perfectionnant. Dans ce cas-là, le ciel n'est pas loin de nous : nous le possédons, nous aussi; nous entendons cette harmonie joyeuse; celle de nos joies présentes, dont la contemplation anticipée aurait pu servir de ciel à nos bisaïeux.

Mais quelles sont donc ces joies dont l'harmonie, saisie d'avance par leur ouïe déliée, devait béatifier nos pères? Il est clair qu'on ne les trouve pas partout. Eh bien! alors, où sont-elles? Méritent-elles seulement l'éloge qu'on en fait? La sociologie ne répond pas. Elle nous donne l'instrument et la voie; elle ne nous montre pas à nous en servir, elle ne nous dit pas ce qu'on jouera : du Beethoven ou de l'Offenbach, un *Miserere* ou une chanson bachique.

Quand nous aurons découvert quelles sont les plus hautes joies de ce monde, il faudra toujours revenir à notre question : comment ces joies peuvent-elles être le but général et suprême de notre activité?

CHAPITRE IV

LA BONTÉ EST SA PROPRE RÉCOMPENSE.

> *A qui me choisit, il faut donner et risquer tout ce qu'il a.* (Merchant of Venice).

Tout en pressant les positivistes de s'expliquer, je n'ai rien dit qu'ils n'aient dit avant moi. On verra bien vite, en rapprochant leurs paroles, qu'eux-mêmes, dans la pratique, ne croient pas à leurs professions de foi et que, lorsqu'ils nous disent : *La sociologie définit et contrôle le vrai but des actes humains, la sympathie le fait adopter*, rien n'est moins certain pour eux. Et, en effet, si la sociologie et la sympathie suffisaient, iraient-ils, comme ils le font, chercher de tous côtés de nouveaux moyens de les étayer ?

Malheureusement, les positivistes ne se rendent qu'à moitié compte de cet aveu tacite, et on les surprend continuellement ressassant des arguments qu'eux-mêmes avaient implicitement condamnés comme puérils.

J'ai voulu, une fois pour toutes, en finir avec ces arguments, et leur fermer la porte. Ces mauvaises raisons ressemblent à ces foules bruyantes qu'on chasse d'un tribunal mal gardé et qui y rentrent de vive force, troublant par leurs clameurs un jugement qui n'est pas encore rendu. Eh bien! il faut que ce scandale finisse. Qu'il ne soit donc plus question des conditions du bonheur, tant que nous ne saurons pas ce que c'est que le bonheur; qu'on ne nous parle pas d'enthousiasme, tant que nous ne saurons pas s'il y a chose en ce monde qui vaille la peine qu'on s'enthousiasme pour elle.

Ce que j'ai cité de Georges Eliot nous donne une idée de ce que le positivisme entend par enthousiasme. Dans un autre passage, le même auteur reconnaît que l'enthousiasme n'est possible qu'autant que son objet le justifie, et que cet objet ne peut être que quelque chose de déterminé et de personnel.

Dans son roman de *Daniel Deronda*, l'intérêt repose en grande partie sur la manière dont se développe le caractère de son héroïne, et, dans la pensée de l'auteur, cet intérêt doit être très puissant. Il se demande pourquoi, et c'est sa réponse, très remarquable à mon sens, que je vais reproduire.

« Peut-il y avoir dans le tissu de l'histoire un fil plus mince et plus insignifiant que le travail qui s'opère dans l'âme d'une jeune fille, toute préoccupée de la façon dont elle pourra rendre sa vie heureuse? Si l'on songe surtout que les idées nouvelles se levaient alors pleines de jeunesse et de vigueur, innombrables comme une armée, que la parenté universelle s'affirmait avec fierté; que, de l'autre côté de notre planète, les femmes apprenaient sans pleurer la mort de leurs maris et de leurs fils, tombés bravement au service de la cause commune; que des hommes qui avaient à peine du pain, écoutaient le récit de ces sacrifices et restaient patients;

qu'alors aussi l'âme de l'homme s'éveillait à des sentiments qui, pendant des siècles, avaient fait battre son cœur sans qu'ils s'en aperçût, jusqu'à ce que la pleine conscience qu'il en eût créât pour lui une existence de terreur ou de joie inconnue jusque-là : eh bien, je demande quelle importance peuvent avoir dans ce drame gigantesque des jeunes filles et leurs rêveries ! — Ces rêveries ne sont ni plus ni moins que le oui ou le non sur la grande question, le bien pour lequel l'humanité souffre et combat. Ces vases fragiles conservent à travers les âges le trésor des affections humaines. »

Enfin ! nous touchons terre ! Voilà franchement, emphatiquement admis, tout ce que je m'efforçais de déduire dans le chapitre précédent. La fin morale de l'acte, la pierre de touche de la vie, est enfin amenée au point de vue voulu pour l'observateur. Elle n'est pas décrite, mais le cercle se resserre si fort autour d'elle, qu'il est désormais facile de la trouver. La fin morale consiste avant tout dans le choix que chacun fait d'un mode de bonheur. « *Le choix*, dit Eliot, *de certaines voies, qui rendront sa vie heureuse.* » Devant l'homme s'ouvrent plusieurs voies, qui conduisent à des jouissances diverses; mais il y a des jouissances plus excellentes sans comparaison que les autres, et c'est le choix de ces jouissances parfaites qui donne à la vie tout son prix. Ici l'acceptation ou le refus, *c'est le oui ou le non dans la question suprême de la vie*. C'est ici que les positivistes épuisent tout ce que leur vocabulaire moral contient de solennel, de terrible et de doux. *Quelles alternatives de plaisirs différents la vie m'offre-t-elle ? De combien de façons puis-je rendre mon existence heureuse ? Comment puis-je rendre le sentiment du plaisir plus vif?* Voilà le grand problème de la vie. Il se dresse indifféremment devant tout homme en ce monde. Nécessairement, dans la réponse que lui font les positivistes, et évidemment il n'y en a qu'une qui convienne à tous, nous devons trouver le principe fondamental de tout le système moral du positivisme.

Le système positiviste affecte comme nous l'avons dit plus haut, de se présenter comme un système moral, essentiellement moral, moral dans le vieux sens du mot chez les chrétiens. Il garde tous les anciens termes et il attache la même valeur que nous aux anciennes distinctions morales.

Or il y a là plus qu'une vaine affiche : c'est une exigence logique du système. Jusqu'ici, nous n'avons trouvé au positivisme qu'une vertu, la seule qu'il ait pu définir, c'est le renoncement habituel. Mais, demanderai-je, le renoncement à quoi? C'est, sans doute, le renoncement à quelque bien positif ou négatif, dont nous nous privons pour enrichir les autres? Mais ce bien dont nous nous privons, est-ce le bien suprême? Non; autrement, la moralité de la vie consisterait à se priver de sa propre fin; le bien suprême serait de ne le point avoir. La fin morale, le bien suprême de l'homme, doit être une chose intime, inaliénable, absolument comme ce que nous proposait la religion; elle consiste en certain état du cœur et des affections du cœur. Pour arriver à cet état et pour s'y maintenir, un certain bien-être matériel est peut-être nécessaire; mais, sans lui, tous les biens du monde ne signifient rien. Il nous faut, pour vivre, notre pain quotidien ; mais les positivistes sont obligés d'avouer, tout comme les chrétiens, que l'homme ne vit pas seulement de pain, et que sa vie ne se mesure pas au nombre des choses qu'il possède.

On le voit, une fois mis en face de la question, les positivistes se voient forcés de condamner comme fausses toutes ces illusions que le christianisme avait condamnées, et, eux aussi, nous montrent du doigt un trésor qui ne vieillit pas, une eau telle, que celui qui en boit n'aura plus jamais soif.

Je reviens à ma question; ce trésor, qu'est-il? Cet état intime du cœur, de quels éléments se compose-t-il? et qu'est-ce qui fait qu'il a tant de prix? — Mais, là-dessus, silence complet : impossible d'obtenir d'aucun positiviste rien de clair et de précis sur ces points.

Je sais bien que beaucoup nieront formellement ce que je dis là et, pour ma part, jusqu'à ce que j'aie pu faire saisir ma pensée, je trouve tout naturel qu'ils protestent. On dira, par exemple, que maintes fois le bonheur positif purement humain a été proposé aux hommes, recherché par beaucoup avec ardeur et possédé avec une sainte joie. Est-ce que la vérité, la bienveillance, la pureté et par-dessus tout l'amour vertueux et pur, n'ont pas été pour beaucoup d'hommes le but positif de leurs actes, recherché pour sa propre excellence, sans aucune *arrière-pensée de récompense ou de punition dans le lointain avenir*, comme dit le docteur Tyndall? La vertu n'a-t-elle pas le droit de s'applaudir de son cortège, quand ses partisans, interrogés sur la récompense qu'ils attendent, peuvent répondre comme saint Thomas d'Aquin au Christ : *Nil, nisi te, Domine?* Or n'est-ce pas là ce qui est arrivé? Ne peut-on pas dire que la théorie positiviste est prouvée par les faits? N'est-il pas vrai, comme l'a dit un écrivain de nos jours, qu'on a vu parmi nous des vies nourries et fortifiées par l'idéal purement humain (1)? Or, il suffit d'un exemple pour attester la possibilité pratique d'une théorie.

Voici ma réponse : Le fait est vrai, la conséquence est fausse. Oui, on a travaillé pour la vérité, pour la pureté, sans arrière-pensée; mais il ne s'ensuit pas que ce but ait été un but purement humain et positif. Ceci m'amène directement à traiter une question à laquelle j'ai plusieurs fois fait allusion.

Je vais mettre au grand jour la source cachée de toutes les bévues du positivisme, la raison mystérieuse de toute sa jactance.

L'école positiviste écrit sur son enseigne plusieurs choses qui, à première vue, semblent avoir tout ce qu'il faut pour constituer une fin morale. Là-dessus, tout ce qu'il y a en l'homme de bons sentiments et l'expérience semblent lui donner raison. On n'a oublié qu'un point; mais c'est le plus important.

L'école positiviste, quand elle parle de la vie et des ressources qu'elle nous offre, affecte toujours d'en écarter l'influence religieuse, qui, pour elle, n'existe pas. Elle affecte, dis-je, si on me permet de forger un mot, de *déréligioniser* la vie, avant de s'en occuper. Mais, dans cette entreprise, nos philosophes ne font qu'étaler aux yeux de tous leur étrange ignorance. Déréligioniser la vie! c'est pour eux chose toute simple; mais c'est précisément en cela qu'ils se trompent. On dirait que, pour eux, la religion n'existe que dans ce qu'ils appellent ses formes : le sentiment religieux et l'assentiment de la foi; écartons ces deux

---

(1) *Pessimism,* by James Sully.

éléments, semblent-ils dire, et l'opération sera faite : la vie sera déréligionisée. Mais ils ne sont qu'au début de leur tâche, et même, à en juger par les effets, c'est à peine si leur tâche est commencée. Car, de fait, c'est la minime partie de la vie religieuse qui se traduit sous la forme des croyances et de certains sentiments. La religion a pénétré dans tous les sentiments et dans tous les actes de la vie, formant avec eux des composés d'une nature à part : propriétés, couleurs, consistance, tout est métamorphosé. Pour déréligioniser la vie, il ne suffit pas de fulminer contre les *credo* et d'abolir la prière; il faut jeter la vie laïque tout entière dans la cornue, pour la sublimer et en dégager les croyances et les sentiments religieux qui se retrouvent, à l'état pur, dans les *credo* et dans les prières. Cette opération, fût-elle médiocrement conduite, fera voir clair comme le jour que la religion est plus ou moins au fond de tout.

Nous verrons alors qu'une foule de choses, celles mêmes dont nous attendions le moins cette manifestation, lui rendent hommage : l'esprit, l'ambition, les vices, sous toutes les formes, et le plaisir. A plus forte raison reçoit-elle le tribut de l'héroïsme, de la pureté, de l'amour vertueux, de l'amour de la vérité, de tout ce que les positivistes encensent.

Les positivistes ont toujours l'air de se dire : Tuons Dieu, et l'héritage est à nous. Voilà les doctrines théistes prohibées; on ne compte plus que sur la vie présente; on évalue tous ses trésors et l'on dit : *Visez à ceci, à cela. Que la sainteté est belle! Que le plaisir est enivrant! Sainteté, plaisir, tout cela vaut bien la peine qu'on le recherche pour lui-même, et nous n'avons que faire de ce mirage des récompenses ou des châtiments dans l'avenir*. Désormais, ils feront de la vie ce qu'ils voudront; intérêt, sentiments, éclat de tristesse de la vie, ils ont tout sous la main, comme un peintre ses couleurs; il semble qu'il n'y ait qu'à les prendre. Mais attendez un peu : vous êtes trop pressés, les couleurs ne se manient pas comme cela.

La religion, voilà une couleur qui, de leur propre aveu, se retrouvait partout. Mais ils l'ont si bien lavée, qu'on n'en voit plus trace. Que la couleur fût agréable à l'œil ou non, c'était affaire de goût. Le fait est qu'on n'en veut plus, parce que ce n'est pas une couleur solide. Elle se fane au premier rayon du soleil de la science. Elle s'éteint et se ternit, et, une fois éteinte on ne peut plus la faire revivre. C'est une nuance à laisser, et on proclame bien haut qu'on n'en veut plus.

A merveille! mais vous oubliez toujours quelque chose, et, malheureusement pour vous, ce quelque chose est essentiel. Voilà, dites-vous, la couleur religieuse effacée; et vous allez nous montrer qu'en pratique, on peut parfaitement s'en passer. Mais ces nuances que vous gardez, vous ne vous apercevez pas que tout leur éclat, toute leur richesse, elles l'empruntent à la couleur proscrite, qui en fait le fond. Regardez-y de près, voyez si la religion n'entre pas à votre insu dans toutes vos préparations. Il n'en faut qu'un atome pour produire des effets incroyables. Analysez vos couleurs, et vous verrez que purifier la vie de toute teinte religieuse, n'est pas chose si facile que vous le pensiez. Vous effacez les dogmes, mais vous n'effacez pas l'effet séculaire de ces dogmes : or ces dogmes se sont glissés partout. Les intérêts humains et les plaisirs eux-mêmes en sont pénétrés. Ils se sont ouvert dans le monde une large brèche; ils en ont forcé l'entrée; c'est une sève secrète qui fait sentir son arome dans tous les fruits; c'est une influence mystérieuse, une substance énergique, qui s'est inoculée à notre sang.

Pour apprécier ce que vaut la vie en dehors de toute idée religieuse, il ne faut pas raisonner sur ce qu'elle est actuellement. On ne peut rien tirer des observations faites dans les conditions actuelles, sans tenir compte d'une foule de choses. Aussi bien, toutes les inductions que le positivisme a basées sur la loi telle qu'elle est maintenant, portent à faux. Car, je le répète, on ne peut citer de nos jours un seul exemple ou, ce qui serait indispensable, un petit nombre d'exemples, qui prouve ou puisse prouver l'efficacité morale des principes athées. Avant tout, je demanderai toujours : Ces principes sont-ils bien aussi athées qu'on le dit? Les a-t-on analysés, et, après avoir extrait les éléments religieux qu'ils recèlent, les a-t-on vus à l'œuvre?

L'école positiviste ferait bien de réserver à cette analyse un peu du talent qu'elle a dépensé dans l'analyse de la matière. Que n'a-t-elle pas fait dans l'espoir de découvrir les générations spontanées! Quels efforts de pensée, quelle émulation d'inventions pour stériliser les fluides où l'on devait ensuite produire la vie! Le moindre oubli, disait-on, et tout était à recommencer!

Je ne vois pas pourquoi les phénomènes de l'esprit ne mériteraient pas la même attention que les phénomènes de la vie animale. Il s'agit ici, non de la vie dans les derniers degrés de l'échelle animale, mais du bonheur de l'homme, dans ses formes les plus élevées.

On avait cru jusqu'ici que la religion entrait pour beaucoup dans ce bonheur. L'école positiviste prétend l'obtenir sans son secours. Eh bien! alors, traitons la beauté de la sainteté, l'amour de la vérité, le *trésor des affections humaines*, comme le docteur Tyndall a traité les infusions, où l'on prétend surprendre le secret de la vie. Jetons tous ces éléments de bonheur dans la même cornue, anéantissons jusqu'au dernier germe de religion, et voyons quel bonheur, quel ravissement ils nous donneront alors. La vie aussi bien que la vertu passera par le même travail, nous aurons alors, pour opérer, un résidu positiviste; les éléments de bonheur que nous trouverons, seront des éléments positivistes. Alors, le système de morale positiviste, supposé qu'un tel système soit d'ailleurs possible, aura aux yeux du philosophe une vraie valeur. Oui, alors, mais seulement alors.

Cependant, cette analyse demandera du temps, et il sera souvent nécessaire que chacun la fasse pour lui-même. Mais nous pouvons donner ici un échantillon de ce travail, qui en fera mieux saisir la nature et pressentir les résultats.

Nous allons examiner l'idée de la fin morale et les trois caractères qu'on s'accorde à lui reconnaître comme essentiels. Nous verrons à quelle dose la religion entre dans chacun de ces caractères, et nous terminerons par l'examen plus concret des passions et du plaisir, qui animent la vie de nos semblables.

La fin morale a trois caractères principaux : sa nature intime et personnelle, son importance et son caractère absolu. Parlons d'abord de sa nature intime et personnelle. J'ai déjà abordé ce sujet, mais la chose est si importante, qu'on me pardonnera de me répéter un peu.

La fin morale est quelque chose d'intime, c'est-à-dire qu'elle n'est pas un acte, mais le motif de l'acte. Elle est dans la volonté, non dans le fait; elle n'est pas dans ce que je fais, mais dans ce que je prétends obtenir, en faisant ce que je fais. Elle est dans l'amour que j'ai au cœur, non dans l'amour dont je suis l'objet. *Ce qui souille l'homme, c'est ce qui sort du cœur* : les pensées coupables, les meurtres, les adultères. Peut-être ces pensées ne seront-elles même pas exprimées, c'est possible; peut-être ces crimes ne seront-ils jamais commis, n'importe : si l'homme a voulu ces choses et s'il a été arrêté, non par sa volonté, mais par des circonstances extérieures, le crime est commis, l'immoralité est consommée. *Ce dont nous sommes responsables avant tout*, dit un écrivain positiviste assez récent, *c'est une certaine tendance d'esprit que nous créons en nous-mêmes sciemment et volontairement* (1). *Cette tendance une fois faussée*, ajoute le même auteur, *reste faussée*. Peu importe, après cela, que cette intention faussée reste stérile ou non.

Il en est du bien, de la vertu, comme du mal et du vice, tout part du cœur. *La joie du véritable héroïsme*, dit le docteur Tyndall, *comble le cœur de celui qui peut dire : Je suis l'amant de la vérité.* Ainsi donc, remarquons-le, ce n'est pas la conquête objective de la vérité qui crée la joie, mais une chose subjective, le désir, la résolution de la conquérir. Donc, pour le positiviste, comme pour le croyant, la fin morale est un état d'âme; état qui, forcément, se traduira par des actes, mais qui

---

(1) Prof. Clifford, *Ethics of belief*. — *Contemporary*. Jan. 1877.

ne dépend en rien de leur succès. Le champ de bataille du bien et du mal est dans notre cœur : Le grand évènement du monde c'est cette lutte.

Ceci nous amène au second caractère de la fin morale, son importance suprême.

Du langage accepté par tous, il résulte que, pour tous, l'issue de cette lutte est la grande affaire de la vie, qu'elles que soient d'ailleurs nos idées à ce sujet. Il s'agit de savoir si le cœur d'un homme appartiendra au bien ou au mal. Supposez que cet homme ne soupçonne pas, ou que les autres ne puissent deviner l'état de son âme, la question n'aura rien perdu de sa solennité. S'il n'en était pas ainsi, s'il fallait juger de l'importance de nos dispositions intérieures, par l'impression que nous en avons, il ne serait pas nécessaire d'être vertueux, il suffirait de se faire illusion. Il suffirait de se croire pur, droit, bienveillant, sans se donner la peine de l'être. On aurait ainsi tous les avantages de la moralité, sans en avoir les inconvénients. Car il est assez facile, selon le mot de Tenysson, de *devenir si faux, qu'on finisse par se croire ce qu'on feint d'être*. S'il fallait s'en rapporter aux sentiments joyeux ou pénibles que nous éprouvons, la vertu et l'hypocrisie auraient le même résultat.

Supposez un homme dans cet état, bien qu'il soit difficile que l'illusion soit aussi complète, je mets en fait qu'aucun moraliste positiviste n'osera dire que cet homme est vertueux et qu'à sa mort, il a trouvé le trésor de sa vie. Je suis sûr, au contraire, que cette existence serait aux yeux de tous une épouvantable tragédie.

Voilà pourquoi nous attachons tant de prix à la pureté de la femme. Une femme dont le cœur est séduit, est, de l'aveu de tous, une femme perdue. Sa faute peut être conjurée ou si secrète, qu'elle passera presque inaperçue, mais, peu importe, le mal est fait : c'est dans l'âme que le drame se déroule. Supposons même, par impossible, que cette femme soit dans une illusion grossière, qu'elle n'ait pas de remords, le mal n'en sera que plus grand. Il n'y a pas de père, il n'y a pas de mari, à moins qu'il n'ait perdu le sens moral, qui ne pense ainsi. Quel positiviste se consolera à la pensée que sa fille a été séduite, mais que l'affaire a été étouffée, et que, d'ailleurs, elle-même s'en inquiète fort peu? Là-dessus, tous ceux qui ont encore souci de la morale, sont d'accord : que la coupable éprouve ou non du remords et du chagrin, le mal fait est le même.

Sans doute, et ceci nous amène à un troisième ordre d'idées, il y aura toujours beaucoup d'hommes qui se moqueront de la morale. Ils n'ont jamais bien compris ce que c'est que la morale; beaucoup plus frappés des restrictions qu'elle impose, que des joies qu'elle apporte, de fait, plus ils oublient qu'il y a une morale et une vertu, plus ils se sentent heureux : c'est possible, mais le langage universel s'accorde à dire que l'état de ces hommes est d'autant plus désespéré : ils sont heureux, mais ils n'ont pas le droit de l'être. Ils sont heureux, mais ce bonheur passager les achemine à une catastrophe d'autant plus inévitable.

Il faut donc avouer qu'il existe un idéal, qui nous sert à juger du vrai bonheur, du bonheur moral, sans tenir compte de la satisfaction plus ou moins complète que nous y trouvons, ni des désirs qu'il nous inspire. Cet idéal est absolu, indépendant des appréciations et du goût des individus. Par conséquent, nous avons le droit d'exiger que l'humanité s'y conforme, et, si elle refuse, de la mépriser, de la détester et de la tourner en ridicule. Par conséquent, ceux qui trouvent le bonheur dans la vertu, ont le droit d'exiger au besoin par la force, que les autres en fassent autant.

Il faut admettre cela, ou il faut dire que toute propagande sérieuse d'un système quelconque est absurde et immorale. En dehors de ces principes, l'idée même de propagande serait incompréhensible. Si un homme, c'est Stuart-Mill qui parle, aimait mieux être un pourceau satisfait, qu'un philosophe mécontent, nous n'aurions pas le droit de le blâmer. Nous penserions qu'il a tort, que nous n'aurions aucun motif de le lui dire, et nous le lui dirions, que nous ne pourrions pas le lui prouver.

Tous ceux qui nous parlent de la moralité comme d'une règle de nos actes, comme d'une clef qui ouvre le trésor de la vie, tous ceux qui nous parlent de choses sublimes, saintes et héroïques, de ces responsabilités qui font trembler (1) et des privilèges étonnants de l'humanité; tous ceux qui rappellent à ce monde distrait, ce qu'ils appellent le sérieux et la solennité de l'existence, tous ceux, dis-je, qui parlent de la sorte, supposent nécessairement trois choses : la première, que la fin morale est quelque chose d'intime; la seconde, qu'elle a une valeur inappréciable, et que sa conquête serait pour nous le véritable bonheur, et troisièmement, que l'idéal en est absolu, immuable, indépendant de toutes les visées humaines.

(1) Prof. Clifford : « C'est un terrible privilège, une responsabilité qui fait trembler, que de travailler à créer un monde destiné à la postérité! »

Du reste, vous pouvez vérifier ces trois propositions à l'aide d'une contre-épreuve très simple : Essayez d'en nier une; dites que la fin morale n'est pas une chose intime à l'homme, une chose inaliénable, mais qu'elle est, au contraire, une chose extérieure et accidentelle; dites que cette fin importe peu pour l'homme, moins que d'autres avantages; dites que l'idéal de la fin morale n'est pas une chose absolue, mais une chose relative, qui dépend du goût de chacun, et je vous défie après cela de parler de moralité. Au fait, je ne vois pas pourquoi vous en parleriez; la chose n'en vaudrait plus la peine.

Le théiste affirme les trois caractères de la fin morale, et il peut, pour les affirmer, s'appuyer sur une base solide. Il est vrai que, lorsqu'il s'agit de l'importance de cette fin, le théiste tranche le nœud plutôt qu'il ne le défait; mais il le tranche, et c'est déjà quelque chose. Selon lui, la valeur de la vie morale est un mystère, que les faits de la vie réelle n'expliquent point. On devine cette valeur, plus qu'on ne la voit. Elle existe en promesse, en espérance, plutôt qu'en fait. Sa possession dépasse toute compréhension : elle appartient à une sphère mytérieuse, où ni le raisonnement, ni l'expérience ne suffisent à nous transporter, et qui dérobe ses secrets aux génies les plus hardis. Mais l'existence de cette région, où la fin morale est atteinte, est un fait positif. Le credo du théiste le lui dit, et il lui apprend en même temps que les choses qui dépassent notre intelligence, sont souvent celles qui nous importent le plus. Mais un mystère purement impénétrable, s'il en restait là, ne lui servirait de rien. Il faut au moins en savoir ceci, qu'entre ce mystère et lui, il y a un lien. Ce n'est pas assez : pour que la pensée de ce lien puisse agir sur lui, il faut que ce lien soit éternel. Eh bien! ces deux conditions, le théiste les trouve dans ses deux dogmes du Dieu personnel et de l'immortalité personnelle de l'homme. L'existence d'un Dieu personnel établit le lien et l'immortalité de l'homme l'éternise.

Conséquent avec lui-même, le théiste a l'œil sans cesse fixé sur cet être tout-puissant dont il est l'image, et avec lequel il se sent comme une sorte de parenté. Cet être n'est indifférent à aucun de ses actes, et ses rapports avec lui, pour son bien ou pour son mal, seront éternels. Il peut ignorer la nature de ses rapports, il peut ne pas savoir à quel degré incommensurable, infini, le bien est bien et le mal est mal, mais l'important, c'est de savoir ce qui est bien. Un jour, ses yeux s'ouvriront, et ce qu'il n'aperçoit maintenant qu'à travers un prisme, il le verra face à face (1).

En quoi consiste la fin morale? quel en est l'objet? quel est l'idéal objectif de la destinée de l'homme? Sur cette question, le théiste s'explique à peu près de la même façon. Cet objet, dit-il, c'est l'ordre essentiel, la volonté de Dieu; ce n'est pas la jouissance immédiate. Dès que cette volonté nous est manifestée par un moyen naturel ou surnaturel, ce qu'il y a de divin en nous s'éveille. Nous reconnaissons alors cette volonté, comme

(1) M. Mallock établit très bien dans ces quelques lignes que deux choses sont nécessaires pour constituer l'obligation morale; la volonté de Dieu et l'éternité du lien que cette volonté établit entre l'acte et la destinée de l'homme. *(Note du Traducteur)*.

l'ordre éternel et divin, bien que nous ne puissions rendre compte de cette persuasion.

A la lumière de ces deux dogmes, du Dieu personnel et de l'immortalité personnelle, on comprend comment la fin morale est pour l'homme quelque chose de tout intime (1).

Cette fin morale a tant de prix aux yeux du théiste, parce que l'état intime de l'âme, la conformité du cœur avec cette fin, est tout ce que Dieu veut de l'homme, Dieu, qui sonde les cœurs et ne peut être trompé! L'homme dans ses actes les plus moraux est joyeux, non pas tant de l'acte, dont il a conscience, que du motif qui inspire cet acte, motif qui va bien plus loin que l'acte et qui établit un lien entre l'acte et la destinée de l'homme, entre la terre et le mystère redoutable et éternel.

Que ce système soit vrai ou qu'il soit faux, toujours est-il que le théiste rend compte d'une manière logique et satisfaisante, de la nature et de l'importance de la fin morale. Au positivisme maintenant de nous expliquer la position singulière qu'il s'est faite.

Le positivisme prétend concevoir la fin morale de la même manière et y attacher le même prix. Reste à savoir si les principes qu'il a adoptés, lui permettent de pareilles prétentions. Le théisme s'est appuyé sur les notions du Dieu personnel et de l'immortalité personnelle; le positivisme nous dit : Il n'y a pas de Dieu personnel, il n'y a pas d'immortalité personnelle. Voyons à quelles conséquence l'entraînent de telles prémisses.

(1) Nous avons omis ici une phrase sur l'amour du prochain qui ne fait que surcharger et entraver la pensée.

Que fait le positivisme de l'importance de la fin morale? Tout à l'heure l'acte avait des retentissements éternels; maintenant, toute la vie morale est comme parquée dans les limites étroites de la terre, de la vie, de la conscience. La loi morale n'est plus qu'un détail isolé, qui n'a plus rien de commun avec les grandes forces et avec les lois permanentes de l'univers. Quand l'individu meurt, tout ce que le positiviste peut faire pour lui, c'est de le faire vivre par métaphore dans les fruits de ses œuvres. Mais si la famille, si la race s'éteint, elle meurt tout entière, sans qu'on puisse imaginer pour elle une vie même factice. C'est l'anéantissement; c'est comme si l'humanité n'avait pas existé. Quoi qu'elle ait fait, quelque haut qu'elle se soit élevée, quelque bas qu'elle soit tombée, « *l'événement arrive en même temps à son apogée et à sa fin* ». Tous les vices, toutes les vertus, tous les plaisirs, toutes les souffrances du monde, n'auront rien laissé derrière eux. Tout s'est évanoui comme une mauvaise farce de foire, le naufrage est complet : il ne reste pas une épave.

On le voit, la moralité n'a plus son importance ni ses dimensions. Le temps, l'espace, voilà ses bornes. Ce n'est plus cette chose immense, dont on ne peut parler qu'en termes vagues, indéfinis. On ne dira plus à un homme, à un peuple : « *Choisis bien, car si le choix est rapide, il est éternel!* (1). »

Le choix était rapide, mais éternel en résultats : il n'est plus que rapide, et quant à ce qu'on peut choisir, si tout finit si vite, quelle importance cela peut-il avoir?

(1) Gœthe.

Eh bien! soit, dira-t-on, le bonheur est court; raison de plus d'en jouir le plus possible. Prenons-en ce qu'on peut avoir. Mais où est-il ce bonheur? Si on peut l'atteindre en vivant conformément à la fin morale, alors vivons ainsi, ce sera la perfection de l'homme.

Vivons ainsi! C'est bien vite dit. Mais je demande au positiviste s'il croit que cette proposition : le bonheur consiste à vivre conformément à la fin morale, soit généralement acceptée, et si, dans la pratique, les hommes y conforment leur vie? Évidemment non : le prétendre, serait un mensonge criant. — Peut-être alors, espère-t-on que les hommes accepteraient cette proposition et y conformeraient leur vie, si on pouvait retourner leur esprit et ouvrir leurs yeux qu'ils tiennent obstinément fermés à la lumière. Mais le positivisme me répond lui-même que cela est impossible. La fin morale est un état d'âme, et l'âme, à entendre les positivistes, est une solitude fermée et scellée à tous. On n'y entre pas sans que la volonté y consente, et le plus souvent cette volonté reste inaccessible; « *car*, dit M. Mathiew Arnold, *comme des îles semées dans l'Océan de la vie et séparées par des bras de mer où se perdent nos cris au milieu de ces étendues immenses, nous mortels créés par myriades, nous vivons seuls. — Nos meilleurs amis*, dit Keble, *ne se doutent pas des raisons qui nous arrachent des sourires ou des larmes* ». Retiré dans les profondeurs de son âme, chaque homme, disent les positivistes, est ici-bas comme s'il était le seul être au monde qui comprend et qui veut. Quand il meurt, sa vie intime, comme dit Georges Eliot, sera repliée sur elle-même comme un parchemin qui ne sera jamais lu.

Jamais personne ne se souciera de ce qu'il a pensé ; jamais personne ne s'avisera de lui en demander compte. Il n'en répondra jamais que devant le tribunal de sa raison.

Voilà la position que le positivisme fait à l'individu. Le positivisme a détruit tous les ressorts qui pourraient permettre à un homme d'agir sur la conscience d'un autre. La morale impérative n'est plus qu'une vaine rodomontade. Il est parfaitement ridicule à une minorité de proclamer des lois qui, dit-on, obligent les autres, quand on ne peut rien pour les faire observer et quand, pour les seules personnes qu'elles puissent intéresser, ces lois sont des mots vides de sens.

Imaginez que moi, positiviste, je trouve mon plaisir à être humble et qu'un de mes amis mette le sien dans l'orgueil, chacun de nous jouissant d'un bonheur égal. Je demande comment je ferai pour prouver que mon état vaut mieux que le sien.

Si j'étais théiste, rien ne serait plus facile ; je me dirais que, dans l'avenir, la satisfaction de mon ami se changera en désespoir. Mais si je suis positiviste, puisque, d'après moi, sa joie ne peut durer que ce que durera sa vie, que puis-je dire sinon qu'il a choisi la part qui lui convenait et que personne, ni Dieu ni homme, ne peut lui enlever ? Je n'ai pas le droit de dire que ce que j'appelle mon état moral, vaut mieux que son état immoral. Pratiquement, cette phrase n'a pas le sens commun. J'ai peut-être voulu dire que, si je pouvais persuader à mon frère de penser comme moi, il serait plus heureux qu'il ne l'est ; mais cette conclusion, que rien ne prouve, repose sur une hypothèse chimérique. Je pourrais encore décrire à mon frère l'état de mon âme et le bonheur que j'y trouve ; mais si, comparaison faite de son bonheur et du mien, il préférait le sien, toutes mes exhortations seraient inutiles et mes reproches injustifiables.

Voilà donc le résultat net, immédiat et inévitable du positivisme. La fin morale a trois caractères essentiels : le positivisme en élimine deux et altère profondément le troisième.

En premier lieu, la fin morale n'a plus la même importance : elle n'a plus rien d'indéfini ; au premier examen, la science y découvre son terme fatal.

En second lieu, elle n'a plus rien d'absolu, et par là même, elle ne peut être une règle obligatoire.

Troisièmement enfin, nous ne pouvons évaluer son prix que par le bonheur que sa possession donne ici-bas, ou par la peine que nous cause sa perte.

On prétendra peut-être, et l'objection ne laisse pas d'être spécieuse, que la fin morale, une fois aperçue, a des charmes invincibles et indépendants de toutes nos théories sur sa nature. Il faut donc étudier la fin morale que nous proposent les positivistes, dans la vie pratique.

Prenons donc les jouissances les plus élevées et voyons si, après avoir passé par les mains du positivisme et y avoir laissé les trois caractères dont nous avons parlé, elles n'ont pas, de fait, perdu tous leurs attraits.

CHAPITRE V

APPLICATION DES THÉORIES POSITIVISTES A L'AMOUR

Laissons les positivistes exposer eux-mêmes la théorie que nous voulons contrôler par l'expérience.

« *Quand j'entends dire,* écrit Huxley, *que la moralité dépend de la solution de certains problèmes philosophiques, j'éprouve la même impression que si l'on me disait que la vision d'un homme dépend de sa théorie sur la vue, ou bien que l'on ne peut savoir si le gingembre produit dans la bouche une sensation de chaleur, avant de savoir quelle est la nature du gingembre.* » En d'autres termes, le bonheur que produit une conduite morale, est pour notre conscience un fait aussi simple, aussi constant, aussi universel, que la perception d'un objet extérieur par la vue, ou que la sensation du goût déterminée par un objet quelconque.

Pour préciser encore davantage, dit le positivisme, l'amour, dans sa forme la plus élevée, est une jouissance pour l'homme, comme il en est une pour l'animal dans sa forme la plus grossière. Ce que Georges Eliot appelle le trésor de l'affection, ne dépend pas plus des croyances, que ce qu'on pourrait appeler le trésor des appétits animaux. La perte de la foi religieuse n'affecte pas plus l'un que l'autre. L'amour nous reste, au milieu de l'écroulement des *credo*, avec sa magie et avec ses vives jouissances, guide infaillible en morale. Tout ce qui y conduit est moral, tout ce qui en éloigne est immoral.

Voilà la théorie positiviste sur les jouissances les plus élevées, et en particulier sur l'amour, qui joue dans la vie humaine un rôle si considérable et qui, à proprement parler, n'appartient qu'à l'homme.

Mais ne nous égarons pas dans les généralités : allons au fait, et voyons si l'expérience confirme la théorie. Nous ne pouvons trouver un meilleur terrain d'application que celui de l'amour, et en particulier de l'amour entre homme et femme.

L'affection de l'homme pour la femme ou, pour mieux dire, l'amour, entre pour une large part dans la vie humaine; mais cette passion n'a pris cette importance que depuis le plein développement de la vie chrétienne.

L'amour, dans le monde ancien, était une passion fatale, qu'il fallait subir tôt ou tard et qui apportait au hasard le bonheur ou le malheur. Plusieurs crurent qu'ils y trouveraient plus de joie que de peine et ils en usèrent, tant que l'amour leur donna ce qu'ils cherchaient; d'autres crurent qu'ils y trouveraient plus de peine que de joie, et firent, à l'exemple de Lucrèce, tout ce qu'ils purent, pour se persuader qu'il ne méritait que le dédain.

Mais le monde moderne n'envisage plus l'amour du

même œil : il ne l'estime plus par le plus ou moins de joie qu'il peut apporter; pour lui, les jouissances de l'amour et ses souffrances ne sont pas choses du même ordre : on ne peut donc les mettre en balance.

> Mieux vaut avoir aimé et perdu
> Que de n'avoir jamais aimé (1) !

Pour lui, l'amour a quelque chose de la dignité d'un devoir, bien que tous n'y soient pas astreints. A ses yeux ne pouvoir aimer est un malheur, quand ce n'est pas une faute. Un homme qui aime et qui est aimé, c'est un arbre qui se couvre de fleurs. Aux yeux de la littérature contemporaine, ce moment est la crise décisive de la vie et elle y cherche ses inspirations principales. Du reste, on peut juger du rôle que l'amour joue dans la vie, par celui qu'il joue dans la littérature. L'amour, c'est le soleil de la vie sentimentale; c'est lui qui donne la lumière, la couleur, et, par contraste, les ombres. Il couronne l'existence, donne à la vie son prix, et, à croire ceux qui ont passé par là, fait descendre le ciel sur la terre.

Si l'expérience justifie parfois ces hyperboles, disons-le bien haut, ce n'est que dans certaines hypothèses, et on ne doit les accepter d'ailleurs qu'avec une extrême réserve. Disons aussi que cet éloge ne convient pas à toute espèce d'amour, mais à l'amour entendu d'une certaine manière. La forme l'emporte ici sur le fond. Il suffit d'y réfléchir pour s'en convaincre. Il y a bien des sortes d'amours, et, si le monde ne pensait pas

---

(1) Tis better to have loved and lost
Than never to have loved at all.

qu'ici l'espèce est la grande affaire, il mettrait sur le même pied tous ces amours, et ne verrait entre eux d'autre différence que celle d'une passion plus ou moins vive. Or il arrive justement que ce n'est point par la passion qu'on apprécie l'amour.

Quelle que soit d'ailleurs l'importance qu'il faille attacher à l'énergie de la passion, c'est là en amour une question secondaire. Il y aurait trop d'inconvénients à prononcer sur l'amour, d'après le degré de la passion. Il faudrait alors mettre sur le même pied ce que le monde flétrit comme infâme et ce qu'il respecte comme chaste et comme saint; il faudrait mettre la passion effrontée d'Athènes, au-dessus de l'amour calme et constant de beaucoup de chrétiens; il faudrait ébranler toute la morale de la société moderne.

Car si, d'après les idées que la société se fait de la morale, l'amour peut-être l'honneur de la vie, il peut en être également le fléau; et s'il peut élever l'homme jusqu'à l'ange, il peut également le précipiter jusqu'à la brute. A ne suivre que la passion, il peut aller à cette extrémité comme à l'autre.

Ce qu'il faut regarder en amour, c'est non le degré, mais l'espèce. L'espèce, la qualité, voilà ce qui distingue l'amitié de David et de Jonathan, de celle d'Harmodius et d'Aristogéton. Voilà ce qui met un abîme entre sainte Elisabeth et Cléopâtre, entre le disciple bien-aimé et Antinoüs. Vous aimez; mais comment aimez-vous? Voilà la question capitale. Il importe peu, après cela, de savoir si vous aimez beaucoup ou peu.

Représentons-nous deux fiancés, types accomplis de ce qu'on peut concevoir de plus élevé, et cherchons à démêler les sentiments qui entrent dans leur affection.

Nous n'avons pas la prétention de tout dire en un sujet si délicat, où, selon Carlyle, la musique et la poésie devraient être seules à parler : nous nous bornerons au strict nécessaire.

Il me semble que dans l'affection de ces deux fiancés je démêle deux sentiments : la conscience qu'ils ont chacun de leur vertu et l'idée que chacun se forme de la vertu de l'autre. Chacun d'eux croit à lui-même et à l'autre. Il n'y a pas pour l'homme d'amour véritable, dans l'acception élevée du mot, sans une bonne conscience. Il faut qu'il n'y ait rien entre l'homme et la femme, qui puisse choquer le sentiment qu'ils ont du droit. L'amour a beau être passionné, dès qu'il passe sur de tels obstacles, il déchoit. Au lieu d'être l'honneur d'une vie, il en devient la honte. Shakespeare a très bien exprimé cette pensée quand il a dit :

> Je ne t'aimerais pas tant (1)
> Si je n'aimais l'honneur plus que toi.

Or l'honneur ici, ce n'est pas seulement l'acte extérieur et ses circonstances; c'est avant tout la disposition intime du cœur. Pour qu'on puisse aimer en tout honneur, il faut que tout soit légitime, l'objet de l'amour et la manière dont on aime; il faut que l'homme puisse dire à sa femme : si je n'aimais la pureté plus que vous, je ne serais pas digne de vous.

Ce que l'homme exige de lui-même, il l'exige de la femme. Pourquoi vouloir qu'elle le trouve digne d'elle si ce n'est parce qu'il est persuadé que la pureté lui est

---

(1) I could not love thee, dear, so well,
Loved I not honour more.

encore plus chère qu'à lui-même? Ce qu'il prise tant dans son amour, ce n'est pas l'ardeur, c'est la pureté de son affection. Voilà ce qui, à ses yeux, vaut mieux que le feu ou même que la constance de la passion, et s'il fallait sacrifier quelque chose, nul doute qu'il ne préférât un amour moins passionné mais plus chaste, à un amour plus passionné mais moins chaste.

Othello n'est pas un modèle, et cependant on voit percer en lui ce sentiment délicat. Nul doute que l'égoïsme ne soit pour beaucoup dans les chagrins que lui cause l'inconstance de sa femme. On sent en lui une jalousie furieuse, mais le trait empoisonné, qui lui arrache le cri de douleur le plus vrai, c'est la pensée du tort qu'elle se fait à elle-même. Voilà ce qui l'accable.

> The bawdy wind that kisses all it meets,
> Is hushed within the hollow mine of earth,
> And will not hear it.

Tout lui semble préférable à une telle catastrophe.

Ah! faire de moi une statue muette montrée au doigt par l'impitoyable raillerie! eh bien! je pourrais encore en prendre mon parti; mais ici, où j'ai mis toute mon âme, car c'est pour moi question de vie ou de mort, quand il s'agit pour moi de la source même de ma vie, être ainsi rejeté, ou n'avoir plus qu'une eau bourbeuse où croupiront de vils animaux!

Que Desdemone ait encore de l'affection pour lui, quand il est près d'elle; qu'elle n'accorde à Cassio qu'une vivacité de tendresse qu'elle n'a plus pour son mari, cela ne console Othello de rien. La source est souillée, et, bien qu'il puisse encore y tremper ses lèvres, il ne le fera pas. Si ces sentiments délicats et profonds se font jour dans une passion comme celle d'Othello, que sera-ce dans une affection plus noble.

L'héroïne du *Récit d'une sœur* n'a-t-elle pas dit : « *Je puis dire que nous ne nous sommes jamais tant aimés, que depuis le jour où nous découvrîmes que tous deux nous aimions Dieu...* » *Mon mari ne m'aurait pas aimée comme il le faisait, s'il n'avait aimé Dieu bien plus encore.*

Ici, sans doute, c'est une catholique qui parle, mais sous cette forme chrétienne, il y a une pensée, que le positivisme se targue de partager. La voici, traduite en son langage : Mon mari ne m'aurait pas tant aimée, s'il n'avait été déterminé, plutôt que de m'aimer autrement, à ne pas m'aimer du tout. Et, en effet, ce sentiment fait le fond de tout amour véritable, qu'il soit l'amour d'un positiviste ou celui d'un chrétien. Un amour noble et pur ne peut croire qu'il puisse être autrement qu'il n'est. Cette pensée seule le tuerait. Il est convaincu qu'il est ce qu'il doit être, et cette conviction fait comme partie de lui-même.

Les fiancés et les époux qui répondent à notre idéal, n'auraient pas une si haute idée de la pureté, s'ils ne pensaient pas qu'elle diffère du vice d'abord, et vaut ensuite infiniment mieux. Aux yeux du positiviste, aussi bien que du chrétien, le sentiment du devoir dans l'amour est intimement lié à celui de l'amour lui-même, il le soulève et lui donne des ailes, il compense surabondamment pour les amants, ce que la passion pourrait perdre par là de son impétuosité.

Voilà donc dans l'amour, tel que le conçoit l'école positiviste, trois caractères incompatibles avec ses principes. On juge de cet amour d'après un idéal absolu, qui échappe à l'expérience positive. La conformité de cet amour avec son idéal est un fait intime, qui ne relève que de la conscience; pour tous, cette conformité est ce qui importe le plus dans l'amour, et cependant, à s'en tenir aux principes positivistes, cette importance ne se comprend pas, parce que de fait, d'après ce principe, il n'y a pas de raison de préférer un amour à un autre, et que cet idéal n'est qu'une chimère.

Observons un amour dans lequel ne se retrouverait aucun de ces trois caractères; un amour qui prétendrait ouvertement subjuguer les cœurs par le seul charme de la passion, et qui s'écrierait : Toute passion est bonne! il n'y a ni amours honnêtes, ni amours coupables! Nous comprendrons par cette étude quelles formes étranges peut revêtir une pareille passion, et surtout combien on se tromperait, en s'imaginant que l'amour le plus noble est aussi le plus entraînant.

Othello, Alexandra sont des types d'amour transfigurés par la religion. Je vais demander à l'école parisienne un type d'amour athée. On verra que cette école, tout en partant des mêmes principes que l'école positiviste, arrive à des conclusions bien différentes.

En face de l'idéal universellement admiré, elle en crée un autre, qui excite dans une partie de la société le même enthousiasme. L'écrivain que je vais citer, est un des romanciers français les plus populaires. N'a-t-on même pas été dans le monde des lettres jusqu'à nous le présenter comme le propagateur d'un nouvel évangile.

Voilà le livre d'or de l'esprit et des sens,
L'Évangile de la Beauté!

Comme cet Évangile traite exclusivement de l'amour,

nous allons y trouver une théorie complète sur ce sujet délicat (1).

« Tu sais avec quelle ardeur j'ai recherché la beauté physique, quelle importance j'attache à la forme extérieure, et de quel amour je me suis pris pour le monde visible : — cela doit être, je suis trop corrompu et trop blasé pour croire à la beauté morale, et la poursuivre avec quelque suite. — J'ai perdu complètement la science du bien et du mal, et, à force de dépravation, je suis presque revenu à l'ignorance du sauvage et de l'enfant. En vérité, rien ne me paraît louable ou blâmable et les plus étranges actions ne m'étonnent que peu. Ma conscience est sourde et muette; l'adultère me paraît la chose la plus innocente du monde; je trouve tout simple qu'une jeune fille....., il me semble que je trahirais mes amis sans le moindre remords, et je ne me ferais pas le plus léger scrupule de pousser du pied dans un précipice les gens qui me gênent, si je marchais sur le bord avec eux.

« J'ai toujours été ainsi. J'ai pour les femmes le regard d'un sculpteur et non celui d'un amant. Je me suis toute ma vie inquiété de la forme du flacon, jamais de la qualité du contenu.

« Bien longtemps et bien souvent, je me suis arrêté sous le feuillage de pierre des cathédrales, aux tremblantes clartés des vitraux, à l'heure où l'orgue gémissait de lui-même, quand un doigt invisible se posait sur les touches et que le vent soufflait dans ses tuyaux. — Et j'ai plongé profondément mes yeux dans l'azur pâle des longs yeux de la Madone. J'ai suivi avec piété

---

(1) Mademoiselle de Maupin, p. 196.

l'ovale amaigri de sa figure, l'arc à peine indiqué de ses sourcils; j'ai admiré son front uni et lumineux, ses tempes chastement transparentes, les pommettes de ses joues nuancées d'une couleur sobre et virginale, plus tendre que la fleur du pêcher; j'ai compté un à un les beaux cils dorés qui y jettent leur ombre palpitante, j'ai démêlé dans la demi-teinte qui la baigne, les lignes fuyantes de son cou frêle et modestement penché. . .

« Eh bien! je l'avoue, toute cette beauté immatérielle, si ailée et si vaporeuse, qu'on sent bien qu'elle va prendre son vol, ne m'a touché que médiocrement. — J'aime mieux la Vénus Anadyomène, mille fois mieux (1).

. . . .

« Marie, malgré l'air humble qu'elle affecte, est beaucoup trop fière pour moi : c'est à peine si le bout de son pied, entouré de blanches bandelettes, effleure le globe déjà bleuissant, où se tord l'antique dragon. — Ses yeux sont les plus beaux du monde, mais ils sont toujours tournés vers le ciel ou baissés; jamais ils ne regardent en face. Jamais ils n'ont servi de miroir à une forme humaine.

« Oh, vieux monde! tout ce que tu as révéré est donc méprisé : tes idoles sont donc renversées dans la poussière; de maigres anachorètes vêtus de lambeaux troués, des martyrs, tout sanglants et les épaules lacérées par les tigres de tes cirques, se sont juchés sur les piédestaux de tes dieux si beaux et si charmants. Le Christ a enveloppé le monde dans son linceul. Il faut

---

(1) M. Mallock a cité en entier le passage de Théophile Gautier; nous le regrettons — et nous ne l'imiterons pas.

que la beauté rougisse d'elle-même et prenne un suaire.

« Virginité, plante amère, née sur un sol trempé de sang, et dont la fleur étiolée et maladive s'ouvre péniblement à l'ombre humide des cloîtres, sous une froide pluie lustrale; — rose sans parfum et toute hérissée d'épines, tu as remplacé pour nous les belles et joyeuses roses baignées de nard et de falerne des danseuses de Sybaris !

« Le monde antique ne te reconnaissait pas, fleur inféconde : jamais tu n'es entrée dans ses couronnes aux odeurs enivrantes. — Dans cette société vigoureuse et bien portante, on t'eût dédaigneusement foulée aux pieds.

« Virginité, mysticisme, mélancolie, trois mots inconnus; trois maladies nouvelles, apportées par le Christ. Pâles spectres qui inondez le monde de vos larmes glacées, et qui, le coude sur un nuage, la main sur la poitrine, dites pour toute parole : O mort! ô mort! vous n'auriez pu mettre le pied sur cette terre si bien peuplée de dieux indulgents et folâtres.

« *Je considère la femme, à la manière antique, comme une belle esclave destinée à nos plaisirs. — Le christianisme ne l'a pas réhabilitée à mes yeux.*

« Je ne sais en vérité pourquoi les femmes tiennent tant à être regardées comme des hommes... J'ai fait en ma vie quelques vers amoureux ou du moins qui avaient la prétention de passer pour tels. — Le sentiment de l'amour moderne y manque totalement. Ce n'est point comme dans ces poésies érotiques, faites depuis l'ère chrétienne, une âme qui demande à une autre âme de l'aimer parce qu'elle aime; ce n'est point un lac azuré et souriant, qui invite un ruisseau à se fondre dans son sein, pour refléter ensemble les étoiles du ciel, ce n'est point un couple de colombes, ouvrant les ailes en même temps, pour voler au même nid (1). »

Voilà comment l'auteur conçoit l'amour : il n'y a dans son aveu ni gêne ni remords, mais plutôt l'accent d'un homme qui se croit revenu à la raison, tandis que les autres déraisonnent. Rien n'égale son mépris pour la femme : il jette un coup d'œil sur la société moderne et, parlant de la pureté, dont G. Eliot a dit qu'elle donnerait sa vie pour elle, il s'écrie avec dépit : « *La femme est devenue le symbole de la beauté morale et physique. L'homme est réellement déchu le jour où le petit enfant est né à Bethléem* ». Une fois sur cette voie, il ira jusqu'au bout et ne reculera devant aucune conséquence, bien qu'il essaie quelquefois d'échapper à cette logique. « *Quelquefois je cherche à me persuader que cet amour est abominable, et je me le dis à moi-même le plus sévèrement possible, mais cela ne vient que des lèvres; c'est un raisonnement que je fais et que je ne sens pas. Il me semble réellement que c'est la chose la plus simple du monde, et que tout autre à ma place en ferait autant.* »

Dans ce livre, l'héroïne est digne du héros : ce sont les mêmes théories sur l'amour. Elle aussi s'est affranchie de la distinction du bien et du mal. Le vice contre nature ne lui répugne pas plus que le vice naturel, et elle dénoue l'énigme du roman, en se livrant éperdûment aux deux.

Mademoiselle de Maupin! Voilà donc l'amour passionné, mais dépouillé autant que possible de toute idée religieuse. Je dis autant que possible, parce que,

---

(1) Mademoiselle de Maupin : *Op. cit.*

en dépit de l'auteur, au fond même de cette passion, quelque chose demeure du sentiment religieux. Mais l'amour y est cependant assez athée, pour nous autoriser à formuler deux conclusions : la première, que, par lui-même, l'amour est une passion inconstante et pleine d'imprévu dans ses phénomènes, et qu'il est par conséquent impossible d'en faire une règle de morale; la seconde, que les entraînements naturels de cette passion sont souvent abominables aux yeux du moraliste, et que les plus coupables sont souvent les plus séduisants et les plus vantés par les lettrés les plus délicats.

L'amour qui pourrait servir de règle en morale, de but à la vie, d'objet au dévouement, ce n'est donc pas l'amour en général; c'est un amour particulier, un amour qui, non seulement n'a rien de commun avec les autres amours, mais s'en éloigne et plane au-dessus d'eux à perte de vue. Ce qui l'élève à cette hauteur, ce n'est point la passion qui l'anime; il serait plutôt vrai de dire qu'il puise sa force et sa puissance dans le sentiment de sa droiture et de son mérite.

Or voilà précisément le point faible du positivisme : Il nous représente avec raison cet amour de choix comme un trésor; mais tout ce qui peut en rehausser la valeur, son système le lui enlève. Le choix qui distingue cet amour des passions vulgaires, cette parole pleine d'autorité et de tendresse qui descend sur lui comme une langue de feu, qui va chercher une affection ignorée, comme Elisée à sa charrue, ou comme David parmi ses troupeaux, pour la consacrer, pour en faire une reine, une prophétesse, eh bien! cette parole, le positivisme n'a pas le droit de la prononcer, ou, s'il le fait, ce n'est chez lui qu'une œuvre de caprice, une préférence sans raison.

Je ne dis pas que le positivisme confond l'amour vertueux avec l'amour vicieux; mais je dis qu'il les met tous deux sur le même pied. Prétendre après cela que, malgré cette égalité scandaleuse, l'amour vertueux sera toujours le plus séduisant, c'est en vérité se montrer par trop naïf et par trop étranger au cœur humain. Alors même, supposons-le, que la chose fût vraie pour ceux qui parlent de la sorte, qu'est-ce que cela prouverait, si la présence, chez quelques-uns, de certaines préférences personnelles, qui, aux yeux des autres, passeront peut-être pour une faiblesse ou pour une infirmité, et qu'eux-mêmes seraient impuissants à justifier ou à faire partager aux autres. Ils pourront, si cela leur plaît, échanger avec leurs adversaires quelques épithètes désagréables, bien que, dès qu'il n'y a plus d'idéal reçu, je ne voie pas sur quoi peuvent porter ces récriminations; mais, incontestablement, aux yeux de la logique, — s'il y a place pour la logique en cette affaire, — tout l'avantage serait du côté du vice. Car enfin, si des deux côtés on admet que la jouissance est le bien suprême, de quel droit l'un des deux partis viendrait-il tout d'un coup nous dire : Dans certaines jouissances, mieux vaut s'abstenir.

Je reviens maintenant au passage du professeur Huxley qui m'a servi de prélude. D'après la morale positiviste, les jouissances qu'un système philosophique adopte comme morales ne dépendent pas plus de la théorie qu'on se fait sur le motif qui détermine leur choix, que la vue d'un homme ne dépend de ses théories sur la vision, ou que la sensation de chaleur que peut donner la gingembre ne dépend de l'analyse qu'on en fait.

A merveille : on ne saurait être plus net et plus catégorique. Profitons de cette clarté pour mettre dans tout son jour l'inextricable confusion du système.

Remarquons d'abord que, par ses comparaisons, le professeur Huxley confirme précisément ce qu'il prétend combattre. Il dit que la vue de l'homme ne dépend pas de sa théorie sur la vision; il se trompe. Dans tout acte de vision réfléchi, il y a un raisonnement latent; et, bien que le passage des principes à la conclusion soit si rapide, que la trame du raisonnement est presque insaisissable, il suffit du doute éprouvé parfois devant un objet éloigné ou devant un objet extraordinaire pour rendre la chose sensible.

La comparaison du gingembre est fort mal présentée. La question analogue à la question morale qui nous préoccupe n'est pas : Le gingembre est-il chaud à la bouche ou non? Mais : Est-il sain d'en manger? Question que je ne puis résoudre, sans en résoudre préalablement deux autres : Cette chaleur du gingembre est-elle agréable? et, supposé qu'elle soit agréable : Est-elle saine? Or, il est clair que cette seconde question dépend précisément du point que M. Huxley regarde comme insignifiant : L'étude de la nature du gingembre. Impossible de décider si nous devons adopter une nourriture, avant d'avoir une idée de sa nature.

Appliquons à l'amour l'exemple choisi par M. Huxley. On peut se représenter l'amour en général comme un dessert varié, dont le gingembre serait un appoint. L'amour que nous préconisons, l'amour moral, serait figuré par le gingembre. Il faut maintenant que

M. Huxley nous fasse passer son gingembre et nous persuade qu'il est à cent coudées au-dessus, par exemple, des pruneaux ou des biscuits de Palmer. Comment fera-t-il pour cela? Venir nous raconter que le gingembre échauffe le palais, ne mènerait à rien. Pour beaucoup, ce ne serait pas une recommandation : ce serait plutôt une condamnation. D'ailleurs, au point de vue du goût, on pourrait répliquer que les pruneaux et les biscuits sont plus sucrés, et, franchement, je ne vois pas ce que M. Huxley pourrait répondre.

Ah! s'il peut nous prouver que les pruneaux nous incommoderont, au point de nous empêcher de dire nos grâces, alors (je suppose que nous sommes gens à dire nos grâces), sa cause est gagnée. Mais s'il ne peut prouver que les pruneaux sons malsains, et si ses amis n'ont point de grâces à dire, tout ce qu'il peut dire revient à ceci : Voilà mon goût à moi! Mais alors le ton change, et nous sommes loin de la morale qui s'impose. S'armer des foudres du Sinaï pour proclamer ses préférences de gourmet, serait par trop ridicule et n'aurait aucune chance de succès. — Eh bien! le choix entre les différents amours, à la lumière des principes positivistes, n'est, en définitive, pas plus que cela. C'est un choix entre friandises. Ce n'est ni plus, ni moins. N'est-il pas étrange, après cela, que le positivisme ait la prétention de garder en cette matière toute l'austérité du langage chrétien, comme s'il n'y avait pas un abîme entre le christianisme et lui! Car enfin, pour nous, il ne s'agit pas de choisir entre des jouissances de gourmet : il serait plus exact de dire qu'il s'agit de choisir entre une oublie et une hostie consacrée.

Quelques-uns de mes lecteurs trouveront peut-être

que, d'après ces principes, la pureté dans l'amour dégénère forcément en un sentiment pénible de contrainte qu'on ne subit que pour échapper aux autres amours.

Je réponds qu'en effet au sentiment que nous avons du prix de l'amour vertueux se mêle une crainte très vive des suites qu'entraîne l'amour vicieux. Mais c'est là comme un contre-coup nécessaire. La beauté de l'amour vertueux n'a rien à y perdre.

Il est impossible de penser qu'une chose vaut infiniment mieux que les autres, sans penser en même temps que ces autres choses valent infiniment moins que ce que nous leur préférons. Je dirai même que le meilleur témoignage de la sincérité de notre prédilection, c'est l'énergie de notre réprobation pour ce que nous écartons. Il n'y a pas de milieu : si pour nous l'amour vertueux est le ciel, alors, par là même, l'amour vicieux c'est l'enfer.

Si nous ne voulons pas de la seconde proposition, n'admettons pas la première.

Eh bien! l'école positiviste ne peut émettre ni l'une ni l'autre de ces deux propositions. Elle n'a pas le droit de vanter l'amour vertueux et de dénigrer l'amour vicieux, et voici pourquoi : Que l'amour soit vertueux ou vicieux, les effets de ce choix ne dépassent pas les limites d'un fait de conscience : or ce fait de conscience, quand on l'isole, comme le font les positivistes, de toute attente d'une vie future, est quelque chose de trop étroit pour justifier la distance immense qui, d'après toute morale, doit séparer l'amour vertueux de l'amour vicieux.

En effet, si cette distinction était possible, et si le

bonheur actuel est le signe auquel on reconnaît le bien, il devrait être possible de distinguer par là les deux amours. Or cela n'est pas possible.

S'il y a chose démontrée, c'est que, à ne tenir compte que de cette vie, un homme peut se livrer aux plus viles amours et échapper à tous les maux qu'il aura mérités. On dira que ces emportements peuvent nuire à sa santé. C'est un mal que la prudence peut conjurer. Et la prudence échouerait-elle, que cela ne prouverait rien, puisque des saints ruinent aussi leur santé par leurs travaux héroïques. En tous cas, la ruine de la santé, de la réputation, sont des dangers accidentels, faciles à écarter. Ce n'est pas par ces inconvénients de surface qu'il faut apprécier l'amour vicieux : il entraîne des maux autrement sérieux, mais qui dépendent, non du fait actuel de la conscience, mais des appréhensions qu'inspire la conscience de l'avenir, conscience autrement sévère, qui nous révèlera impitoyablement ce qu'ici-bas nous soupçonnons à peine.

Je ne les connais pas maintenant, mais après la mort, — Dieu sait, et je sais quels fantômes m'épouvanteront. — A chacun de nous apparaîtra son propre être, cet être tué par lui, qui lui murmurera : — Je suis toi-même; que m'as-tu donc fait? — Et moi! je suis toi-même! aussi. Hélas! se redira chacun : Qu'as-tu fait de toi-même! pendant l'éternité. *(Le Dante).*

C'est cette perspective de l'avenir qui fait de l'amour vicieux un désordre. Mais, dit le positivisme, il n'y a pas d'avenir! donc il n'y a plus de désordre. Ce qu'on appelle mal, n'est que le fantôme d'une imagination malade.

Le positivisme n'est pas plus recevable à nous parler de la beauté, de la pureté. Ce sont là pour lui des mots vides de sens. D'après ses principes, dont il n'avait peut-être pas bien calculé toutes les conséquences, le positivisme nous dit qu'un amour pur est l'union de deux choses. Ce qui en fait le charme le plus pénétrant, ce n'est pas seulement la possession de l'être aimé, mais c'est la promesse d'avenir, le pressentiment et l'avant-goût d'un bonheur futur, qu'apporte avec lui cet amour. « Heureux les cœurs purs, parce qu'ils verront Dieu ! » A tort ou à raison, cette conviction se fait jour dans toute notre manière d'envisager l'amour, et dans le respect religieux dont nous l'entourons. Si ce n'était cette idée secrète, ni l'amour ne serait si exclusif, ni nous ne lui donnerions cette importance. On retrouve cette idée partout : on la surprend jusque sous la plume d'écrivains qui en théorie déclament contre elle. Gœthe, par exemple, ne peut toucher le côté moral des amours de Marguerite, sans la supposer. Georges Eliot fait parler ses héros comme s'ils la partageaient; les vertus qu'elle regarde comme l'honneur de l'humanité, elle nous les montre appuyées sur des convictions qu'elle couvre de ridicule. Mais ailleurs, nous trouverons des affirmations plus catégoriques encore. Témoin ces vers de M. Robert Browning qui, quels que soient ses autres mérites, est au moins incomparable dans l'étude des émotions.

Chère amie, quand nos âmes, n'en faisant plus qu'une, comprendront la grande Ame qui renouvelle tout, quand c'en sera fait de la terre et quand le ciel se déroulera sous nos yeux, quel changement pour toi et pour moi — dans cette demeure qui n'aura pas été bâtie de main d'homme!

Voici encore le même sentiment, présenté sous une autre forme : « *N'y a-t-il rien de mieux à faire que de jouir? Quoi! n'y a-t-il donc point d'acte qui une fois accompli, arrêtera le temps et nous laissera, nous créatures, enfermées dans l'éternité avec ce qui nous est dû? N'y a-t-il pas moyen d'arracher à la terre le secret du ciel? N'y a-t-il point d'œuvres commencées, sans développement possible ici-bas, qui trouveront leur couronnement au ciel?*

« *Alors la terre n'a point à nous donner de fruits dignes de l'homme et elle ne nous offre que des douceurs qui se perdent dans l'amertume et une amertume qui empoisonne toutes ces douceurs.* »

Je veux mettre en regard de ces vers un passage tiré d'un auteur bien plus ancien et d'un caractère bien différent. L'affection dont parle saint Augustin n'est plus l'amour conjugal, mais l'amour filial; mais cette différence ne gâte en rien l'à-propos de la citation.

« A l'approche du jour où ma mère devait sortir de cette vie, ô mon Dieu, jour que nous ignorions et qui était connu de vous, il arriva, je crois par votre disposition secrète, que nous nous trouvions seuls, elle et moi, appuyés contre une fenêtre, dont la vue s'étendait sur le jardin de la maison où nous étions descendus, au port d'Ostie. C'est là que, loin de la foule, après les fatigues d'une longue route, nous attendions le moment de la traversée.

« Nous étions seuls, conversant avec une ineffable douceur et dans l'oubli du passé, dévorant l'horizon de l'avenir; nous cherchions entre nous, en présence de la vérité que vous êtes, quelle sera pour les saints cette vie éternelle que l'œil n'a point vue, que l'oreille n'a point entendue, et où n'atteint pas le cœur de l'homme (I. Cor., II, 9). Et nous aspirions des lèvres de l'âme aux sublimes courants de votre fontaine, fontaine de vie, qui réside en vous, afin que, pénétrés selon sa mesure de la rosée céleste, notre pensée pût méditer une chose si grande.

« Et nos discours arrivant à cette conclusion, que la plus vive joie des sens dans le plus vif éclat des splendeurs corporelles, loin de soutenir le parallèle avec félicité d'une telle vie, ne méritait pas même un nom; portés par un nouvel élan de celui qui est, nous nous promenâmes par les échelons des corps, jusqu'aux espaces célestes d'où les étoiles, la lune et le soleil nous envoient leur lumière; et montant encore plus haut dans nos pensées, nous traversâmes nos âmes pour atteindre bien au-delà de cette région d'inépuisable abondance où vous repaissez éternellement Israël de la nourriture de la vérité, et où la vie est la sagesse créatrice de ce qui est, de ce qui a été, de ce qui sera; sagesse incréée, qui est ce qu'elle a été, ce qu'elle sera toujours; ou plutôt en qui ne se trouvent ni avoir été, ni devoir être, mais l'être seul, parce qu'elle est éternelle; car avoir été et devoir être excluent l'éternité.

« Et en parlant ainsi, dans nos amoureux élans vers cette vie, nous y touchâmes un instant d'un bond du cœur et nous soupirâmes en y laissant captives les prémisses de l'esprit, et nous redescendîmes dans le bruit de la voie, dans la parole qui commence et qui finit. Et qu'y a-t-il là de semblable à votre Verbe, Notre-Seigneur, dont l'immuable permanence en soi renouvelle toutes choses!

« Nous disions donc : qu'une âme soit en qui les

révoltes de la chair, le spectacle de la terre, des eaux, de l'air, des cieux fassent silence, qui se fasse silence à elle-même; qu'oublieuse de soi, elle franchisse le seuil intérieur; tout songe, toute vision fantastique, toute langue, tout signe, tout ce qui passe venant à se taire; car tout cela dit à qui sait entendre : je ne suis pas mon ouvrage : celui qui m'a fait est celui qui demeure dans l'éternité; que cette dernière voix s'évanouisse dans le silence, après avoir élevé notre âme vers l'auteur de toutes choses et qu'il parle lui seul, non par ses créatures, mais par lui-même, et que son Verbe nous parle, non plus par la langue charnelle, ni par la voix de l'ange, ni par le bruit de la nuée, ni par l'énigme de la parabole; mais qu'il nous parle, lui seul que nous aimons en tout, qu'en l'absence de tout, il nous parle; que notre pensée, dont l'aile rapide atteint en ce moment même l'éternelle sagesse, immuable au-dessus de tout, se soutienne dans cet essor, et que toute voix d'un ordre inférieur cessant, elle seule ravisse, captive, absorbe le contemplateur dans ses secrètes joies; qu'enfin la vie éternelle soit semblable à cette fugitive extase qui nous fait soupirer encore; n'est-ce pas la promesse de cette parole : « Entre dans la joie de ton Seigneur (Matth. 25), et quand cela? Sera-ce alors que nous ressusciterons tous, sans néanmoins être tous changés (1)? »

Dans ce passage remarquable, saint Augustin fait admirablement saisir tout ce que j'ai voulu faire com-

(1) Au commencement de cette citation, quelques mots ont été omis, mais le sens a été respecté *(Note de l'auteur).* — La traduction française a été empruntée à M. Moreau *(Note du traducteur).*

prendre. Il y développe à fond la doctrine qui pour nous fait tout le prix de l'amour, qui en fait une chose si exquise et si sainte. Or cette doctrine, le positivisme ne peut absolument pas y prétendre. Ce n'est pas qu'elle soit nouvelle; non, elle est vieille comme le monde, et ses principes forment en nous comme une seconde nature; mais le positivisme n'en est pas moins obligé d'y renoncer; car la voix même de la nature ne peut avoir de valeur pour lui, qu'autant qu'il accepte ce qu'elle annonce. Pour le monde ancien, cette voix était un mystère, quelque chose comme l'énigme indéchiffrable d'un oracle; quelques-uns révéraient cet arrêt, personne n'osait le nier. Mais, maintenant, l'énigme est résolue : nous savons ce que veut dire cette voix mystérieuse de la nature; sans doute nous pouvons nier ce qu'elle affirme, mais alors tout le prestige de l'amour disparaît.

Il suffit d'énoncer ces vérités pour les comprendre.

Par quelle inexplicable confusion le positivisme a-t-il été amené à les méconnaître? Voici comment. Le positivisme s'est imaginé que ce que la religion promet à l'amour, c'est une simple prolongation, et non une transformation totale par un développement immense. Voilà pourquoi M. Huxley écarte dédaigneusement la question de l'amour vertueux en disant : La qualité de l'amour n'est pas modifiée *par la prolongation ou par l'abréviation de notre vie consciente.*

Mais, en parlant ainsi, il est complètement à côté de la question. Un exemple le fera saisir de suite.

Un peintre, animé par la pensée d'une conception sublime, se met au travail et passe une semaine enchantée à préparer sa toile et à donner les premiers coups de pinceau. Pendant cette première semaine, le peintre a éprouvé de vives jouissances, c'est incontestable. La semaine eût duré quinze jours, que le plaisir eût été le même; il serait mort à la fin de la semaine, que cela n'eût en rien modifié le plaisir déjà goûté.

La jouissance ne dépend donc pas du fait de la prolongation, mais de l'espérance de la prolongation, espérance qui la transforme entièrement. Le plaisir du peintre dépend de la conviction où il est qu'il pourra continuer son tableau, et que par là sa toile deviendra d'une ébauche une œuvre d'art.

Les positivistes ont entendu dire, ce qui est vrai, que, pour un peintre, le plaisir de peindre un tableau ne dépend pas de ce qu'il puisse en peindre beaucoup d'autres. Et ils en ont conclu, ce qui est faux, que le plaisir de commencer un tableau ne dépend pas de la conviction qu'on pourra l'achever. Car c'est précisément cette conviction qui fait tout le plaisir du peintre.

Le positivisme nous enlève la conviction que nous pourrons achever notre œuvre, il nous enlève la croyance à une autre vie qui couronne celle-ci.

Résumons : l'amour, même entendu à la façon des positivistes, n'est pas un phénomène positiviste. C'est plutôt un phénomène religieux. Dès qu'on enlève l'élément religieux, l'amour change de nature.

On dira peut-être qu'une fois introduit, l'élément religieux est indélébile. Cela prouverait, ou bien que pratiquement le positivisme est impossible, ou bien que la religion est un mal incurable. Ce sont là des questions subsidiaires auxquelles je reviendrai, mais qui, pour le moment, nous distrairaient de notre sujet.

Mon dessein, en ce moment, n'est pas de dire si le

positivisme peut-être accepté par l'humanité, mais d'évaluer, au cas où il serait accepté, ce qu'il peut nous offrir. Je veux signaler aux hommes de bon sens la bévue de gens qui, comme G. Eliot, tout en niant la présence d'un Dieu-soleil dans les cieux, sont toujours en adoration devant la lumière du soleil; qui ont, disent-ils, pour principe fondamental d'abolir l'usage du feu, et qui nous offrent de le remplacer par de l'eau bouillante; qui traitent l'amour de Cassandre, et qui croient à tout ce que l'amour leur dit.

Or, voici la conclusion qui se dégage de tout ceci : l'amour, s'il devenait par malheur une chose toute positive, ne serait plus du tout ce que les moralistes positivistes le font. Incapable de faire ce qu'ils attendent de lui, il serait absolument impuissant à leur fournir un idéal qui relève les aspirations. L'amour le plus noble se traînerait dans la même ornière que les autres. Tous les amours feraient valoir les mêmes droits, et notre choix ne serait plus qu'un caprice, sans valeur morale. Toutes les épithètes qui nous servent à distinguer l'amour vertueux et l'amour vicieux, ne seraient que des étiquettes mensongères. La moralité appliquée à de pareilles choses ne serait qu'un mot vide de sens.

On nous a opposé plusieurs choses qui, disait-on, donnaient par elles-mêmes à la vie une valeur positive, sans que la religion y fut pour rien. Je viens d'examiner une de ces choses, l'amour. C'est la plus importante de toutes, celle qui a une portée plus générale. Ce que j'ai dit de l'amour, on peut le dire des autres conditions de l'existence.

Prenons maintenant la vie dans son ensemble : voyons quelles métamorphoses y opérerait le positivisme.

CHAPITRE VI

LA VIE POUR BUT ET POUR RÉCOMPENSE

> Et si nous mettons en cette
> vie tout notre espoir!

Nous voici en présence d'une opération délicate : il nous faut enlever à la vie un de ses éléments les plus importants. Il s'agit de savoir ce qu'elle deviendra sans cet élément. Je ne prétends pas répondre à cette question avec une précision mathématique ; mais nous arriverons facilement à l'à peu près.

Il y a dans la vie actuelle deux éléments, deux séries de sentiments et de jouissances, et la vie est comme un résumé des deux, ou plutôt, comme un compromis entre les deux.

Parmi les choses qui sont ici-bas nos ressources et nos moyens d'activité, les unes nous attirent et les autres nous répugnent, et il semblerait, au premier abord, que le bonheur devrait consister à prendre ce qui plaît et à écarter ce qui déplaît. Mais ici survient une complication : beaucoup de choses, qui répugnent à la nature, ont été, au point de vue religieux, bénies de Dieu, et beaucoup d'autres, qui plaisent à la nature, ont été, au même point de vue, maudites par Dieu, de sorte que la souffrance entre souvent pour beaucoup dans notre bonheur, pris au sens élevé du mot, et que notre plaisir devient souvent aussi, en un sens terriblement profond, notre plus grand malheur.

Il suit de là que, contrairement à ce que semble indiquer la nature, ce n'est point la jouissance qui est la marque du bien, mais le bien qui est la marque de la vraie jouissance, du bonheur. Là-dessus, les pécheurs jugent comme les saints. Cette idée est entrée si avant dans la conscience de l'humanité, qu'elle se retrouve au fond de toutes les appréciations sérieuses de la vie. Le premier objet qui frappe nos regards, ce n'est pas la jouissance ou la souffrance, c'est le bien ou le mal. Ce jugement moral est pour nous comme un instinct de la nature : il déteint sur tous les jugements que nous portons sur le monde qui nous entoure.

Eh bien! ce jugement moral, cette tendance instinctive, voilà ce que le positivisme, si on le suit jusqu'au bout, doit nécessairement détruire ou paralyser. Figurons-nous que cette élimination soit faite, et voyons ce que serait alors la vie. Mais pour le comprendre, il faut d'abord nous rendre compte du rôle considérable que ce jugement moral joue dans notre existence.

Or, c'est là une tâche ingrate. Dès les premiers pas, nous rencontrons tant d'intérêts différents, dont il est difficile de démêler le jeu! Ne pourrait-on pas tourner la difficulté? La littérature nous a déjà fourni des types de sentiments particuliers, dans des circonstances toutes particulières : nous allons lui demander un service analogue, mais en procédant un peu différemment. Au lieu d'analyser certaines nuances, nous envisagerons ses tableaux dans leur ensemble, pour en étudier l'harmonie, les contrastes, les effets d'ombre et de lumière.

Qu'est-ce que l'art? Il suffit de se poser cette question et de réfléchir à la nature de l'art littéraire et poétique, pour comprendre de suite quel parti nous pouvons en tirer. Je reprends donc la question : Qu'est ce que l'art? Pourquoi l'art nous charme-t-il? — L'art reflète et reproduit les jouissances de la vie : entre ces jouissances et l'art, il y a donc relation et dépendance. La vue d'un portrait n'aurait pour nous aucun attrait, si la figure de l'homme ne nous captivait. Les statues nous seraient indifférentes, si la forme humaine n'excitait notre intérêt. Une romance ne nous dirait rien, si nous ne savions un peu ce que c'est que l'amour. L'art peut grandir et grossir l'objet, mais l'idée qu'il grandit vient de la vie réelle. L'art contribue au bonheur commun, parce que, par lui, des hommes du commun participent à la vision d'hommes exceptionnels. Le grand art est un miroir qui reflète la vie, telle que l'ont vue les yeux les plus perçants (1). Toutes les formes, toutes les images dont il se pare n'ont de valeur qu'à ce prix. *Par elles-mêmes, elles ne sont que des ombres. La pensée supplée à ce qui leur manque. L'imagination les corrige, et quand je dis l'imagination, c'est la nôtre dont je parle* (2). — Ainsi donc, quand nous voyons une œuvre

---

(1) C'est la reproduction sensible de la vie idéale. (*Note du Traducteur*).

(2) Midsummer's night dream act V.

HIPPOLYTE : Je n'ai jamais rien entendu de plus sot.

THÉRÈSE : Ces choses ne sont que des ombres; les meilleures ne sont que cela; et les défectueuses, corrigées par l'imagination, ne paraissent pas ce qu'elles sont.

d'art, c'est la vie que nous voyons, ou plutôt en nous rendant compte de l'effet que produit sur nous une œuvre d'art, en nous demandant pourquoi nous la trouvons belle, grande, intéressante, nous nous demandons implicitement ce que nous pensons des réalités qu'elle représente.

Le drame est l'œuvre d'art par excellence : la poésie est l'art le plus expressif, et le drame est l'œuvre poétique la plus large ; il est l'expression par excellence de la vie, mais de la vie prise dans son ensemble, de la vie concentrée et portée au maximum, avec tous les détails, qui forment comme le panorama de l'existence. On peut dire que toutes les raisons qui, à nos yeux, donnent du prix à la vie, nous font trouver un drame beau et grandiose.

Prenons comme exemples quelques-uns des chefs-d'œuvre de Sophocle, de Shakespeare et de Goëthe, et voyons sous quelles couleurs la vie nous y est présentée. *Macbeth*, *Hamlet*, *Antigone*, *Mesure pour mesure* et *Faust*, nous dépeignent la vie sous ses aspects les plus saisissants et mettent en jeu dans toute leur puissance les passions de l'humanité. C'est du moins ainsi que nous comprenons ces drames, et c'est là ce qui fait à nos yeux leur grandeur.

Or, je demande à quelle faculté ces drames s'adressent pour obtenir de nous un verdict favorable. Je dis qu'ils s'adressent surtout à notre jugement moral et à notre instinct religieux. Je dis que ces drames expriment formellement ce jugement, et, ce qui est important, le supposent toujours en nous. En d'autres termes, ils nous représentent des personnages qui luttent, non pour la jouissance, mais pour le droit, ou bien qui désertent la lutte. Il est entendu que cette lutte est le nœud du drame, et l'intérêt qui s'y attache ne tient pas aux circonstances extérieures ou sociales, mais aux résultats personnels et tout intimes que peut avoir cette lutte.

Dans *Macbeth*, par exemple, l'événement qui domine tout, et qui a donné au drame sa couleur tragique, c'est le meurtre de Duncan. Mais qu'est-ce qui fait le pathétique de la pièce, que Duncan meure? Non, mais qu'il meure de la main de Macbeth; ce qui nous consterne, ce qui remue nos passions et les secoue, tantôt par la terreur, tantôt par la pitié, c'est non l'effet social, mais l'effet personnel, intime, que va produire ce meurtre. Duncan est mort, il est dans sa tombe; et, après cette fièvre de l'existence, il dort pour toujours. Or ce qui nous donne à penser, c'est non pas que Duncan dorme dans son cercueil, mais que Macbeth ne puisse plus dormir. Ce qui nous émeut, c'est non l'extinction d'une dynastie, mais la ruine morale d'une âme.

De même dans *Hamlet*, tout l'intérêt de la pièce est dans le spectacle du héros, qui lutte pour se conformer à l'idéal du droit, sans tenir compte ni de l'avantage des autres, ni de son propre bonheur. Dans les péripéties de cette lutte, il arrive à ruiner le bonheur de tous ceux qui l'entourent, ce qui ajoute grandement au pathétique de la pièce; mais nous n'en voulons pas à Hamlet : nous lui en aurions voulu au contraire, si, au lieu de sacrifier le bonheur de la société au droit, il eût sacrifié le droit au bonheur de ceux qui l'entouraient.

Dans *Antigone*, c'est toujours la lutte pour le bien, et non pour l'utile ou pour le bonheur. Le plus beau passage, c'est celui où l'héroïne déclare qu'elle lutte pour le bien. La règle d'après laquelle elle veut vivre et, s'il le faut mourir, dit-elle, n'est point une règle humaine : elle n'est point un idéal inventé par l'homme, pour se prêter complaisamment aux exigences de notre vie.

Elle est la loi non écrite, mais éternelle de Dieu, loi qui n'est ni d'aujourd'hui ni d'hier, mais de toute éternité, loi dont personne qui vit en ce monde ne connaît l'origine.

Dans *Mesure pour mesure* et dans *Faust*, la lutte entre le droit et la passion se livre sur un terrain plus étroit : dans ces deux drames, l'intrigue suppose dans les spectateurs une appréciation commune d'un point délicat, je veux dire un jugement très arrêté et très sévère sur la chasteté de la femme et sur le prix que la religion y attache. C'est parce que nous partageons tous les mêmes idées sur ce grave sujet, qu'Isabelle et Marguerite nous paraissent, l'une héroïque, l'autre malheureuse. Faites abstraction de ce jugement moral, et ces deux drames n'ont plus d'intérêt. Les émotions de pitié et de terreur qu'ils excitaient s'évanouissent comme un rêve. Il n'y a plus qu'un nom qui leur convienne : *Much ado about nothing* : beaucoup de bruit pour rien.

Il suit de là, et plus nous y réfléchirons, plus la chose nous paraîtra claire, que toute la puissance, toute la magie de l'art repose sur cette donnée, que, pour nous, la relation essentielle n'est pas de l'homme à l'homme, mais de l'homme à un être qui est au-dessus de l'humanité. C'est avec cet être-là que doivent s'établir ses relations essentielles; les relations avec les frères dépendent de cette relation primitive. Nous ne nous appartenons pas; nous avons été rachetés; notre corps est le temple de Dieu; garder ce temple pur, c'est la joie de la vie; le souiller, c'est l'angoisse et le tourment de l'existence. Ces croyances graves, profondes, qu'on en ait conscience ou non, inspirent toujours le grand art. Voilà ce qui fait sa profondeur, sa solennité. Qualités sublimes, que nous ne goûtons nous-mêmes que dans la mesure où nous approfondissons ces doctrines.

Cela est vrai de l'art sérieux et sublime, mais cela est également vrai de l'art cynique, débauché et immoral. Cela s'applique à Congrève, aussi bien qu'à Sophocle, à Mademoiselle de Maupin, aussi bien qu'à Mesure pour mesure. Il faut dire pourtant que ce second art est bien différent du premier. Ce qu'il représente comme objet et comme prix de la lutte, ce n'est plus le bien moral, c'est, dans une certaine mesure, le mal moral.

Dans l'art cynique et immoral, la chose est évidente. Il ne se propose pas un nouvel idéal, il se contente d'insulter à l'ancien. Il ne substitue pas le mal au bien, ni le bien au mal; il maintient la distinction qui les sépare, mais il insulte au bien, en parant le mal de tous les dehors du bien. Il n'ignore pas le bien, mais il le nie. La débauche et le cynisme nient, c'est là leur essence; mais tout en niant, ils affirment ce qu'ils nient, pour s'en repaître. Leur rôle n'est pas de détruire le bien, mais de le torturer à petit feu. Ils abhorrent le bien, et l'existence du bien leur est comme un remords, mais ils ne peuvent s'empêcher de penser que le bien survit quand même. « *Je ne tiens pas plus*, dit un des personnages de Congrève, *à jouer avec un homme qui prendrait facilement son parti de sa ruine, qu'à faire la cour à une femme qui se consolerait facilement de sa honte.* »

Dans ces paroles, vous avez le dernier mot de la débauche ou du cynisme; car la débauche n'est qu'un cynisme sensuel. Elle est l'antithèse des paroles d'Antigone. La vie d'Antigone, c'est la conformité à la loi non écrite, mais éternelle de Dieu : la vie du débauché, c'est la violation de cette même loi. Mais les deux supposent la loi; dans l'immoralité, il y a plus que la satisfaction d'un appétit; il y a la satisfaction, aux dépens d'une chose sainte et sacrée. La bête n'est pas immorale. On n'a jamais vu une chèvre qui fût immorale.

Dans l'art purement sensuel, il y a une légère nuance. Le plaisir qu'on y propose comme objet et comme prix de la lutte, ne se présente pas comme opposé, mais comme indifférent à la loi. Il ne la défie pas, il l'ignore. Le plaisir que cet art met presque toujours en scène, c'est l'amour. Il n'a pour le justifier qu'une raison : les deux amants sont dans tout l'éclat de la jeunesse et de la beauté. Le jugement moral n'existe pas pour cet art : il affecte de n'avoir jamais recours pour les effets qu'il veut produire au discernement du bien et du mal. Il le dit, mais en fait, ce n'est pas exact.

Revenons un instant à Mademoiselle de Maupin. Le héros se vante de ne plus savoir distinguer entre le bien et le mal. Ce n'est pas vrai, mais accordons-le pour un instant. Ce qu'il y a de remarquable, c'est qu'il a conscience de ce vide. Il ressemble à un homme encore tout échauffé de l'effort qu'il a fait pour rejeter un fardeau. Ce fardeau n'est plus là; mais il en sent l'absence. Il ressemble à un braconnier. Cet homme brave la loi, mais cette violation habituelle donne le ton à toute sa vie. De même pour le héros du roman sensuel. La vertu qu'il méprise donne une sorte de piquant à la jouissance. « *Au moins*, dit Mademoiselle de Maupin, *je ne suis pas vertueuse, et c'est toujours cela de gagné !* » Georges Eliot dit de Maggie Tullivier qu'elle aime sa tante Pullet, surtout parce qu'elle n'est pas sa tante Gleg. Le héros de Théophile Gautier aime la Vénus Anadyomène un peu parce qu'elle n'est pas la Madone.

Descendons, si l'on veut, plus bas encore, demandons à l'art de nous représenter des hommes qui luttent pour des jouissances plus basses, plus matérielles encore, plus dépourvues de toute influence intellectuelle et morale.

Eh bien ! même dans ces bas-fonds, nous retrouverons l'élément moral. Il n'y a pas jusqu'à cette littérature abjecte, jusqu'à ce roman érotique attribué à Meursius, qui n'en porte la trace. Oui, nous le retrouverons, cet élément moral, dans les orgies de Tibère à Capri, comme dans les débauches de Quartilla à Naples, telles que Pétrone les a décrites.

C'est le rayon, qui tombe d'en haut dans une caverne; les habitants de ce repaire voient à l'aide de cette échappée de lumière, bien qu'ils ne l'aperçoivent pas, et qu'elle ne leur serve qu'à sentir plus vivement l'horreur de leurs ténèbres. C'est cet élément de religion et de moralité, qui surexcite la passion et la fait monter jusqu'à la rage. Il lui présente les vertus sous un faux jour, où elles lui apparaissent comme des vices. Les plaisirs recherchés alors captivent, non en raison de la vivacité des jouissances ; car, par ce côté, ils se ressembleraient beaucoup ; mais en raison de leur abjection, du stigmate qu'ils impriment. L'abaissement devient la mesure de la jouissance ; c'est un coefficient qui multiplie les plaisirs.

> Où chercher un passe-temps,
> Si le pis qu'on puisse faire est déjà fait !

Sénèque avait dit de la vertu : *Non quia delectat, placet, sed quia placet, delectat.* On dira du vice : *Non quia delectat pudet, sed quia pudet, delectat ;* on n'en rougit pas parce qu'il plaît ; mais il plaît parce qu'il fait rougir.

La vie reflétée par l'art nous montre que l'idée religieuse du bien ne nous quitte jamais. Si nous montons au ciel, nous l'y rencontrons ; si nous descendons au fond de l'enfer, elle y est ; et nous la retrouvons dans les deux sources de jouissance qui attirent l'humanité. La lutte ardente pour le droit, et la paix qui suit la conquête du droit : voilà la première source. La révolte contre le droit, qui nous surexcite et nous flatte : voilà la seconde.

Eh bien ! dans les deux cas, directement ou indirectement, c'est le jugement moral qui est en jeu. C'est à lui que font appel et l'amour du droit et la passion dans son égarement.

Cette idée du bien moral projette sa lumière sur la vie entière, et elle ne peut disparaître sans que l'aspect de la vie soit métamorphosé. Se figure-t-on bien ce que serait alors la vie ? Faites-en l'expérience sur l'art, qui est le miroir de la vie humaine, et vous comprendrez alors ce que serait cette catastrophe. Sans cette idée du bien moral, *Mesure pour mesure* et *Faust* n'ont plus ni intérêt ni sens. Semblables à des acteurs qui chantent devant les sourds, les personnages des drames ne font plus que des grimaces incompréhensibles. Antigone n'est plus héroïque ; ce n'est plus qu'une enfant entêtée. La vie de Macbeth et celle de Hamlet ne sont plus que des banalités affublées de grands mots, qui parlent haut, qui jettent feu et flamme, mais qui ne signifient rien. Ces pièces ne nous intéressent plus. Elles ne produisent plus en nous qu'un étonnement plein de fatigue, l'ennui de voir le sort déplorable de gens, qui ont pris les choses en étourdis et en fous.

De même, dans la littérature matérialiste et sensuelle, l'art, la recherche des expressions, ne sera plus qu'une niaiserie précieuse et tourmentée. Tout l'esprit de Congrève se réduit à quelques contorsions vulgaires, et la passion érotique de Théophile Gautier, à une affectation fantastique.

Toute la sublimité, tout le brillant et tout l'intérêt de l'art, dépendent en grande partie du sens moral, dont rien ne peut suppléer l'action. La raison en est bien simple : la vie avec ses souffrances et ses plaisirs, même agrandis par l'imagination, est chose trop banale pour suffire à l'art. L'art sans le sens moral, c'est un instrument qui n'a qu'une octave.

Nous pouvons juger par là ce que serait la vie dans l'hypothèse positiviste. La vie, sans le sens moral, perdrait exactement ce que perdrait l'art : la sublimité, le brillant, l'intérêt. Il n'y aurait pas substitution des nouveaux intérêts aux anciens, mais élimination de ceux qui agissent puissamment sur le cœur de l'homme.

La vie humaine n'est pas tant bouleversée, que réduite à l'insignifiance, au rien : l'existence n'est plus qu'un paysage uni, désolé, sans montagnes, sans vallées, sans perspective. Plaisirs, chagrins, tout s'abaisse au même niveau. C'était l'élément moral qui, comme une force secrète, travaillait la terre et donnait à toutes choses des proportions inconnues, ici creusant des allées et des abîmes, là faisant jaillir jusqu'au ciel des cimes aiguës, jetant sur les bas-fonds des ombres profondes, animant tout par de vives couleurs ou par des demi-teintes; faisant flotter des nuages au-dessus des rivières et des précipices, développant partout la végétation, tantôt plus parcimonieuse et tantôt plus riche, tandis qu'à des hauteurs inaccessibles, on voit briller d'un éclat merveilleux, étrange, la blancheur immaculée de la pureté, éclairée par une lumière qui ne se lève point sur les régions inférieures.

Otez la force morale, et toute variété s'efface sous un niveau mortel. Plus de hauteurs ni de profondeurs; rien qu'une plaine aride, sans lumière, sans ombre, avec des couleurs indécises et ternes. Plus de clair-obscur, plus de vues étendues. Les perspectives du monde moral, si belles, si profondes, si vantées, se sont évanouies comme un décor de théâtre; vices et vertus se présentent sous une couleur uniforme et effacée, il n'y a plus que des joies et des chagrins sans profondeur, des désirs et des répulsions sans vigueur.

Mais, dira-t-on peut-être, vivre dans des circonstances favorables, c'est une joie; accomplir les fonctions vitales, exciter les appétits sensuels, c'est une joie. Est-ce que, par hasard, le lever du soleil sera moins brillant, l'influence du printemps sur la vie moins bienfaisante? Comment! Vous nous parlez de vie désolée, comme si le ciel ne nous restait pas avec son azur sans tache, la mer avec ses teintes d'émeraude; comme si les ruisseaux ne semblaient plus animés, comme si l'air du matin ne nous arrivait plus tout embaumé des émanations de mille violettes cachées.

C'est vrai, tout cela nous restera, et avec cela beaucoup d'autres choses. Mais vous ne montrez là qu'un côté de la médaille; à côté des plaisirs de la vie, figurés par le printemps, il y a les douleurs et les ennuis de la vie, figurés par l'hiver. Je crains bien qu'à ce point de vue la valeur de la vie ne soit quelque chose d'aussi capricieux et d'aussi changeant que le temps.

Mais on se tromperait si on pensait que, même à ce point de vue matériel, l'idée religieuse n'influe point sur nos appréciations, pour rehausser le prix de la vie au moins indirectement.

Cette vie en effet, qui semble toute faite d'air, de nerfs et de muscles; ce sentiment exubérant et joyeux d'une santé florissante; ces choses qui semblent si étrangères à la foi et à toute théorie, tout cela est plein d'une vie, qui est elle-même imprégnée de religion, et ainsi par des voies souterraines la religion arrive à tout pénétrer. Tout ce qui émeut les sens, apporte avec lui ou du moins rappelle quelque chose de plus que lui-même. Au-dessus de chacune de ces choses qui paraissent si banales, je vois planer un nuage d'espérance et de souvenirs.

Il n'y a pas une vue, pas un son, pas un parfum, pas une brise de mer ou de terre, qui ne me les rappelle; tous ces souvenirs, toutes ces images confuses, flottantes, ramènent les idées du droit ou du mal moral, qui nous réjouissent ou qui nous attristent; de là dans la vie la plus sensuelle cette agitation qui étonne; chassez tout cela, et les joies de l'existence perdent leur charme et leur piquant. On trouve encore des plaisirs dans l'existence, mais les plus brillants sont partis. C'est un des quartiers mondains de Londres au mois de septembre. C'est un collège désert, quand tous ses joyeux écoliers sont partis.

Notons en passant combien est vide et creux cette espèce d'épicuréisme de salon, assez à la mode en certains quartiers, qui, d'un côté, admet tout ce que nous avons dit sur l'anéantissement de l'obligation morale dans l'hypothèse positiviste, et de l'autre veut se prévaloir de toutes les distinctions morales au profit de ses jouissances. « *A chaque instant*, dit M. Pater, *nous rencontrerons une figure charmante, ou une main adorablement moulée, des teintes adoucies sur les montagnes ou sur la mer, un élan de passion ou un aperçu de l'intelligence, qui exerceront sur nous un attrait irrésistible.*

« *Pendant que tout s'effondre sous nos pieds, pourquoi ne nous abandonnerions-nous pas à tout sentiment exquis de passion, à toute connaissance qui élargit l'horizon et affranchit l'esprit, ou bien encore à toute excitation des sens; pourquoi ne jouirions-nous pas de toutes les teintes, de toutes les fleurs, de tous les parfums qui peuvent nous paraître curieux ou étranges, pourquoi n'accueillerions-nous pas toute joie, d'où qu'elle vienne, de la main d'un artiste, ou du visage d'un ami* (1)? »

---

(1) Ainsi joies morales ou immorales, nobles ou obscènes, fleurs poussant sur la neige ou sur un fumier, parfums exquis que respire la pureté, ou parfums âcres et violents de la

Il est clair que cet épicuréisme raffiné est aussi inconséquent que la morale purement positiviste. Il ne veut pas suivre la distinction du bien et du mal dans ses plaisirs, pour choisir les uns et écarter les autres; il les admet indifféremment, seulement, — et ici il se contredit, — il veut leur conserver les couleurs et les nuances qui les distinguent. Il veut jouir des deux fruits, en conservant à chacun sa saveur. Comme si cela était possible, quand il s'agit de bien et de mal; comme si le bien n'était pas le bien, précisément parce qu'il doit être choisi, et le mal, le mal, précisément parce qu'il doit être écarté! Comme s'il n'était pas évident que, si nous pouvions avoir une raison pour excuser le mélange, par là même nous n'en aurions plus aucune pour maintenir la distinction morale!

Il est évident que dans cette uniformité écrasante qui va peser sur la vie, dans ce vide énorme que va laisser l'anéantissement du sens moral, nous n'avons rien à attendre de ce côté. Le monument grandiose élevé par nos saints et par nos héros ne sera pas reconstruit par ces dilettanti.

Mais pour faire valoir l'idée religieuse, l'école positiviste fait parade d'une autre ressource, qui mérite plus d'attention, et qui, étant chose *sui generis*, veut être traitée à part. Je veux parler du culte du vrai, du dévouement à la vérité pour elle-même, non en vue des profits qu'elle rapporte, mais en dépit des conséquences qu'elle peut entraîner.

Voilà, dit-elle, un but moral que rien ne peut nous

volupté, joie tranquille du devoir accompli, ou enivrement des sens, admettons tout, jouissons de tout! Voilà le sens de ce passage. *(Note du Traducteur).*

enlever. Alors même que, pour y tendre, il faudrait sacrifier le reste, le culte du vrai suffirait à donner à la vie un sens, une dignité, une valeur.

Le langage du positivisme, à ce sujet, est à la fois curieux et instructif. Deux exemples suffiront pour nous en donner une idée.

La raison qu'on fait valoir d'ordinaire en faveur du dogme, dit Tyndall, *c'est le bien-être et le repos d'esprit qu'il apporte avec lui : il fait sortir de cette vie de terre à terre, de cette nullité dont nous parlions tout à l'heure. — Je réponds à cela que, pour moi, je préfère à tout le rôle d'Emerson, qui après plusieurs déceptions, s'écrie : Je brûle d'amour pour la vérité ! Celui qui peut parler de la sorte ressent toute la joie que l'héroïsme peut donner.*

Écoutons le professeur Huxley : *S'il m'était démontré,* dit-il, *que, sans tel ou tel dogme théologique, la race humaine dégénérerait bientôt en un troupeau de brutes, plus dégradées que des bêtes, en raison même de leur supériorité naturelle, je demanderais la preuve de ce dogme. Si cette preuve nous était donnée, je suis convaincu que jamais marin naufragé ne se cramponna à la cage à poules avec plus de frénésie, que le genre humain ne s'attacherait à ce dogme. Mais si la preuve n'était pas faite, je crois que le genre humain poursuivrait sa voie déplorable, et ma seule consolation dans ce cas serait que, quelque corrompue que puisse devenir notre société, tant qu'elle sera fidèle à ne pas croire sans raison, alors qu'elle trouverait son avantage à croire, elle ne descendra pas jusqu'au dernier échelon de l'immoralité.*

J'aurais pu multiplier indéfiniment ces citations; mais celles-ci suffisent à mon but. Changeons quelques mots, et, immédiatement, de toute cette phraséologie se dégagera une conséquence importante. — Au dire de la morale positiviste, la moralité n'a de contrôle et de règle que le bonheur. L'immoralité par conséquent, c'est le malheur ou ce qui mène au malheur.

Or, d'après nos logiciens, l'humanité ne serait pas descendue au dernier degré de la misère, tant qu'elle persisterait à rejeter la seule chose qui, d'après l'hypothèse, pourrait la rendre moins malheureuse.

Tout ceci est évidemment inadmissible. Ou bien toute cette affectation du culte du vrai n'est qu'un verbiage vide de sens, ou bien, il faut dire que la règle de la conduite morale n'est pas dans le bonheur. La question est claire : de deux choses l'une, faut-il chercher la vérité, parce qu'elle mène au bonheur, ou faut-il chercher le bonheur seulement quand il a pour base la vérité? Si vous préférez ce dernier parti, vous admettez par là même que la règle de la vie humaine, c'est la vérité, et non le bonheur. Est-ce là ce que les positivistes veulent? Si oui, qu'ils le disent clairement, et s'en tiennent là. Mais alors, une fois cette règle adoptée, il faut rejeter l'autre, et ne pas rêver une fusion impossible.

Ceci soit dit en passant, pour montrer combien les positivistes se négligent sur la logique. Après tout, cette théorie ne touche pas à ma thèse, et, à ce point de vue, il m'est indifférent de laisser le positivisme mettre le culte du vrai comme fin morale sur le même pied que le bonheur.

Mais alors je prouverai que, d'après les principes mêmes du positivisme, le vrai, comme fin morale, est pour lui une solution moins satisfaisante encore que le bonheur; qu'à ce titre, le vrai a plus d'éléments religieux dans son essence que le bonheur, et qu'une fois l'idée religieuse évanouie, le vrai lui-même reste sans valeur.

A première vue, on ne sera peut-être pas de mon avis : le culte de la vérité paraît aussi simple que sacré. Mais qu'on y regarde de plus près, et on changera d'opinion.

Le positivisme dit qu'il faut servir la vérité de deux manières : en allant à sa recherche et en la propageant. Le professeur Huxley, par exemple, ne peut se dissimuler le fait qu'il n'y pas de Dieu, et quelque désastreuses pour l'humanité que soient les conséquences de cette découverte, il considère comme un devoir sacré de la propager. Pourquoi cela? demanderai-je. Est-ce parce que ce fait est une vérité? il faudrait donc alors propager toutes les vérités. Conséquence inadmissible, comme on le verra bien vite par un exemple.

Un homme découvre que sa femme a été séduite par son meilleur ami : qu'y a-t-il dans cette découverte de si noble et de si sacré? Cette trouvaille faite, sera-ce une consolation pour lui de penser que c'est là une vérité, la pure vérité? et s'il la publie sur les toits, « *ressentira-t-il la joie du véritable héroïsme* ».

Une garde-malade indiscrète dévoile à celui qu'elle veille, le danger de sa maladie. Le malade prend peur et meurt. Quelle gloire y avait-il pour le malade à découvrir le danger de sa position, et en quoi la divulgation de ce secret était-elle pour la garde-malade un devoir sacré?

Il y a donc vérités et vérités. Ce n'est pas de toutes

les vérités qu'on peut dire que c'est un devoir sacré de les découvrir et de les publier. Cela n'est vrai que de certaines vérités. Cela n'est pas vrai des vérités particulières, des faits contingents, comme ceux dont il s'agit ici, mais seulement des vérités générales et éternelles, que supposent ces faits contingents, c'est-à-dire de celles qu'on peut appeler des vérités de nature, qu'on ne peut atteindre, sans entrer en rapport avec cette vie infinie qui nous enveloppe et nous soutient tous.

Or ce genre de vérités, d'où vient qu'elles soient seules si sacrées? ce n'est pas parce qu'elles sont des vérités, mais parce qu'elles représentent certains objets. La vérité est sainte, parce que la nature est sainte, mais on ne peut pas dire que la nature soit sainte parce que la vérité est sainte. Ce devoir supérieur qui nous lie vis-à-vis de la vérité, c'est tout simplement notre foi en la nature et en son auteur. C'est l'expression de cette idée que hors de nous, dans l'infini, il y a une chose qui correspond à quelque chose que nous portons en nous, que ce quelque chose est ce qu'il y a en nous de plus fort et de plus noble, et qu'il ne peut trouver de repos que dans la communion avec l'infini qui l'appelle.

Cette vérité-là, ce n'est pas la vérité dont l'Utilitarianisme nous parle. Ce n'est plus un simple mirage du bonheur humain, puisqu'il faudrait en poursuivre l'acquisition, même au prix de tout autre bonheur. Mais je demande ce qui peut, dans les principes qu'il professe, autoriser le positivisme à nous proposer un pareil but. A quel titre peut-il appliquer à la nature les épithètes de sacrée et d'héroïque? à aucun. Toutes ces expressions, appliquées à la nature, n'ont de sens qu'autant qu'elles s'adressent à des êtres conscients d'eux-mêmes.

Or, pour autant que l'observation positiviste peut le constater, en dehors du monde habité, il n'y a point d'êtres conscients. Je demande alors comment et pourquoi les positivistes attribuent à la nature en général des qualités qui, ils le savent, ne conviennent qu'à la nature humaine. Il n'y a à cela que deux explications, qui toutes deux jurent avec leurs principes. De leur part, cette manière d'agir ne peut être qu'un acte d'imagination ou un acte de foi. A s'en tenir à la rigueur de leurs principes fondamentaux, il est aussi absurde de dire que l'univers est sacré, que de dire que la lune parle français.

Mais ne soyons pas si rigoureux; n'appliquons pas à la lettre à l'enseignement positiviste, la loi que lui-même a formulée. Supposons, si l'on veut, que grâce à je ne sais quel mélange de mysticisme et d'imagination, le positivisme puisse voir dans la nature un être moral, bien que difficile à déchiffrer; reste à savoir quelle moralité l'on peut trouver en elle. La nature, telle que l'observation positiviste nous la révèle, nous ne pouvons à aucun titre ni la vénérer ni l'approuver.

Examinez, jugez ce qu'elle fait, d'après les règles de n'importe quelle morale, et, selon l'idée pleine de sens de Stuart-Mill, elle vous fera l'effet d'un monstre.

Il n'y a point de crime commis ou abhorré par les hommes, qu'elle n'accomplisse tous les jours sur une vaste échelle : elle n'a le sentiment ni de la justice, ni de la miséricorde; alors même qu'elle semble tendre, aimante et bienfaisante, ceux qui la connaissent pourraient s'écrier :

> Miseri quibus
> Intentata nites!

Un jour, elle verse sur un pays l'abondance, la paix, la lumière ; un autre jour, elle ensevelit tout dans un tremblement de terre Tantôt elle est la richesse et la prodigalité même, tantôt la pureté même, et parfois elle se montre souillée et repoussante.

S'il faut apprécier ses actes par une règle de morale, la grande puissance qu'elle a pour le bien, ne fait que rendre ses crimes plus odieux, et nous autorise à lui reprocher ses vertus elles-mêmes comme des fautes.

Qu'y a-t-il donc alors de si noble et de si saint dans les rapports avec ce grand coupable ?

Le théiste, lui, croit que la vérité est chose sainte. Mais, pour le croire, il a des raisons que le positiviste a depuis longtemps rejetées. La vérité ne vaut pour lui que parce qu'elle le mène à Dieu, ou bien à ce qui rapproche de Dieu, Dieu avec lequel il est lié par une sorte de parenté, Dieu à l'image duquel il est fait.

La nature, il le voit, est cruelle, tyrannique et inexplicable, si on ne voit qu'elle : mais, derrière la nature, il aperçoit une puissance plus haute, celle d'un Père, dans le sein duquel toutes les contradictions s'effacent et se fondent en une harmonie mystérieuse.

Voilà donc ce qu'il pense de la nature : elle vient de Dieu, mais elle n'est pas Dieu. Alors même que Dieu m'écraserait, dit-il, je ne cesserais pas d'avoir confiance en lui. Cette confiance ne peut naître que de l'acte de foi (1), qui voit Dieu dans la nature.

Mais ni l'observation, ni l'expérience, ni aucune méthode positive quelconque, ne peuvent me donner

(1) L'acte de foi est pris ici par l'auteur dans un sens fort impropre. On comprend ce qu'il veut dire. (*Note du Traducteur*).

un seul motif de confiance. Sans la foi en Dieu, elles la rendraient plutôt impossible.

Ainsi donc, croire à la sainteté de la nature, ou, en d'autres termes, à la valeur absolue de la vérité, c'est faire acte de religion, c'est abjurer le fatras des formules positivistes, aussi bien que croire au *Credo.*

C'est une manière d'affirmer cet article du symbole : « *Je crois en Dieu le Père tout-puissant* ». Le culte de la nature et du vrai et l'article du symbole reposent sur la même base. Mais sans la religion, sans la croyance en Dieu, il n'y a pas de fétichisme plus ridicule que ce culte du vrai.

La question est si importante, que je demande la permission de m'y arrêter un peu. Dans un autre passage de M. Tyndall, cette même question revient, bien que sous un jour un peu différent. Là, M. Tyndall nous parle non plus simplement de la vérité, mais de cet objet sacré, qui plane au-dessus d'elle, et dont elle n'est pour nous que le canal.

« *Deux choses*, disait Emmanuel Kant, *me remplissent d'une terreur religieuse : les cieux étoilés et le sentiment de la responsabilité morale de l'homme. Dans les heures de santé, de force et de raison, après le feu de l'action, quand la réflexion ramène le calme, le chercheur scientifique se sent pénétré par la même terreur. Rompant avec les détails fastidieux d'ici-bas, ce sentiment le fait entrer en rapport avec une puissance mystérieuse qui relève et remplit son existence, mais qu'il ne peut ni analyser ni comprendre.* » Voilà, dit le Dr Tyndall, la seule explication rationnelle de cette « *communion divine* », fait dont la nature a été forcée et profanée par les suppositions gratuites du théisme.

Examinons une à une chacune de ces assertions du Dr Tyndall. Sa connaissance de la nature le met en rapport avec la nature : elle l'élève au-dessus des détails fastidieux de la terre, et lui permet d'entrer en communion avec quelque chose qui est au-dessus de l'humanité !

Que signifie ce mot de communion? ou il n'a pas de sens, ou il faut dire qu'il n'y a communion qu'entre des êtres conscients. Il n'y a pas de communion entre deux cadavres, ni entre un homme vivant et un cadavre. On ne voit pas comment il pourrait y avoir communion entre le Dr Tyndall et un oiseau mort. Dire qu'il y a communion entre deux êtres, c'est dire que ces deux êtres ont quelque chose de commun. Or, qu'y a-t-il de commun entre le Dr Tyndall et les cieux étoilés, ou bien entre le Dr Tyndall et cette puissance dont les cieux étoilés sont l'image sensible? Le Dr Tyndall nous dit qu'il ne sait pas ce qu'il peut y avoir de commun, qu'il n'oserait même pas affirmer qu'il y a quelque chose de commun entre lui et cette puissance (1). Tout ce qu'il sait d'elle, c'est qu'elle est une force immense et uniforme. Mais il semble que la contemplation de ces deux attributs devrait plutôt creuser un abîme entre cette puissance et lui, si petit, si changeant. Je

(1) Quand je m'efforce de donner à la puissance dont je vois la manifestation dans l'univers, une forme objective, personnelle ou autre, elle m'échappe, rebelle à toute étreinte intellectuelle. Je n'ose employer, à son égard, le pronom *Elle*, excepté en poésie. Je n'ose l'appeler un *Esprit;* je me refuse à lui donner le nom de *Cause*. Le mystère de cet être plane au-dessus de moi comme une ombre; mais il détermine un mystère. Tandis que les formes objectives qu'on essaie de lui donner autour de moi, sont une mutilation et un sacrilège. (Tyndall, *Le Matérialisme et ses adversaires*).

sais bien qu'on peut dire qu'il y a entre tous les êtres une union nécessaire; toute unité dans la somme des êtres est unie à ces êtres, puisque, dans un certain sens, tout dépend de tout. Mais cette union n'a rien d'intime. Elle ne nous dit rien. C'est là un fait vulgaire, commun à tous les hommes, qui s'accomplit forcément, qu'on y pense ou non. L'étude de la nature peut nous faire approfondir ce fait, elle ne rendra pas l'union plus étroite, et surtout elle ne fera jamais que cette union soit une communion. En vérité, je ne sais comment les positivistes peuvent nous parler de communion avec la nature; autant vaudrait parler de communion avec une locomotive. Le ciel étoilé, c'est assurément un spectacle imposant; mais un positiviste n'a rien à gagner à ce spectacle, pas plus qu'un commis-voyageur à contempler un Duc qui ferait route avec lui; — et encore, le commis aurait-il quelque chance de se former aux belles manières, si le Duc était un vrai *gentleman*. Mais, dans le panorama de l'univers, le positiviste n'a rien à imiter. Je ne vois que deux côtés par lesquels il puisse se comparer à la nature. Dans la nature, en effet, il y a une force qui nous est révélée par son étude, et une force réglée par une loi. Mais ces forces, que nous révèle l'étude des astres, sont des forces immenses, tandis que la force qu'il découvre en lui-même, est une force limitée; il se considère comme un agent, dont les déterminations sont spontanées; les étoiles sont des forces passives.

Ainsi donc, entre la nature et lui, il n'y a que deux points de comparaison possibles, et ces deux points sont, non des ressemblances, mais des contrastes. Nul doute que le spectacle des cieux étoilés, de ces mondes accumulés, dont la lumière brille et tremble dans le silence, ne produise sur nous une impression de recueillement et de terreur religieuse. Nul doute également qu'un sentiment dont nous ne sommes pas les maîtres, ne relie d'une manière ou d'une autre cette impulsion aux profondeurs de notre être moral; mais tout ceci, à s'en tenir aux principes positivistes, n'est qu'une affaire de sentiment. C'est un fait insignifiant, une impression qui ne repose sur aucun fait objectif, une illusion, un jeu trompeur de la sensibilité. Le ciel, avec ses étoiles, ne nous révèle rien de grand ni de saint; pas plus que Brighton qui, vu la nuit et de la mer, fait l'effet d'une longue bande d'étoiles, qui s'abaissent à l'horizon. Non, l'étude de la nature, l'amour de la vérité, ne peuvent avoir pour le positiviste qu'un résultat, un seul, celui de l'amener, non à la communion avec un pouvoir supérieur, mais à la conviction que cette communion est impossible. Le dévouement à la vérité dont il se targue, la manière même dont il en parle, trahit cette résolution presque désespérée : allons au fond des choses, pour connaître en tout, non le mieux, mais le pire.

Il est donc démontré que, dans cet amour du vrai, dans cette étude passionnée de la nature, où le positivisme se retranche, le principe religieux entre dans une proportion plus forte encore qu'en toute autre chose alléguée par lui, pour faire l'honneur et le charme de la vie, et quand, de cet amour du vrai, on retranche cet élément religieux, on se trouve devant un vide plus irrémédiable qu'en toute autre circonstance.

Tout le système positiviste nous enchaîne à la vie présente. Il a beau faire, son faux mysticisme ne peut rien pour nous élever à une sphère supérieure; nous sommes par lui rivés à cette vie. C'est donc par elle-même qu'il faut juger de la vie. Elle nous suffira ou ne sera qu'une déception, mais il n'y a pas à compter sur autre chose que sur ce qu'elle peut donner.

Eh bien! alors, cette vie, réduite à ses propres ressources, que vaudra-t-elle? Question trop vague et trop générale, pour qu'on puisse y répondre autrement que d'une manière vague et générale. Mais encore est-il qu'on peut répondre avec assez d'assurance.

Une fois pénétré de l'idée positive sur la vie, l'homme deviendra forcément un animal d'ordre inférieur, moins bien doué qu'il ne l'est à présent. Il ne pourra plus souffrir autant; mais, en revanche, il ne pourra pas jouir autant. Imaginez pour lui des circonstances exceptionnelles, supposez le progrès social développé jusqu'à la perfection, et ajoutez que rien ne lui manquera du bonheur qu'il est capable de goûter. Eh bien! même alors, la vie n'aura pas de prix à ses yeux. Elle en aura en tout cas beaucoup moins qu'elle n'en a maintenant aux yeux de beaucoup, qui cependant se trouvent dans des conditions infiniment moins favorables. Point d'illusion donc; le but auquel le progrès purement humain peut nous conduire, ce n'est point cette région indécise, éthérée de gloire et de bonheur, où les facultés et les puissances de l'homme grandissent sans limite. Non, c'est tout simplement un état où, quelle que soit la vie, on pourra toujours dire qu'elle a été mille fois dépassée par des existences plus heureuses, sans que cependant celle-ci même ait dépassé les bornes du vulgaire et du médiocre.

CHAPITRE VII

SUPERSTITION DU POSITIVISME

GLENDOWER
Je puis évoquer les esprits du fond des vastes abîmes.
HOTSPUR
Et moi aussi : Tout homme le peut du reste.
Mais, dis-moi, viendront-ils, si tu les évoques ?
(Henri IV.)

Bien que nous nous soyons renfermé dans des considérations générales et assez vagues, ce que nous avons dit était cependant assez précis, pour toucher à des points assez pratiques. Nous en avons dit assez, en tout cas, pour montrer quel songe-creux c'est que cette vague confiance dans le progrès et dans l'avenir glorieux qui nous attend, cette marotte du positivisme, dont il nous rabat sans cesse les oreilles.

Ce n'est pas que nous blâmions absolument toute confiance dans le progrès... Dans une certaine mesure, ce sentiment est parfaitement raisonnable. La vie est pleine de misères, que le mouvement des événements tend, sinon à supprimer, du moins à atténuer, et, de ce côté, on peut supposer un progrès illimité. Observons seulement que les perfectionnements que ce progrès amène, sont non le bonheur, mais les conditions du bonheur. Du reste, le positivisme n'est pas seul à croire à ce progrès. Tous les hommes éclairés y croient, quelles que soient d'ailleurs leurs opinions religieuses. Ce qui ne se trouve que chez les positivistes, c'est l'étrange corollaire qu'ils déduisent de cette prémisse, à savoir que, dans l'homme, la puissance de jouir suivra la même marche ; c'est la conviction que les jouissances seront, non seulement plus répandues, mais, comme le dit G. Eliot, plus vives et plus intenses. C'est sur cette idée que les positivistes comptent, pour créer cet enthousiasme, cette bienveillance passionnée, dont ils veulent faire le ressort principal de leur morale.

Ils nous ont ôté le ciel chrétien et laissent sans direction nombre d'espérances et d'aspirations, dont l'influence était incalculable. Ces espérances et ces aspirations, on ne peut pas en tenir compte. Ce sont, de leur propre aveu, des nécessités de premier ordre ; ce sont des phénomènes de la nature humaine, sans lesquels il n'y a pas de progrès possible. Une philosophie éclairée n'a qu'une chose à faire : au lieu d'étouffer ces aspirations, il faut les diriger ailleurs, leur assigner un but plus satisfaisant que le but chrétien. Cette nouvelle destinée sera non la gloire de l'individu dans l'autre monde, mais la gloire de notre race dans celui-ci.

Puisque le positivisme entend substituer une nouvelle destinée au ciel chrétien, nous allons examiner les critiques qu'il adresse à la solution chrétienne et les appliquer à sa propre solution.

Le positivisme prétend avoir deux raisons pour

mettre de côté le ciel chrétien. D'abord, dit-il, on ne peut pas démontrer son existence et, en second lieu, la difficulté que nous éprouvons à le concevoir, nous conduit à croire qu'il ne peut pas être. On ne peut ni prouver qu'il n'est, ni se faire une idée de ce qu'il est. Donnez à l'imagination carte blanche, dites-lui de construire un ciel, et alors, ou bien elle renoncera à la tâche, ou elle fera quelque chose d'absurde.

Voici ce que je pense de cette question, dit un auteur contemporain assez populaire (1) : l'idée d'*une énergie glorifiée dans une vie plus large est incompatible avec l'idée scientifique; c'est une idée bientôt évaporée en contradictions et en phrases, qui serrées de près n'ont aucun sens.*

Les positivistes oublient que les critiques qu'ils adressent au ciel chrétien, auraient, si elles signifiaient quelque chose, cent fois raison contre l'avenir glorieux qu'ils rêvent pour l'humanité. Ils demandent aux chrétiens quel bonheur ils pourront trouver au ciel. Les chrétiens peuvent leur demander à leur tour, et avec beaucoup de raison, en quoi consistera ce bonheur qu'ils nous promettent ici-bas. Pour le chrétien, c'est chose convenue que le ciel est l'inconnu, et, par conséquent, en avouant qu'il ne peut le décrire, il ne jette point de discrédit sur ses espérances, puisque sa foi l'avertit que son ciel est un mystère indescriptible. Mais le ciel du positiviste est tout autre chose : c'est un ciel terrestre, et, dans ce système, il n'y a point de place pour la foi, ni pour le mysticisme. Ici, par conséquent, quoi que nous puissions penser du ciel chrétien,

(1) M. Frédéric Harrisson.

il est clair que nous avons des moyens de contrôle absolus et décisifs. Les chrétiens ne peuvent répondre, mais loin d'en rougir, ils peuvent s'en faire gloire, et dire que leur ciel ne serait plus rien, si on pouvait le décrire. Pour les positivistes c'est juste le contraire : s'ils veulent être logiques, ils sont forcés de convenir que leur ciel n'existe pas si on ne peut dire ce qu'il est.

Eh bien ! que nos admirateurs passionnés de l'humanité nous le disent donc une bonne fois : Que sera l'humanité dans son état idéal ? Qu'on nous montre un spécimen de la perfection générale de l'avenir : qu'on nous décrive un de ces hommes de l'avenir ennobli, grandi, glorifié. A quoi ressemblera-t-il et que deviendra-t-il ? A quoi se plaira-t-il ? Comment emploiera-t-il son temps ? Qu'est-ce qui lui causera de la joie ? et j'espère bien qu'on nous dira tout cela en phrases qui *ne s'évaporeront pas* en contradictions, pour peu *qu'on les serre de près*, mais en phrases qui, toutes, auront un *sens précis, et ne seront pas incompatibles avec la pensée scientifique.*

Je voudrais bien savoir si nos savants positifs savent ce qu'ils disent, quand ils nous annoncent l'avenir glorieux. S'ils ne le savent pas, que signifie leur prophétie ? Les prophéties de l'école positiviste ne peuvent être que des déductions rigoureusement scientifiques. Elles sont cela ou elles ne sont rien. Or, il est impossible de conclure par déduction à un événement dont on ignore absolument la nature.

Que nos moralistes positivistes répondent à ces questions, questions qu'ils ont eux-mêmes suggérées, qu'ils le fassent, et on sentira de suite l'absurdité grotesque de cet optimiste insaisissable.

Le moyen âge n'a jamais été témoin de divagations aussi puériles. Le paradis terrestre, que certains hallucinés de cette époque croyaient avoir retrouvé, valait bien le paradis rêvé par nos penseurs positivistes. Et si Georges Eliot croit au second, je ne vois pas pourquoi il ne fréterait pas un navire pour aller à la découverte du premier.

Si ces espérances éblouissantes avaient une base sérieuse, si on pouvait le démontrer, l'humanité pourrait peut-être puiser, dans cette conviction, de l'enthousiasme et du courage, bien qu'il y ait lieu de douter que, même alors, les désirs puissent avoir la puissance d'amener un résultat. Du reste, c'est là une question oiseuse, puisque cet avenir n'est qu'une chimère.

Sans doute, comme nous l'avons dit, nous avons parfaitement raison de compter, même en ce monde, sur certains progrès, non seulement avec confiance, mais avec complaisance; mais le positivisme, au lieu de rendre la perspective plus attrayante, l'assombrit.

Tous les résultats pratiques que peut amener la foi au progrès, nous les avons sous les yeux. Et si les positivistes y regardent de près, ils verront, ce qui n'est pas de nature à les enflammer, que leur système ne peut altérer les résultats obtenus, sinon pour les compromettre.

Comment les positivistes prétendent-ils ajouter à la jouissance de la vie? Par l'idée, disent-ils, que le monde progresse et que moi, je contribue à ce progrès. Eh bien ! c'est une illusion. Prenez le monde tel qu'il est; la conscience qu'il contribue au progrès général, peut être une satisfaction pour un homme d'Etat, placé dans une position exceptionnelle, satisfaction d'ailleurs que rehausse puissamment un sentiment tout différent, celui de la célébrité et du pouvoir. Mais contribuer isolément, fatalement, au progrès, cela ne produit aucun effet sur la plupart des hommes. On peut trouver dans ce sentiment un attrait de plus, pour suivre une inclination; on n'y trouvera jamais la force de dompter une passion. Et en effet, la conviction que toutes choses tendent à s'améliorer, doit nécessairement produire le plus souvent chez l'homme, non l'effort, mais une indifférence qui pousse au repos. Présentée par l'imagination, cette pensée peut parfois charmer et éclairer la vie : mais en faire un ressort, une force pour l'action, ce serait déraisonnable. Autant vaudrait demander à un rayon de soleil de faire mouvoir une locomotive.

Du reste, pour toucher du doigt combien tout ce système est chimérique, il suffit de faire une réflexion, à savoir qu'après tout l'état actuel où nous nous trouvons, serait mille fois plus digne d'enthousiasme, que cet avenir que les positivistes imaginent. Rien ne tient dans ce système. On vous présente le dessin d'une église gothique : à première vue, le monument paraît magnifique; mais un second coup d'œil vous révèle un assemblage d'absurdités : des travaux de maçonnerie qui ne reposent sur rien; des colonnes qui s'appuient à la voûte au lieu de la soutenir; des portes et des fenêtres percées dans des arceaux renversés, voilà le système positiviste. Pour qu'il fût pratique, il faudrait que la nature humaine fût toute différente de ce qu'elle est; mais cette métamorphose, les tendances spontanées de l'humanité ne la présagent point, aucune puissance du monde ne pourrait l'opérer de force, et enfin, il n'y a pas l'ombre d'une raison qui nous donne le droit d'y compter.

Il y a en l'homme deux choses qui, chez lui, sont caractéristiques, et dont le positivisme suppose le développement indéfini. Je veux parler de l'imagination et de l'abnégation.

L'imagination, dit le positivisme, présente à la conscience individuelle le but suprême auquel tout progrès doit tendre, et le désir d'atteindre ce but domine et efface tous les élans égoïstes.

Mais en quoi le but proposé par le positivisme est-il comparable à la joie du ciel? Certes, c'était là une destinée autrement brillante et réelle aux yeux de tous ceux qui ont cru, que tout ce qu'on pourra leur proposer. C'était le cas ou jamais pour l'imagination d'exercer sa puissance : l'a-t-elle fait? non, car il est positif que la pensée du ciel a très peu d'influence sur la vie de ceux qui y croient. Les positivistes eux-mêmes ont constaté ce fait et y reviennent sans cesse; c'est même un de leurs lieux communs.

Croient-ils par hasard que leur idéal effacé, terne, perdu dans ce lointain, fera ce que n'a pu faire l'idée d'un ciel si éblouissant et si rapproché? Comment! il obtiendra des vertus que le ciel ne pouvait pas obtenir? il arrachera les hommes à des vices contre lesquels le feu de l'enfer restait impuissant? Non, je ne le crois pas; avant que pareil chose arrive, il faudra que la nature humaine ait subi une métamorphose complète et que les éléments qui la composent, aient été refondus et mélangés, dans des proportions toutes différentes.

Ce serait assurément un état de choses fort étrange : un homme, dans cette hypothèse, travaillerait mieux pour gagner un sou, dont devrait profiter son petit-fils, lequel ne serait pas même né, que pour toucher à son profit, le soir même, une pièce de vingt francs.

Mais enfin, soit, dans l'intérêt de la discussion, admettons un instant la possibilité d'une telle métamorphose. L'imagination prend de tels développements, que le but suprême du progrès, cet état de bonheur, qui se réalisera au profit de nos neveux, dans quelques centaines d'années d'ici, se dresse sans cesse devant nous, comme une éventualité qui sera notre œuvre. Mais alors se présente une autre difficulté. Ce bonheur des générations futures, qui devient notre but, nous ne pouvons l'assurer qu'au prix du nôtre. Eh bien! je le demande, peut-on raisonnablement attendre de la nature humaine une telle abnégation?

Les positivistes nous assurent que oui, et voici la raison qu'ils en donnent. L'homme, disent-ils, est un animal qui jouit par procuration, presque aussi vivement que s'il le faisait personnellement. Il est plus heureux d'un plaisir plus grand, qu'il procure à d'autres, que d'un plaisir moindre, qu'il s'assurerait à lui-même.

Entendue dans ce sens général, cette proposition, comme nous l'avons vu plus haut, n'est pas entièrement fausse. Nul doute que cette tendance à sacrifier son avantage à celui des autres n'existe au fond du cœur humain; mais se retrouve-t-elle toujours et dans tous les cas? Non, cela dépend entièrement des circonstances. Quel est le tempérament de celui qui doit faire ce sacrifice? Quels sont ses sentiments à l'égard de ceux auxquels son abnégation doit profiter? Quelle proportion y a-t-il entre le plaisir qu'il éprouve et celui qu'il assure aux autres? Autant de questions préalables, qu'il nous faut résoudre avant de répondre.

Or, dans la nature humaine telle qu'elle est, même en supposant réalisés tous les développements que rêve le positivisme, nous ne voyons point les conditions qui pourraient favoriser l'éclosion du désintéressement. Cet avenir, but de nos efforts, même à voir les choses sous le meilleur jour, ne sera jamais que le présent que nous avons, avec quelques misères de moins. On y souffrira peut-être moins, mais en revanche on y trouvera moins de joie; le bonheur qu'il apportera sera moins vif et moins intense.

Une insipide et forte consommation de jouissances matérielles, voilà le mieux qu'on puisse en attendre. Il est à croire que, plus l'imagination nous mettra cet idéal charmant sous les yeux, moins nous serons disposés à lutter, à soupirer, à souffrir pour en hâter la réalisation. En tout cas, on ne voit pas comment cet idéal pourrait propager l'esprit de sacrifice qu'on retrouve encore dans le monde. Le désintéressement est une vertu rare et, bien que parfois il nous étonne, quand il soulève la société et l'agite comme par un spasme subit, il reste l'exception et n'a pas d'influence appréciable sur le présent : comment en aurait-il davantage sur l'avenir?

On ne se réjouit guère du bonheur des autres à son détriment, que lorsque, au prix d'une privation légère, on assure à un autre un avantage considérable. Et encore cela ne suffit-il pas toujours. A égalité d'avantages, on s'abstient.

Aussi bien est-il nécessaire qu'il en soit ainsi : c'est une loi providentielle; autrement, c'en serait fait de toute activité. Ce serait à qui se retirerait, au lieu de marcher en avant. S'imagine-t-on chacun attendant à la porte et disant à son rival : *Après vous, Monsieur?* Mais bah! qu'est-ce que tout cela pour les positivistes? Des considérations pratiques! ils n'en ont cure. Ils vivent dans un monde à part, un monde à eux, où tout est sens dessus dessous. Désormais, dans une élection, le candidat éconduit triomphe du succès de son rival. On lit un testament : le désir anxieux de chacun, ce n'est pas d'hériter lui-même, mais d'apprendre que ses proches ont hérité de ce qui devait lui revenir; ou mieux encore, si le mort n'a pas substitué quelque hôpital à la famille. Deux amants épris de la même femme, soupireront chacun pour le succès de l'autre. Un homme se jettera tête baissée dans une aventure grotesque, insensée, parce qu'il sait que ses amis en font gorge chaude. Il n'y a plus de progrès, plus d'initiative et de marche en avant : la vie n'est plus qu'une course à âne, à reculons, ou à qui perd gagne.

Il suffit de voir les choses dans la pratique de la vie, pour comprendre immédiatement combien sont chimériques les conditions qui, seules, rendent le positivisme possible. De fait, le premier sentiment qu'on éprouve alors, c'est l'étonnement : on reste stupéfait que des idées aussi grotesques aient pu se faire jour dans la tête d'hommes qui se disent sérieux.

Or, voici, si je ne me trompe, l'histoire de la genèse de ces chimères. Les positivistes sont dans le faux, parce qu'ils appuient leurs théories sur des exceptions. Ils ne demandent pas à la nature humaine des éléments qu'elle ne possède pas, mais ils supposent que, dans l'homme, certains éléments seront affaiblis, d'autres complètement éliminés, et d'autres indéfiniment développés. Nous pouvons le supposer, disent-ils, puisque, dans certains cas, cela est arrivé. — Oui, sans doute, le cas s'est présenté, mais vous oubliez les circonstances qui l'ont rendu possible, circonstances qui, par leur nature même, étaient exceptionnelles et passagères, et vous ne pouvez pas construire votre utopie sur des exceptions, qui peut-être ne se représenteront jamais.

Oui, sans doute, Léonidas et ses trois cents compagnons montrent jusqu'où peut s'élever l'héroïsme humain, et chez les stoïciens, nous voyons à quel point l'homme peut se maîtriser. Mais, encore une fois, ce sont là des faits exceptionnels, nés de circonstances exceptionnelles. Pour faire revivre les Thermopyles, il faut une patrie envahie par de nouveaux barbares; la résignation et le mépris du plaisir, qu'on vante chez les stoïciens, n'étaient souvent dictés que par le désespoir de ne pouvoir jouir de la vie sous des monstres comme Tibère ou Néron : quand le plaisir coûte si cher, on s'en détache facilement.

L'héroïsme de Léonidas et le stoïcisme ne sont, par leur nature, que des exceptions. Il est absurde de supposer que le commun des hommes puisse se former sur ce type. Autant vaudrait supposer que tous les hommes peuvent devenir rois.

Ces exemples ne prouvent donc rien. J'en dirai autant d'une parabole familière aux positivistes, celle de l'avare.

L'avare commence par désirer l'or, pour acheter le plaisir; puis il s'attache à l'or plus qu'au plaisir dont il est l'instrument; de même, disent les positivistes, on arrive à donner à la vertu tous les charmes de la fin dont elle est le moyen et à la désirer pour elle-même.

Malheureusement, cette parabole prouve juste le contraire de ce qu'elle devrait prouver. Que veut-on démontrer? Qu'il est possible d'arriver à préférer les actes qui ont pour but le plaisir des autres à ceux qui ont pour but notre propre plaisir? Mais alors, la comparaison de l'avare est on ne peut plus mal choisie; car si l'avare aime l'or, c'est par un calcul d'égoïsme, et non par un calcul de philanthropie. En second lieu, si nous donnions la préférence aux actes désintéressés, ce serait parce que nous y trouverions plus de bonheur. Or l'avare se réduit à la misère. Troisièmement, l'avare est une exception et restera toujours une exception : l'avare moral, qui ramasserait pour les autres, ne sera de même qu'un phénomène passager. Si ces sortes d'anomalies sont rares, dans l'état présent des choses, combien le seront-elles davantage, quand toutes les facultés auront été mutilées par le positivisme, quand les jouissances de la vertu seront moins vives, quand, par conséquent, la valeur de cet or-là sera fort dépréciée.

Nous n'avons pas tout dit, mais nous en avons dit assez, pour établir clairement que, pour introduire le positivisme dans la vie pratique, il faut un changement radical dans toute la nature de l'homme, et, en second lieu, que ce changement est une chimère, un rêve irréalisable.

Supposé même que cette métamorphose puisse s'opérer, les résultats n'en seraient pas brillants; mais, brillants ou non, qu'importe après tout, puisque la chose est impossible. Il est absolument inutile de discuter sur ce qui peut résulter de circonstances irréalisables. Autant vaudrait nous dire avec quelle vitesse nous pourrions voyager, si nous avions des ailes, ou quelle hauteur d'eau nous pourrions traverser, si nous avions vingt-quatre pieds de haut.

Les suppositions sur lesquelles s'appuient les positivistes sont tout aussi fantastiques. Entre la nature humaine telle qu'elle est, et la nature qu'ils rêvent, il y a un large fleuve sans fond ni gué, et sur lequel on ne peut jeter de pont. Or il faut, pour que leur théorie se réalise, que nous le franchissions au vol ou à pied, ou bien que le fleuve se dessèche. Mais

> Rusticus expectat dum defluat amnis, at ille
> Labitur et labetur in omne volubilis œvum.

En vérité, toute cette théorie positiviste du progrès a quelque chose de si chimérique et de si grotesque, qu'on a peine à croire qu'elle soit le produit d'un siècle comme le nôtre. Cela seul est un prodige, presque un miracle. Elle se vante d'être faite à l'image du siècle et d'avoir pour traits saillants les qualités qui forment le caractère distinctif de notre temps, et, de fait, elle en reste le contre-pied. Elle fait profession de ne s'appuyer que sur les faits, et il n'y eut jamais de légende qui rompit davantage en visière avec les faits. Elle affecte de ne marcher que preuves en main, et jamais charlatan ne fit plus appel à l'aveugle crédulité.

Pour comprendre comment ce système a pu se faire jour et pour saisir sa vraie portée, il faut étudier les penseurs qui l'ont élaboré et popularisé. Chez la plupart, chez les femmes comme chez les hommes, on retrouve les traits suivants : une éducation première religieuse (1); des dispositions naturelles graves et sérieuses; pas de fortes passions, peu de connaissance du monde; une intelligence active et vigoureuse. Enfin, comme dernier trait, ils ont abjuré dans leur maturité une religion qui a continué à colorer toutes leurs pensées. Et voici quel a été le résultat du travail intérieur qui s'est opéré en eux. A la mort dans leur âme de toute idée religieuse, une foule d'émotions morales se sont trouvées chez eux sans objet, et, dans ce désordre, les énergies de leur âme sont à l'abandon et sans guide. Il leur faut un objet. Les voilà, nouveaux don Quichotte, à la recherche d'une Dulcinée. Ce qu'ils ont trouvé de mieux, c'est le bonheur et le progrès de l'humanité. A l'instant, leur imagination revêt cet objet nouveau des couleurs voulues. Avec leur intelligence pénétrante, leur activité, leur culture littéraire, ils ont bientôt fait de donner un corps au système, soutenus qu'ils sont par la persuasion qu'ils connaissent le monde, tandis qu'ils l'ignorent absolument. Ils se sont imaginé que, dans leur petite existence, avec son cercle étroit, ses petites tentations, ses ambitions et le caractère de l'humanité, un objet qui a été créé par leurs aspirations en désarroi fera naître dans les autres des aspirations semblables aux leurs. Ils espèrent que ce qui n'a été que le signe et le symbole de la révolution morale qui s'est

(1) Au premier abord, J.-S. Mill semble faire exception. Mais il rentre cependant dans la règle générale. Bien qu'il eut été élevé en dehors de tout enseignement religieux, le sérieux et l'austérité des mœurs qui entourèrent son enfance étaient des influences dues à un pays profondément religieux et qu'il n'aurait pas rencontrées ailleurs. Le fait est qu'il fut élevé dans l'atmosphère d'un puritanisme qui, s'il n'était pas chrétien, était tout imbu de christianisme.

opérée en eux métamorphosera et bouleversera la nature de l'humanité entière.

La plupart de nos moralistes positivistes, en Angleterre du moins, ont été et sont encore des hommes si honorables et animés d'intentions si sincères et si élevées, qu'il nous serait pénible de leur faire un reproche d'une ignorance dont ils ne sont point responsables, et qui leur fait une position ridicule. Nous en sommes désolé, mais nous ne pouvons éviter de dire ce que nous en pensons, parce qu'il est impossible de se rendre compte du système, si on ne sait à quel point ces hommes se méprennent sur la nature humaine.

On dira peut-être que, chez des réformateurs, cette ignorance du monde est plutôt une exigence de leur rôle. Je réponds que, pour certains moralistes, cette ignorance peut être, en effet, une nécessité de position, mais que chez un positiviste, elle est une contradiction manifeste. Pour instruire les hommes, le moraliste religieux n'a pas besoin de connaître le monde, ses intrigues et ses passions, car il se propose surtout de détacher les âmes du monde. Mais le moraliste positiviste se propose tout le contraire : il vise à retenir les âmes dans le monde, et il prêche non le mépris, mais le culte et l'adoration de la vie présente. Les deux moralistes sont donc aux antipodes. Pour l'un, la terre est une illusion, et il n'y a de réalité que le ciel ; pour le positiviste, c'est la terre qui est la réalité et le ciel l'illusion. Le premier, dans sa solitude, consacre toute son énergie à étudier ce monde, qui, pour lui, est le monde réel, et son isolement même assure le succès de son étude. Comme lui, le positiviste laisse de côté ce qu'il regarde comme une illusion, mais il se garde bien d'étudier comme lui ce qu'il considère comme la seule réalité. Aussi bien le monde où le positiviste vit et qui seul pourrait se prêter à l'application de ses principes, est un monde à part, créé par son imagination, peuplé par des êtres de fantaisie, qui n'ont ni chair ni os.

Quand on réfléchit à ces choses et quand on se met à la place de ces pauvres illuminés, le système positiviste se présente sous son vrai jour, et l'incroyable infatuation de ces rêveurs paraît moins incompréhensible et moins inexcusable. On voit alors clairement que leur système ne signifie rien, ou que s'il signifie quelque chose, c'est une chose que les créateurs du positivisme ont déjà désavouée; seulement, ils ne s'aperçoivent pas en ce moment de cette contradiction, parce qu'ils ont changé les termes. On comprend que ce système n'a pas de ressort moral, ou que, s'il en a un, ce ressort n'est autre chose qu'une croyance enfermée au fond d'un sac sans vie et sans influence; qu'en un mot, ce système n'est rien, ou que, s'il est quelque chose, il n'est que la reproduction mutilée du système qu'il prétend remplacer. Otez-lui ce fond, auquel il n'a pas droit, rétablissez les propositions sur leurs bases naturelles, et, à l'instant, vous verrez tout cet édifice quasi-religieux, avec ses espérances imaginaires, avec ses enthousiasmes forcés, avec tout son appareil compliqué, inventé pour rendre la vie plus large et pour faire croire à la génération actuelle qu'elle vit dans l'avenir, vous verrez, dis-je, tout cela s'écrouler comme un château de cartes.

Nous resterons alors chacun renfermé dans sa vie privée, au milieu d'autres existences, vie sans doute élargie par la sympathie de ceux qui nous entourent, ce sentiment délicat et charmant dont nous connaissons tous les limites étroites, et que le positivisme ne peut que restreindre. Nous resterons, dis-je, en présence de notre vie telle qu'elle est, et à laquelle le positivisme aura beaucoup enlevé, sans rien ajouter. Une vie fade et terne, qui ne peut ni captiver ni passionner, sans grandes joies comme sans grandes douleurs. A ce compte-là, si l'on veut, le positivisme est un changement : il inaugure une vie nouvelle, mais c'est l'ère d'un progrès monstrueux. Ce progrès, c'est la vie dépouillée de tout élément religieux : c'est la vie jetée dans un creuset, et soumise à un travail lent qui fait évaporer toutes les notions théistes qu'elle recèle, tout ce qui soutient la civilisation morale. Laissez faire ce progrès, et dans les âmes usées et blasées, incapables désormais de jouir comme de souffrir beaucoup, vous verrez s'éteindre avec tout ce que j'ai mentionné plus haut, ce sentiment étrange qui est comme un tissu merveilleux de tout ce qu'il y a en l'homme de noble et de lumineux, je veux dire, le sentiment vague, mais profond de notre dignité, ce sentiment qui est comme notre droit de naissance et que rien ne peut nous faire perdre que de notre propre choix, ce sentiment qui nous retient dans le succès et nous contient dans le malheur, ce sentiment qui perce dans l'attitude et dans la physionomie, ce sentiment, enfin, qui n'est, après tout, que la conviction profondément sentie que la vie a par elle-même une valeur et une importance réelles.

A ce sentiment en succédera un autre, celui que la vie ne vaut qu'accidentellement, par les plaisirs que chacun peut se procurer; que cette valeur peut se mesurer, comme toute chose qui se pèse et se touche ; qu'elle peut monter avec la fortune et descendre avec la pauvreté.

Comment décrire un pareil état? Cela est impossible. Essayons cependant de nous en faire une idée. Ce ne serait ni la licence sauvage, ni la dépravation qui révolte ; il va sans dire, pourtant, que la porte serait largement ouverte à des crimes, que nous considérons comme abominables. Mais on n'en rougirait pas. Les principales passions qui se disputent maintenant le cœur humain continueraient à jouer le premier rôle. Je crois pourtant que, dans un état de choses où tous les vices seraient autorisés, où aucun ne serait plus un objet d'anathèmes, l'attrait pour les plaisirs de l'amour serait moins violent.

Le monde marcherait plutôt au radicalisme qu'à la dépravation. Il y a longtemps qu'un poète qu'on croirait presque inspiré dans cette circonstance, Pope, avait prédit l'état lamentable que le positivisme nous promet, et auquel il nous achemine dès maintenant.

« *L'heure fatale qui nivelle tout arrive. La muse cède à ce pouvoir irrésistible. Elle vient! Elle vient! Voyez le trône redoutable et sombre de la nuit originelle du vieux chaos. Devant elle s'évanouissent les nuages riants de la fantaisie avec leurs teintes aux sept couleurs. L'esprit qui brille tombe comme un météore, expire comme un éclair. Les unes après les autres, les étoiles s'éteignent, comme les yeux d'Argus qui, sous le charme de la baguette de Mercure, se fermèrent pour toujours. Ainsi, qu'à son approche, sous son influence secrète, les arts disparaissent l'un après l'autre, et bientôt tout est nuit. Interdite, la vérité retourne à son puits. La tête ensevelie sous une* montagne de subtilités de casuistes, la philosophie, qui naguère s'inspirait du ciel, se renferme dans les causes secondes et se suicide. La physique se fait défendre par la métaphysique, et celle-ci, par l'expérience des sens. Le mystère demande l'appui des mathématiques. Vains efforts, tous jettent un regard mourant, perdent la tête, déraisonnent et meurent. La religion honteuse, désespérée, voile ses feux sacrés, et, sans en avoir conscience, la morale rend le dernier soupir. Toute flamme est éteinte ou n'ose se montrer; l'âme humaine ne jette plus une étincelle, et on ne voit plus briller l'éclair divin. Allons, chaos, ton lugubre empire est rétabli, la lumière succombe sous le poids de la parole. Ta main, ô Anarchie, laisse tomber le rideau, et tout demeure enseveli dans la nuit. »

CHAPITRE VIII

CE QUI ARRIVERA

> *Ce n'est point des étoiles que je m'inspire pour juger... Je ne puis pas dire quel sera le sort de minutes fugitives.*
> (Shakespeare, Sonnet XIV).

Beaucoup de mes lecteurs croiront peut-être, en me lisant, que le tableau que j'ai tracé du progrès positiviste est une œuvre de fantaisie, assombrie à plaisir; que de tels malheurs sont impossibles. Cet avenir de gloire, que le positivisme annonce à l'humanité, est un rêve, dira-t-on, n'en parlons plus; mais la décadence dont vous nous menacez est tout aussi chimérique. L'optimisme du positivisme était peut-être trop confiant; c'était l'exubérance de la santé; le pessimisme est quelque chose de pire encore : c'est le rêve maladif d'une âme qui sombre.

Il faut avouer qu'il y a en tout ceci beaucoup de vrai : l'avenir que j'ai décrit est irréalisable, impossible; soit, je suis de cet avis. Le pessimisme est le cri d'une âme qui s'abandonne et se trahit elle-même; soit encore. Mais de ces deux aveux, je tire une conclusion toute différente de celle qu'on en tire d'ordinaire.

Au lieu d'en inférer que le pessimisme décrit par moi ne vaut pas la peine qu'on s'y arrête, je prétends y trouver une raison de plus de l'examiner de près. Voilà ce qu'il importe de bien comprendre; comme, sur ce point, les malentendus seraient faciles, je vais essayer de m'expliquer aussi clairement que possible.

Au sens populaire du mot, qui dit pessimisme, dit certain système de philosophie, certaine manière de prendre la vie, qui trouve dans son nom même sa condamnation. Mais le bon sens populaire oublie une chose capitale, c'est que ce mot de pessimisme est par lui-même fort vague et peut représenter plus d'un système de philosophie. Avant de le jeter par dessus bord, peut-être serait-il bon de voir quel en est le sens exact.

On peut distinguer plusieurs sortes de pessimismes : il y a le pessimisme qui critique ce qui est et le pessimisme qui désespère de l'avenir. Le premier soutient que la vie est essentiellement mauvaise; l'autre que, quoi qu'on puisse penser de la vie maintenant, elle tend à empirer plutôt qu'à s'améliorer. L'un nie le bonheur actuel, l'autre l'espérance même du bonheur.

Mais cette classification n'est pas complète. Il y en a une seconde, qui croise pour ainsi dire la première; car le pessimisme peut être absolu et hypothétique.

Le pessimisme absolu maintient comme un fait sans condition qu'il faut désespérer du présent et de l'avenir Le pessimisme conditionnel ne le maintient que comme un fait conditionnel, qui se réaliserait dans certaines circonstances possibles, quoique peut-être éloignées.

Le pessimisme absolu, qu'il s'occupe du présent ou de l'avenir, ne peut être que le fait d'un caractère atroce ou d'un fou. Je ne sais rien de plus pitoyable que de voir comme on l'a vu parfois, des hommes d'esprit perdre leur talent à déduire de la nature même de la souffrance et du plaisir que, dans la vie, la douleur doit nécessairement l'emporter, et que l'existence est fatalement et toujours un mal. On a beau raffiner et aiguiser des raisonnements, il suffit d'une bouffée d'air pour les déchirer comme des toiles d'araignée. J'en dirai autant de ces prédictions qui nous annoncent invariablement un effroyable avenir; où elles ne signifient rien, ou elles ne sont que des conjectures sans valeur suggérées par le découragement ou aussi par le désenchantement. Elles n'ont absolument aucune valeur scientifique ni philosophique, et bien que, littérairement parlant, elles puissent avoir quelque mérite, comme expression de certaines dispositions qui ont toujours existé au fond de la nature humaine; elles ne donneront jamais, à qui ne l'aurait pas d'ailleurs, une conviction.

Aucune philosophie ne peut avoir la prétention de prédire l'histoire; il faut pour cela une inspiration surnaturelle qui, d'ordinaire, est refusée à l'homme, ou une sagacité absolument surhumaine.

Beaucoup plus modeste, le pessimisme conditionnel diffère absolument de ces systèmes. Il n'a pas la folle prétention d'émettre des propositions générales, qui embrassent le présent et l'avenir; il ne fait qu'expliquer ce qui a été dit par d'autres, sans dire ce qu'il en pense lui-même. Il s'occupe d'un changement dans les croyances, que plusieurs annoncent avec assurance; mais il ne dit pas que ce changement aura lieu. Il dit seulement que, si cette prédiction se réalise, alors s'opérera dans la vie humaine une révolution que personne ne soupçonne. Il prétend que, si le *Credo* du positivisme prévaut, la vie humaine perdra beaucoup. Mais il n'a garde d'affirmer que ce *Credo* prévaudra, il a même solennellement déclaré qu'il n'avait été, jusqu'ici, pleinement accepté par personne.

L'école positiviste se vante d'être la seule à comprendre la vie. Ses appréciations, dit-elle, s'appuient sur le roc des faits et non sur le sable mouvant des sentiments. Voilà la philosophie définitive, la philosophie qui ne doit finir qu'avec l'homme et qui, bientôt, enterrera toutes les autres philosophies.

On le voit, ce sont les positivistes qui font ici les prophètes, ce n'est pas moi. J'ai voulu, non confirmer leurs prédictions, mais en préciser le sens; plus nous avons de raisons de ne pas y croire, plus mon analyse vient à propos.

On nous dira peut-être : Si les prophéties du positivisme portent à faux, pourquoi vous en préoccupez-vous? — Parce que, répondrai-je, je ne puis pas ne pas me préoccuper de mon temps. Quel que soit l'avenir du positivisme, quelque persuadés que nous soyons qu'à la longue, le monde lui échappera, son influence actuelle et les effets qui en résultent sont des faits que nous ne pouvons pas négliger. Peut-être la vie humaine n'en viendra-t-elle jamais aux extrémités que j'ai décrites comme l'effet immanquable du positivisme, de cette philosophie que notre siècle veut appeler la seule appréciation rationnelle des choses; mais, pour n'être pas complète et irrémédiable, la décadence n'en est pas moins un fait. Il n'y a qu'à ouvrir les yeux pour s'en assurer; on ne voit pas bien par quelle route on y arrive, ou, si on le voit, on se trompe absolument sur la direction que prend cette route; mais, au lieu de nous rassurer, cette illusion ne fait que redoubler le danger; c'est même là ce qui nous fait un devoir de traiter sans ménagements l'optimisme du positivisme, parce qu'il jette un nuage menteur sur la réalité, parce qu'il cache son jeu et opère sans en avoir l'air cette révolution qui, à l'en croire, est impossible; parce qu'il agit comme le chloroforme, qui, au lieu de guérir un mal, nous empêche de ressentir ses symptômes les plus alarmants.

Sans doute, pour se rendre compte de l'état des choses, il faut un petit effort. Mais, coûte que coûte, il faut y arriver, et, après tout, ce n'est pas bien difficile. Pour peu qu'on veuille se rappeler ce qu'on a vu et observer avec soin, on ne peut manquer d'ouvrir les yeux.

Alors se révèle à nos regards un spectacle vraiment effrayant : plus on le contemple avec impartialité, plus on est hors de soi.

Constatons d'abord deux faits notoires :

Le premier, c'est que, dans le monde entier, nous voyons se propager la négation des dogmes religieux la plus radicale qu'on ait vue jusqu'ici; et le second, c'est qu'en dépit de cette négation spéculative, et là même où elle a fait le plus de ravages, on voit survivre encore intacte une grande partie de la conscience morale. Oui, mais dans quel état survit-elle? Ici on se fait illusion et on ne se rend pas compte de l'état moral où sont les âmes qui ont encore des convictions. Ce sont de vaillants soldats, jamais ils ne se sont mieux battus; mais sous leur uniforme ils cachent une blessure mortelle, que personne n'a vue.

Vous vous rassurez à la vue de ces incrédules à hautes aspirations, vous croyez que c'est là un signe des temps, et des meilleurs. Eh bien! vous vous trompez : c'est tout le contraire qui est la vérité.

Ce qui fait qu'on ne s'est point rendu compte de l'état réel de ces intelligences, c'est que, par la force même des choses, elles étaient portées au silence, et ne pouvaient que difficilement trouver des interprètes. Deux catégories d'hommes, les seuls qui eussent quelque intérêt à les étudier, étaient précisément hors d'état de les comprendre et disposés à tout mal interpréter. C'étaient les champions du théisme et les visionnaires du positivisme. Les premiers, ennemis jurés des principes positivistes; les seconds, incapables de discerner quels seraient les résultats de ces principes.

Or ceux dont nous nous occupons en ce moment ne s'accordent ni avec les premiers ni avec les seconds; ou bien, s'ils s'accordent avec les uns sur un point isolé, sur l'ensemble, ils ne s'entendent ni avec les uns ni avec les autres.

Ils disent, avec les positivistes que toute croyance religieuse est fausse; et ils conviennent, avec les théistes, que l'irréligion est un fléau. La merveille, après cela, qu'ils aient renfermé dans leur âme le secret de leur état! Presque tous ceux qui se sont occupés d'eux au moins publiquement, étaient des hommes absolus, tranchants, qui n'admettaient pas qu'il pût y avoir de vérité que ce qu'ils prêchaient eux-mêmes comme vrai, et qui, d'un autre côté, condamnaient sans restriction comme fausses, toutes les théories dont ils déploraient les effets. Quant à ceux dont les doctrines morales sont en lutte avec leurs convictions intellectuelles, ils n'ont ni courage pour affirmer les premières, ni point d'appui pour étayer les secondes. Tout ce qu'ils peuvent faire, c'est de lutter intérieurement et de souffrir en silence.

Je vais leur demander la permission de forcer leur consigne et, quand je devrais leur paraître impitoyable, de m'assurer de l'état réel de leur âme. Car ces hommes-là sont le vrai produit de notre siècle; ils en forment le trait saillant, ils sont les premiers fruits de ce qu'on appelle la philosophie éclairée de l'avenir.

Avant tout, rappelons-nous ce qu'étaient ces hommes, quand ils étaient encore chrétiens : cela nous aidera à comprendre ce qu'ils sont maintenant.

Ils croyaient alors à l'importance suprême, aux solennelles alternatives de la vie; ils croyaient que la vie, en dépit des souffrances qui l'assiègent ici-bas, est une grande grâce.

Ils avaient un code moral qui devait les conduire à leur destinée, à une existence heureuse, excellente au delà de tout ce que l'imagination peut se figurer. A côté de ces espérances magnifiques, l'alternative d'une catastrophe proportionnée, pour y puiser l'énergie dans la lutte contre le mal; et Dieu, toujours présent, les aidait, les entendait, les prenait en pitié.

Et pourtant, au milieu de tous ces secours, les âmes les plus héroïques étaient sans cesse tentées de céder à l'égoïsme, et les plus forts finissaient par se lasser.

Quelles luttes! quels efforts pour ne pas succomber! Ce combat de l'homme contre lui-même est devenu un lieu commun : les tentations de l'âme, leur longueur, leur violence, la subtilité des raisons qu'elles font valoir, tout cela a été dit et redit. Satan, le grand tentateur, séduit les âmes et les fascine d'une manière presque irrésistible; à force de subtilités, il efface la ligne qui sépare le bien du mal, il fait entendre que la violence même de la souffrance et du sacrifice fait que le mal n'est plus le mal, et surtout, comme au premier jour, il répète : *Vous ne mourrez pas!*

Eh bien! je le demande, que peuvent devenir maintenant des hommes qui, assiégés par les mêmes tentations, n'ont plus ni enfer pour les effrayer, ni ciel pour les attirer, ni Dieu pour les aider, quand, de tous côtés, on leur répète, comme des vérités universellement reçues, toutes ces mauvaises raisons qu'eux-mêmes autrefois attribuaient au père du mensonge?

Jusqu'ici le résultat a, je l'avoue, déconcerté toutes les prévisions. Les forces morales ont disparu, mais l'impulsion morale imprimée par elles a survécu. Il est arrivé de là que, très souvent, il n'y a pas eu dans la vie pratique de changement appréciable. Mais, je dois le dire, ceci n'est vrai que d'hommes d'un certain âge, chez qui les habitudes de vertu ne sont pas enracinées, et qui, par leur âge, par leur position et par les circonstances de leur vie, sont à l'abri des tentations violentes.

Pour voir le positivisme à l'œuvre, il faut l'étudier chez des hommes plus jeunes, chez qui le caractère est moins formé, dont la carrière n'est pas encore dessinée, et qui sont plus accessibles à la tentation. Nous trouverons chez eux, comme chez les autres, un sentiment très vif de la vertu et un désir peut-être plus passionné de la pratiquer; mais les ravages que fera chez eux le positivisme seront bien autrement sensibles.

Le positivisme prétend que ces jeunes gens ont tout ce qu'il faut pour rester vertueux. Ils ont encore la conscience, le jugement moral et religieux (abstraction faite de Dieu et ne considérant que l'énoncé pratique de ce jugement). Le jugement a été analysé, mais non pas détruit par la science. On a changé la base sur laquelle il s'appuie, mais il n'y a rien de perdu : on a substitué les faits à la superstition.

Stuart-Mill dit à ce sujet que, lorsqu'il eut appris de quoi se composent les nuages brillants qu'on aperçoit au coucher du soleil, il ne les admira pas moins pour cela. Ce qui prouve, dit-il, qu'il ne faut pas avoir peur de l'analyse scientifique. De même, dit le positivisme, l'analyse de la conscience ne lui enlève rien.

Eh bien ! ce n'est là qu'un sophisme, et je n'en connais pas de plus creux. Oui, sans doute, la conscience peut, au moins pendant quelque temps, faire entendre sa voix, en dépit de toutes les analyses du monde; elle peut, aussi clairement qu'auparavant, approuver ou menacer; mais qu'importe pour la question qui nous occupe! La valeur de la conscience vient, non de ce qu'elle dit, mais de l'autorité avec laquelle elle le dit. Son autorité récusée, elle peut réclamer encore et nous inquiéter, mais elle ne nous dirige plus. Or, dans le cas présent, si la conscience parle encore, après l'analyse qu'en a faite le positivisme, son autorité est morte. Jusqu'ici elle approuvait ou elle menaçait; mais, de grâce, que peuvent être désormais ses menaces, d'après les principes du positivisme, que de grands mots, qui ne font de mal à personne? Et dès que la conscience ne sera plus qu'un mot, il ne faut plus compter sur elle; car, enfin, son influence ne dépend pas de ce qu'on dit, mais des convictions personnelles. Une jeune fille a peur de venir à un rendez-vous la nuit, parce qu'elle croit le jardin infesté par un esprit pleureur; mais elle y accourt dès qu'elle découvre que ce qu'elle a entendu, c'étaient non les plaintes d'une âme en peine, mais les miaulements d'un chat.

Je reviens à ces jeunes gens, pour qui la conscience est désormais une voix sans autorité. Son verdict pourra bien encore relever et ennoblir leurs velléités de vertu, mais il sera désormais impuissant à les soutenir dans la lutte contre les désirs vicieux de la nature. J'ajouterai même que, plus ils auront d'intelligence, plus la conscience aura de peine à se faire entendre. Et, en effet, chaque fois qu'un homme est fortement tenté de faire la nuit dans son âme, inévitablement, on le verra se demander pourquoi il croit au mal, et s'il n'essaie pas de secouer le joug de ses convictions avant qu'il n'ait succombé, il ne manquera pas de le faire après. A moins donc de supposer que ces jeunes gens ne sont pas faits comme nous, ou bien à moins de croire que toutes nos observations nous trompent, on peut décrire ainsi l'état de leur âme : la surface est calme, mais, à l'intérieur, quelles contradictions! quelle guerre! et j'ajouterai, bien qu'ils soient les seuls à pouvoir le constater, quelle décadence continue! On succombe plus ou moins aux tentations, cela arrive à tout homme dans la force de l'âge; la conscience s'alarme et s'indigne, mais elle n'a plus d'autorité pour se faire obéir; leur sentiment, leur instinct leur dit qu'elle a raison, mais les théories qu'ils se sont faites leur disent qu'elle se trompe; ils voudraient qu'elle pût les obliger à lui obéir, et, en même temps, ils se disent qu'il n'y a plus d'obligation. La raison qui était au service de la conscience a passé à celui des passions : elle est devenue la tribune aux passions; toutes prennent la voie de la raison pour lui crier : N'obéis pas à ta conscience! Sans cesse, la philosophie leur répète que ce que dit la conscience n'est pas vrai;

> Qu'elle n'est ni la voix d'un pouvoir supérieur, ni la voix de la nature.

Ils ne peuvent s'empêcher de rougir de leur sujétion, et de se dire à eux-mêmes :

> Serais-je donc dominé par ce qui n'est, je le sais,
> qu'une jonglerie éclose dans mon cerveau !

Chez eux, la conscience n'est pas étouffée, mais elle est détrônée : c'est un prétendant en fuite. Tout ce qui en eux réclame la réintégration de la conscience n'est plus qu'une velléité déplorable, ennemie de la raison, et, du reste, complètement impuissante :

> Invalidasque tibi tendens, heu! non tua, palmas.

Il n'y a plus d'appel possible à ce pouvoir qui respire encore, mais qui a totalement abdiqué. Ce n'est plus qu'un monarque découronné, réduit à se tordre les mains en face d'une révolution victorieuse : une fois la tempête passée, quand les passions se taisent et que la vie est rentrée dans son lit, il vient d'un air humble et timide donner son avis et, désormais déshonoré, bénit ses sujets d'une main défaillante.

J'appelle cet état d'âme une phthisie morale. Pendant longtemps, le mal couve, les symptômes en sont d'abord subtils et cachés; il ne tue pas immédiatement. Pendant longtemps, même pendant plusieurs générations, il ne semble pas fatal, mais il se transmet de père en fils, et bien qu'il avance lentement, encore est-il qu'il avance. Il a beau animer le visage, et lui donner un charme mélancolique, il tue! il tue! Il n'agit pas sur toutes les constitutions de la même manière, il se révèle au patient dans des circonstances très différentes, et l'observateur le reconnaît à des symptômes qui varient beaucoup. J'ai décrit les germes du mal; mais, selon les individus, il prend une forme ou une autre. Souvent il garde celle que j'ai décrite, plus souvent encore il se manifeste non pas tant par la défaillance d'une âme qui cède au vice, bien qu'à regret, et parce qu'elle n'a plus la force de lutter, que par la tristesse et par le découragement dans la pratique de la vertu, à ces heures si lourdes de souffrance intime et de rapports difficiles; ou bien encore par l'indifférence où nous laisse la lutte, même quand elle est victorieuse.

Mais le premier symptôme de tous, celui qui est peut-être le plus répandu, nous le rencontrons, non dans la vie personnelle de chacun, mais dans la manière dont chacun apprécie la vie des autres.

Grâce à leur désir habituel de faire le bien, à la haine qu'ils portent au vice, certains hommes n'ont pas encore rompu avec leur conscience : elle n'a pas eu à rougir d'eux. Mais il leur suffit de jeter un regard sur la société, pour comprendre tout ce qu'il y a de précaire dans cet état d'âme. Les crimes dont ils ont eux-mêmes horreur, ils les voient constamment commis autour d'eux, et force leur est de reconnaître qu'ils ne peuvent raisonnablement exiger que ces crimes soient accueillis avec la réprobation qu'ils méritent. Ils sentent qu'il leur est impossible de prononcer une condamnation générale, de faire prévaloir dans les autres la loi qu'ils se sont faite à eux-mêmes. Tout autour d'eux, les nuances morales se sont effacées : on ne distingue plus le bien du mal, et par l'attitude qu'ils prennent à l'égard du monde qui les entoure, ils peuvent augurer déjà ce qui se passera demain au dedans d'eux-mêmes. Cet état d'âme n'est pas un rêve; c'est une réalité, une maladie de ce monde moderne, de notre génération, qui ne peut échapper à celui qui se donne la peine de l'étudier. A chaque instant, elle se trahit dans la vie parlementaire.

Voilà donc où en est cette classe d'hommes, toujours plus nombreuse, qui commence à se ressentir du travail des idées positivistes; car c'est là, dans le public, qu'il faut étudier l'action du positivisme, et non dans les cercles plus restreints. Ce n'est ni chez les professeurs, ni chez les conférenciers, ni dans les discours spécialistes, qu'on peut prendre sur le fait l'influence désastreuse de ce système; mais dans la foule affairée qui nous entoure, chez les politiques, les artistes, les sportmen, les hommes d'affaires, que dis-je ! chez les amants, dans les grands courants de la vie, dans le tourbillon des affaires, parmi ceux qui ont leur chemin à faire et qui sont obligés de faire chaque jour la part du plaisir et du renoncement, tous gens auxquels on a inculqué les principes du positivisme, et qui n'ont ni le temps ni le talent d'en chercher de meilleurs. Voilà le milieu où il faut étudier les ravages du positivisme, et encore choisirais-je de préférence, non les âmes portées par nature à la licence, mais celles qui aiment passionnément l'ordre et la loi.

J'ai décrit tout à l'heure l'état de ces âmes d'élite.

On les reconnaît aux symptômes suivants : des remords impuissants, l'estime de la vertu, mais sans joie; une lutte contre le mal, pleine d'ennuis; des victoires sans plaisir, une indifférence générale et la perspective que, si elles-mêmes ne sont pas heureuses, leurs enfants le seront encore moins.

Cette étude n'a certes rien de bien engageant pour l'optimiste : malheureusement, plus nous approfondirons les choses, plus la situation nous apparaîtra triste et décourageante. Ce serait à faire penser que, si notre siècle se rendait bien compte de ce que qui se passe, le découragement qui commence à s'emparer de lui tournerait peut-être au désespoir.

Cet état de choses paraît si étrange, qu'on a de la peine à se persuader que ce que l'on voit n'est pas un rêve. Mais non, plus on regarde de près, et plus les traits du monstre se dessinent nettement. Nous sommes, à la lettre, à une époque sans parallèle dans l'histoire, nous sommes témoins de choses dont l'humanité n'avait aucune idée. On pourra peut-être trouver dans l'histoire des époques de tristesses et de découragement qui ressemblent à la nôtre; mais ce n'étaient que des ombres; nous avons la réalité de la chose.

J'ai déjà appelé l'attention sur cette situation sans précédent, mais je crois devoir revenir encore sur ses principaux caractères. En moins d'un siècle, les distances ont été supprimées, et, pratiquement comme aux yeux de l'imagination, la terre n'a plus la même étendue. Tout ce qu'elle peut offrir de ressources passe dans nos statistiques banales et a je ne sais quoi d'étroit et de mesquin. Cette admiration des anciens temps, qui entourait toutes choses d'un nuage vénérable, s'est évanoui. L'enthousiasme provincial, effet naturel de l'ignorance et de l'isolement, disparaît aussi.

La science accumule ses découvertes d'une manière inouïe ; tous les trésors du passé semblent s'ouvrir et verser leurs richesses entre les mains de notre génération. Maintenant, seulement, la longue histoire de l'humanité se révèle à nous dans son ensemble.

Cause et effet tout à la fois de ce fait immense, un sentiment nouveau s'est fait jour dans l'homme, je veux dire un sentiment très vif de sa nouvelle position ; une grande métamorphose s'opère dans son esprit : l'homme a sur lui-même des idées très différentes de celles qu'il avait autrefois. La science, replacée désormais sur une base solide, a reçu de là une force plus uniforme et plus irrésistible; elle a opéré la même métamorphose dans le monde civilisé tout entier : chez toutes les nations de l'Occident, la pensée et le sentiment semblent sortir du même moule.

On ne retrouve plus ce je ne sais quoi de chevaleresque, ces intelligences aventureuses, qui rêvent de découvrir par elles-mêmes. Non, toutes ces intelligences ne forment plus qu'une masse compacte, qui s'arrête ou marche en avant, comme une armée, dont les mouvements ont été étudiés et marqués d'avance sur la carte. Voilà l'état des esprits dans l'Occident, et déjà l'Orient commence à en ressentir l'influence.

Il arrive de là que, dès qu'une opinion se dessine et et prend corps dans notre siècle, elle acquiert de suite un poids et une importance qu'on n'était pas habitué à accordé à une simple opinion. C'est là comme le germe, non de l'opinion, mais d'une sorte de conscience universelle de l'humanité, se faisant une idée de son avenir et de sa position dans le monde.

Or, il s'agit de savoir quelle direction prendra cette conscience, qui commence à poindre. Niera-t-elle toute religion, comme les doctrines positivistes lui en font une loi? Alors dans cette dernière évolution de l'humanité, dans cette rupture complète avec le passé, on verrait arriver quelque chose de ce qui se passe, quand un homme sort d'un rêve et trouve à son réveil que tout ce qu'il aimait s'est évanoui. Cette découverte serait pour l'homme une chute effroyable et l'amènerait certainement à conclure qu'il est un être mille fois plus petit et plus dégradé qu'il ne l'avait pensé.

Si tout cela est vrai, il est clair que ce n'est pas répondre au pessimisme dont je viens d'exposer les vues, que de le traiter simplement de maladie. Car il s'agit ici d'une maladie réelle, universelle, dont le pessimisme n'est que la constatation scientifique. On peut fermer la bouche au pessimiste en l'appelant malade, quand on a affaire à un hypocondriaque ou à un maniaque. Mais, ici, il s'agit d'un mal réel, profond et qui gagne tous les jours. La seule chose qu'il nous importe de savoir, c'est si le mal est guérissable ou incurable : cette question, l'avenir seul peut la résoudre.

Mais, comme l'avenir est toujours l'effet du présent, cet avenir sera ce que nous le ferons. Agissons donc en conséquence, et envisageons sans trouble notre état présent et ses causes. Connaître le danger, c'est l'avoir en partie conjuré. Or, maintenant, on sent le danger plutôt qu'on ne le connaît. Les personnes dont nous avons décrit tout à l'heure l'état moral sentent que, selon le mot de Mathieu Arnold, *un vide immense mine leur poitrine*; mais elles pensent que c'est là pure imagination, et elles osent à peine s'en ouvrir à d'autres. Çà et là, cependant, ce sentiment de malaise se fait jour, et de temps à autre, on voit paraître à la surface des signes indubitables du travail de méfiance et de doute qui se fait sous terre. Dans la foule, ces sentiments revêtent une forme pratique qui n'est pas toujours très raisonnée. Ces âmes voient parfaitement ce qu'elles perdent en perdant la foi, et, avec plus ou moins de logique, elles voudraient la retrouver. Il est vrai qu'en apparence elles n'ont que du mépris pour la foi : mais, en pareille matière, il ne faut pas se lier aux apparences.

Cette incrédulité si sûre d'elle-même, si pleine d'amertume et d'arrogance, cache en réalité beaucoup de regret. Une femme, abandonnée par son amant, dissimule aussi sous la violence le secret dépit d'avoir été quittée. En ces sortes de choses, il ne faut jamais s'arrêter à la surface. Les sentiments les plus profonds se traduisent souvent par des signes tout à fait contradictoires; ils se taisent ou bien se laissent deviner, plutôt qu'ils ne se déclarent. N'oublions pas non plus que, pendant les heures données aux affaires courantes, ces mêmes sentiments semblent morts en nous. On ne peut pas aller en plein salon se lamenter et se désoler d'avoir perdu son Dieu; si affecté qu'on soit de ce malheur, il est possible qu'on l'oublie un instant, si on vient à perdre sa valise. Les pensées sérieuses sont comme le pouvoir réflecteur de l'eau. Un caillou trouble ce miroir, mais les remous meurent, et l'eau reflète de nouveau les objets.

Il y a nombre d'hommes autour de nous qui souffrent en silence, qui n'aiment pas à s'avouer qu'ils souffrent, et qui, pourtant, soupirent ardemment après cette religion à laquelle ils ne croient plus. Les heures de solitude qui suivent quelques éclairs de gaieté se passent en de tristes et sombres pensées, et un cri monte à leurs lèvres, mais ne peut en sortir.

Ce n'est pas sans étonnement que l'on trouve parfois mêlés à ces hommes ceux qu'on s'attendait le moins à y rencontrer. Ainsi, pour le professeur Clifford, qui nous a rebattu les oreilles de son optimisme quand même, la religion qu'il voudrait nous voir fouler aux pieds est, en la limitant à certaines formes, *une chose qui élève et qui soutient*, et il professe pour le théisme de Charles Kingsley le plus profond respect. Voici le professeur Huxley, qui, d'un ton tranchant et dogmatique, nie que l'homme puisse avoir une raison sérieuse d'affirmer sa foi religieuse, ce qui ne l'empêche pas de nous assurer le plus sérieusement du monde que, pour l'amant de la bonté morale, qui s'avance à travers ce monde de souffrance et de péché, *c'est une force de pouvoir croire que, tôt ou tard, s'ouvrira devant ses regards une vision de paix et de bonté*. Ainsi, ajoute-t-il, l'homme de peine qui gravit la montagne se réjouit à la pensée que, derrière la neige et les rochers, il trouvera son foyer et le repos. Si, dit-il, on pouvait trouver à cette croyance une base solide, l'humanité s'y cramponnerait d'un effort désespéré, comme le marin qui se noie se cramponne à une cage à poules. Mais ce sentiment si répandu, et qui va même en grandissant, semble n'être aux âmes d'aucun secours. On désire croire, mais de fait, on est aussi loin de la foi qu'on l'a jamais été. Il y a dans l'air comme une influence malfaisante, qui engourdit et qui paralyse la foi. L'intelligence a eu beau gagner en vigueur et en clarté, elle n'est devenue pour l'homme qu'un cauchemar plus fatiguant, qui étouffe ses espérances et ses désirs les plus chers.

> Semblable à un poids
> Lourd comme la glace, profond comme l'existence.

Voilà l'état d'âme qui tend à se généraliser et dont il faudra tôt ou tard s'occuper directement. Il ne faut pas croire que ceux-là seuls en ressentent l'influence, qui en sont les victimes. Ceux-là même qui restent attachés et fermement attachés aux vieilles croyances ont été touchés. Il est impossible que la religion ne se ressente pas du contact de l'irréligion. La persécution ne ferait qu'enflammer son ardeur, mais la tranquilité la refroidit. Croyants et incrédules, bien que séparés par leurs maximes, sont sans cesse en contact par les relations du monde.

Les habitudes, le sang, l'amitié les unissent et les forcent à chaque instant ou de fermer les yeux sur les erreurs des autres, ou du moins de les excuser. Il arrive de là que les croyants n'ont ni la ferveur d'une minorité persécutée, ni la confiance d'une écrasante majorité. Ils ne peuvent ni haïr des incrédules avec lesquels ils sont sans cesse en relation d'amitié, ni dédaigner des opinions qui sont représentés par des penseurs éminents. La foi la plus vive ressent forcément le contre-coup de circonstances aussi ingrates.

Alors même qu'elle restait intacte chez ceux qui croient encore, elle sera moins ardente, et, quant à son influence future sur l'humanité, il faut s'attendre à la voir remplacée par quelque chose qui ne sera plus la foi, mais un doute anxieux ou une confiance qui se jette à corps perdu et ne veut plus se rendre compte de rien. Le Dr Newman appelle ce fait, que le Pape lui-même a reconnu dans le développement pacifique mais menaçant du positivisme moderne, un phénomène autrement étendu et autrement important que celui d'une hérésie en révolte : Les hommes qui subissent cette influence sont pour lui plutôt des adversaires que des révoltés (1).

Il est une chose, dit le Dr Newman, *qui, à moins d'une intervention miraculeuse, ne se représentera pas : c'est le retour en masse au sentiment religieux, c'est l'opinion publique, telle qu'elle était au moyen âge. Le Pape lui-même appelle ces temps « les âges de foi ». Il est possible que Dieu ait décrété que cette foi générale doive renaître un jour; à juger par les données que nous possédons, il faudra des siècles pour cela* (2).

Par ces dernières paroles, le Dr Newman nous invite à méditer la grande question du jour, celle que tout le monde se fait : Cette foi qui va se perdant si vite, serons-nous un jour témoin de sa renaissance?

---

(1) On pourrait donner à ces dernières paroles un sens auquel les catholiques ne pourraient souscrire, mais, prises dans leur sens naturel, elles ne font qu'énoncer un fait. (*Note de l'auteur*).

(2) Lettre au duc de Norfolk, p. 35.

Je me suis efforcé de démontrer que le ton général de notre vie, et que la direction que prendra la civilisation, dépendent entièrement de la réponse qu'on donnera à cette question. Ce livre n'a pas d'autre but.

Mais est-il bien nécessaire de répondre dès maintenant à cette question d'une manière précise et générale? Pourquoi ne la laisserait-on pas en suspens?

Je réponds que, comme j'ai déjà essayé de le faire comprendre, au moins pour l'individu, il faut absolument que cette question soit résolue dans un sens ou dans l'autre.

Le positiviste qui veut être logique ne pourra pas toujours reconnaître l'autorité de principes qui, pour lui, n'ont plus de base. Il ne peut être toujours esclave de désirs qu'il sait irréalisables, ou de craintes qu'il regarde comme puériles. Supposé même que la prédiction du positiviste pût se réaliser, il ne serait que plus à plaindre. Il ne verra plus alors dans sa conscience, si tant est qu'il ait encore une conscience, la voix vivante d'un guide sévère quoique plein de bonté, mais comme le spectre de la religion qu'il a tuée, et qui revient le trouver, non pour le relever, mais pour ajouter à l'abjection l'amertume. S'il y a encore en lui un reste de vie morale, ce n'est plus qu'une ombre *qui se traîne, l'aile brisée, à travers des lieux qu'habite la folie, et qu'infestent l'horreur et la crainte.* Mais évidemment, pareil état d'âme ne peut durer : ou la Religion reviendrait, ou la conscience mourrait tout de bon. Si j'ai cité le Dr Newman, ce n'est pas que je croie à l'avenir qu'il semble nous annoncer. Il a l'air de croire à un état de choses où la foi et le positivisme vivraient côte à côte, chaque parti ayant ses adhérents et se livrant des batailles sans fin et sans résultat décisif.

Je demande la permission de représenter à l'illustre écrivain que les nouveaux principes qui agissent maintenant sur les intelligences ne s'arrêteront pas à moitié route. Dès que notre génération les aura bien compris, il arrivera de deux choses l'une : ces principes seront ou tout-puissants, ou complètement abandonnés. Leurs partisans prétendent qu'ils seront tout-puissants, et, de fait, plus nous allons, plus notre siècle semble aussi soupçonner, et cela non sans un secret malaise, que l'avènement des nouveaux principes aura des conséquences bien différentes de celles qu'on attend. Un écrivain positiviste anglais, tout en croyant à cet avènement comme à une nécessité fatale, en a prévu clairement la portée. « Jamais, dit-on, on n'aura vu dans l'histoire de l'humanité de calamité aussi terrible que celle-ci : tous peuvent la voir déjà, s'avançant comme un sombre déluge qui va tout détruire, irrésistible dans sa marche, arrachant nos espérances les plus chères, engloutissant nos croyances et ensevelissant tout ce qu'il y a de plus noble et de pur dans la vie sous des ruines incalculables (1). »

Ceci m'amène à examiner une nouvelle question : Quelles sont les vraies causes de ce mouvement? quelle apparence y a-t-il que l'humanité puisse résister à son action, et sur quels éléments de résistance peut-on compter?

(1) A candid examination of Theism by Physicus. — Trübner et C° London, 1678.

CHAPITRE IX

LA LOGIQUE ET LA NÉGATION SCIENTIFIQUE

> Je suis Messire Oracle ;
> Quand j'ouvre la bouche, que les
> chiens se taisent.

Avant de procéder à l'analyse des forces qui travaillent à détruire les croyances religieuses, il ne sera pas inutile d'observer la manière dont ces forces agissent sur le monde. Or, dans bien des cas, elles agissent directement : je veux dire qu'il y a beaucoup de faits, maintenant avérés pour le sens commun et dont beaucoup de gens déduisent tout seuls, par voie de conséquences, leurs doutes et leurs dénégations.

Mais ce n'est pas là qu'est la puissance du positivisme. Cette puissance ne tient pas tant aux prémisses qu'il met en avant, qu'au prestige de ses apôtres, qui, sans respect pour le jugement privé, nous imposent de vive force leurs propres conclusions. Du reste on s'explique ce prestige.

Si jamais maître s'est fait accepter sur le vu de ses œuvres, l'école positiviste a eu le droit de se faire écouter : elle avait, elle aussi, ses prodiges et ses merveilles. Ces conquêtes sur la matière, ces créations de puissances inconnues jusqu'ici, dont notre siècle a été témoin, elle a pu les revendiquer souvent comme son œuvre. Tout ce qui affecte notre vie matérielle lui doit quelque chose et lui rend hommage. Il n'y a presque pas une conquête sur la distance, sur la maladie ou sur les ténèbres qui ne rende témoignage à sa supériorité intellectuelle (1).

De là, l'opinion très accréditée que l'école positiviste a le monopole de la raison et, par conséquent, ajoute-t-on, que la raison tue la religion, et que ceux qui ne veulent pas en convenir n'agissent ainsi que par ignorance ou par un aveuglement coupable.

Il est évident que tant que cette opinion prévaudra, le réveil de la foi est impossible. Mais cette opinion est-elle fondée? C'est ce que je me propose d'examiner.

On peut rapporter à trois classes les arguments mis en avant contre la religion par les chefs de l'école positiviste, et, sous leur influence par le monde moderne. Selon les études dont ils s'inspirent, on peut distinguer les arguments physiques, moraux et historiques.

Pris à part, ces arguments n'ont, la plupart du temps,

---

(1) M. Mallock exagère ici singulièrement l'importance de l'école positiviste.
Pour ne parler que des savants contemporains ou presque contemporains, j'imagine que M. Mallock a entendu parler d'Ampère, de Cauchy, de Biot, d'Arago, de Faraday, de Gratiolet, de M. Dumas, de M. Milne-Edwards, de M. de Quatrefages, d'Agassiz, etc...; ce n'étaient pas ou ce ne sont pas des positivistes. Les grands, les vrais savants, ne sont jamais incrédules. Les fondateurs de la thermodynamique ne font pas exception à la règle Nous pouvons l'affirmer de Grove, de Hirn, de Robert Mayer, qui s'écria dans un congrès scientifique : Une vraie philosophie doit être, ne peut être qu'une initiation à la religion chrétienne. (*Revue scientifique*, t. VII). On fera bien de rapprocher de ce tableau la peinture plus sombre de Balfour. *(Note du Traducteur).*

rien de nouveau. Ce qui a fait leur force, à entendre l'école positiviste, ç'a été l'appui soudain qu'ils ont trouvé dans la science; la science, qui a transformé en réalités accablantes ce qui n'était auparavant qu'un aperçu nuageux; en démonstration rigoureuse, irrésistible, ce qui n'était qu'un doute mal fondé; la science, qui a surtout réduit à néant des difficultés qui avaient toujours paru insurmontables.

Parmi ces arguments, deux séries attaquent directement la religion en général; une troisième ne s'en prend qu'à certaines formes du culte.

Le naturaliste dira, par exemple, que, la conscience étant une fonction du cerveau, on ne peut admettre un Dieu conscient, à moins d'admettre qu'il a pour cerveau l'univers (1). Le moraliste objectera qu'en présence de l'extension qu'ont prise le péché et la misère, il est impossible d'admettre un Dieu tout puissant et miséricordieux; l'historien, que toutes les prétendues révélations ont été précédées ou suivies de phénomènes analogues, et que, par conséquent, en supposant que Dieu existe, on ne peut admettre qu'il ne se soit manifesté qu'une fois par une seule religion.

Ces exemples peuvent nous donner une idée des différents genres d'arguments que nous allons maintenant examiner les uns après les autres.

Mais, pour le moment, nous laisserons de côté l'objection historique : oubliant un instant qu'il ait pu y avoir une révélation, nous ne nous occuperons que de la religion naturelle.

(1) Cet argument incroyable a été trouvé par le professeur Clifford.

Entendue dans un sens restreint et général, la religion est pour moi l'assentiment donné à ces deux points : d'abord, que cet univers, comme dit le Dr Martineau, est l'habitation d'un esprit éternel, et, en second lieu que ce monde, notre demeure à nous, est le théâtre d'un gouvernement moral, dont nous ne voyons pas les dernières conséquences. J'ajouterai un troisième point, à savoir que cet esprit éternel peut modifier les lois de cet univers qui ont été établies par lui : de même que, si l'homme agit sur la matière, l'effet est la résultante, non d'une seule force, mais de deux forces (1); de même le miracle est la résultante de la force de Dieu et de la force créée.

Bornons-nous pour le moment à ces trois points, voyons si au nom de la raison ou des découvertes modernes nous devons y renoncer.

En traitant des arguments qu'on oppose à la religion, je commencerai par ceux qui semblent les plus plausibles, ceux qu'on emprunte aux sciences physiques. Les découvertes faites par ces sciences sont si nombreuses et si compliquées, qu'il serait impossible d'en donner un exposé. Mais, si on se borne aux conclusions générales, aux applications *humaines*, si je puis ainsi parler, quand on ne les considère pas simplement comme les jouets d'un spécialiste, ou comme les instruments d'un naturaliste ou d'un industriel, alors, on peut en apprécier en quelques mots les résultats.

---

(1) Je sais bien que généralement on ne regarde pas la croyance au miracle comme faisant partie de la religion naturelle. — Je l'ai jointe aux deux autres points plus par convenance que par principe : on verra plus tard pourquoi. *(Note de l'auteur)*.

Ces découvertes ont, prétendent-ils, définitivement fondu dans un même tout la matière et l'esprit; les deux bords de l'abîme ont été reliés.

Le pont que tant de savants avaient rêvé et qu'ils avaient désespéré de voir, a été jeté; œuvre gigantesque à laquelle coopèrent cent travailleurs qui ajoutent tous les jours quelque bloc énorme. La science, en d'autres termes, a fait ces trois choses : en premier lieu, pour me servir des expressions d'un écrivain bien connu, elle a établi ce fait, qu'il existe une relation fonctionnelle entre chaque phénomène de pensée, de volonté de sensation, d'une part, et une modification moléculaire dans le corps humain, de l'autre.

En second lieu, la science est parvenue après bien des efforts qui l'approchaient du but, sans que celui-ci fût jamais atteint, à trouver le lien qui unit le corps organique de l'homme au reste de la matière inorganique. Troisièmement, enfin, elle a la prétention d'avoir fait envisager la matière sous un jour tout nouveau, en nous montrant la vie comme un développement spontané de sa force motrice.

De cette façon, pour la première fois, incontestablement l'univers sensible tout entier relevait de la science. Tout ce qui est, est une matière en mouvement. La vie elle-même n'est qu'un mouvement d'une nature plus compliquée. C'est ce qu'il y a de plus délié et de plus fin dans la matière en fermentation. Les premières traces de ces mouvements subtils s'observent dans la cristallisation. Là, au témoignage de quelques autorités scientifiques, se révèlent les premiers tâtonnements de la force vitale. Entre ces premiers essais et les manifestations plus parfaites, comme le cerveau d'un grand homme, il n'y a qu'une différence de degré. La nature de ces mouvements est la même : ce sont des assemblages de *molécules qui agissent et réagissent, d'après les lois données. Nous croyons*, dit le D*r* Tyndall, *que chaque pensée, chaque sentiment, a un corrélatif mécanique et a pour écho une décomposition suivie d'une réorganisation des atomes du cerveau;* et, bien qu'il nous soit impossible de suivre le détail de ces mouvements, cependant, nous pouvons constater *qu'il y a entre le problème de la pensée et nos puissances une relation si intime, qu'il suffit à celles-ci de se développer, pour pouvoir le résoudre.* La nature ne procède point par bonds : nulle part il n'y a d'interruption. « Supposez, dit encore le D*r* Tyndall, qu'une planète se détache du soleil, qu'elle soit mise en branle sur un axe, et qu'on l'envoie tourner autour du soleil à une distance égale de celle de la terre; la science nous dit que cette masse incandescente, venant à se refroidir, produirait par-ci par-là, par une efflorescence spontanée, une race semblable à la nôtre, des hommes qui parleraient comme nous et qui comme nous plongeraient leurs regards dans le passé et dans l'avenir. »

On voit ce qui sort de là : tout ce qui existe, tout ce que nous connaissons ou pouvons connaître dans la sphère de la conscience comme dans ces sphères extérieures, tout, depuis l'étoile jusqu'à la pensée, depuis la fleur jusqu'au sentiment, tout cela est lié à certaines formes matérielles et à certaines forces mécaniques; tout cela occupe une place dans l'espace et peut être l'objet d'une expérience physique. La foi, la sainteté, le doute, le chagrin, l'amour, toutes ces choses peuvent être relevées, mesurées, par des instruments de physique dans la chambre obscure ou par le spectroscope, et on pourrait juger de leur nature ou de leur degré, comme on le fait pour d'autres substances, comme par une sorte de diagramme.

On avait souvent rêvé de procéder ainsi : maintenant, disent-ils, c'est fait; on a réussi, et voici quels résultats ce travail a donnés pour la religion naturelle.

D'abord, pour ce qui est de Dieu, on en a fini avec les preuves sensibles de son existence, et mieux encore avec les prétendus signes de sa Providence. Ç'a été l'affaire d'un instant. Du premier coup d'œil, prétend-on, tous ces arguments sont tombés comme mouches. On avait conçu Dieu dans ses rapports avec le monde extérieur comme moteur, comme architecte et comme gardien de son œuvre; on arrivait aux deux premiers attributs par la raison; au troisième par ce qu'on appelait l'expérience.

Mais, dit-on, c'était une erreur : ni la raison, ni l'expérience n'exigent et ne nous révèlent Dieu. Pour la raison, Dieu n'est qu'une inutilité; pour l'expérience, un jeu de l'imagination.

Parlons maintenant de l'homme : la vie, l'âme nous sont présentées, non comme une entité distincte du corps et pouvant dès lors lui survivre, mais comme une fonction ou comme la résultante des fonctions du corps qui, comme on prétend le prouver, subit l'influence des moindres changements du corps, et devra, par conséquent, en dépit des symptômes qu'on croit avoir d'un sort opposé, suivre le corps dans sa dissolution.

Par conséquent, un Dieu qui serait le maître de la matière, une âme humaine qui serait indépendante de cette matière, l'existence de ce qui serait de fait un autre monde, composé de forces transmatérielles, étrangères à celles que nous touchons, tout cela serait, dès qu'on se place sur le terrain de l'expérience, une hypothèse sans base.

Remarquons que, même dans l'hypothèse où tout cela serait vrai, logiquement, la religion n'en serait pas atteinte. Logiquement, on n'en peut tirer qu'une conclusion à savoir que l'immatériel n'est pas la matière, et que nous ne pouvons trouver trace de l'immatériel. Toute la force de nos adversaires repose sur cette prémisse qu'ils n'énoncent pas, à savoir que rien n'existe que ce que l'étude de la matière nous révèle, ou, en d'autres termes, que l'immatériel et le non-être, c'est la même chose.

Voici l'état de la question : on avait supposé que les forces de la pensée, de l'esprit, étaient choses entièrement distinctes de la matière; qu'elles pouvaient agir, sans avoir aucun rapport avec la matière. Or, il est maintenant démontré que toute révélation de ces forces, même la plus insignifiante, se fait par quelque mouvement local des atomes matériels, mouvement qui laisserait une empreinte sensible sur un instrument qui serait assez délicat. On conclut de là qu'il n'y a pas de force révélée par les modifications de la matière, qui ne soit pas inséparable de la matière.

On voit ici ce que l'esprit moderne entend par ce grand axiome, que la pierre de touche de la vérité, c'est la vérification par l'expérience, ou, en d'autres termes, que nous ne pouvons bâtir sur une base qui ne nous est pas prouvée vraie. Le mot même de *prouvée* présente peut-être un sens un peu vague, mais on voit assez ce que la science positiviste entend par là. Un fait n'est prouvé que lorsqu'il s'appuie sur une évidence physique qui ne laisse plus place au doute et qui fait entrer de force une invincible conviction dans tous les esprits. En d'autres termes, une chose n'est prouvée que lorsque, directement ou indirectement, nos sens en atteignent la manifestation matérielle.

Voilà, pour l'intelligence moderne, le point d'appui de son levier. Demandez à tout homme qui se sent aigri et accablé, parce qu'il n'a pas de religion, pourquoi il ne revient pas à la religion, et il vous répondra que rien ne lui prouve qu'elle soit vraie. « *Alors même*, dit Huxley, *que je verrais l'utilité d'un Credo religieux, la première chose à faire serait de demander la preuve des dogmes qu'il énonce.* » Ecoutez avec quel dédain passionné M. Leslie Stephen classe toutes les croyances, selon que nous pouvons les démontrer ou non, dans l'ordre des réalités ou des songes creux. « *Les esprits ignorants ou puérils*, dit-il, *sont absolument incapables de distinguer entre le pays des chimères et la réalité. Mais les images qui naissent de l'imagination se distinguent des perceptions et trahissent leur origine par le vague et par le peu de résistance des contours.*

« *Maintenant enfin*, s'écrie-t-il, *se tournant vers la génération actuelle, votre Credo s'en va. Le peuple s'est aperçu que vous ne le comprenez pas, ce Credo; que le ciel et l'enfer sont des chimères; que le vicaire insolent qui me dit du haut de la chaire que je brûlerai pour toujours, parce que je ne partage pas ses superstitions, est aussi ignorant que moi, quand, moi-même, je le suis autant que mon chien* (1). »

Voilà donc ce fameux syllogisme qu'on croit invin-

---

(1) *Rêves et réalités*, par Leslie Stephen.

cible, et qui a tant contribué à affaiblir la foi religieuse. Il n'y a pas de preuves de la religion ! Cette proposition est la mineure d'un argument dont la majeure serait : Nous ne pouvons être certains de rien, dont nous n'ayons la preuve physique. Quant à la mineure : *il n'y a pas de preuves de la religion*, passons là-dessus provisoirement (1), pour le besoin de l'argumentation. Ce qu'il importe d'examiner, c'est la majeure : *nous ne pouvons être certains de rien, dont nous n'ayons constaté par l'expérience la cause physique.*

Cette proposition est très différente de la première; car, par sa nature même, elle se refuse à toute espèce de démonstration. Il est difficile de dire pourquoi on l'admet. Est-ce sur la réputation des penseurs éminents qui l'ont adoptée, ou sur l'accord du sens commun à accepter ses conséquences ?

Eh bien! même à ce double point de vue, un examen sérieux, donnerait des résultats étranges. Ses conséquences! mais l'humanité ne les a jamais bien appréciées. Les penseurs éminents! mais ils n'en ont entrevu que très vaguement et le sens et la portée. Et de fait, il n'y a pas dans l'histoire de la pensée humaine de spectacle plus plaisant que celui de l'école positiviste avec son fameux principe de vérification. Pour certaine série de faits, elle l'applique avec une rigueur outrée et ne veut pas voir que, s'il est recevable pour ceux-ci, il doit l'être également pour les autres. S'agit-il de religion, on invoque le principe et on déclare que la religion n'est qu'un rêve. Mais, quand il faut passer des

(1) M. Mallock n'entend pas traiter ici la question de l'existence de Dieu; il veut simplement constater les contradictions des positivistes. (*Note du Traducteur.*)

dogmes de la religion à ceux de la morale, non seulement on l'abandonne, mais on le décrie avec véhémence.

Ainsi, dans l'essai même que je viens de citer, M. Leslie Stephen ne se contente pas d'employer à tout propos les épithètes de dégradé, d'élevé, de sacré; mais il se réclame, pour ainsi dire, de croyances qui, de son propre aveu, ne sont que des chimères. Ce qui l'engage à parler, dit-il, c'est le dévouement à la vérité pour elle-même, seul principe qui soit digne d'un homme, car, ajoute-t-il, et c'est tout son raisonnement, le premier devoir, le devoir sacré de tout homme, c'est de découvrir la vérité coûte que coûte, et le seul moyen de la trouver, c'est l'expérimentation physique. La vraie moralité, la seule qui soit digne de nous, est là; quant à ceux qui se cramponnent encore à leurs chimères dogmatiques, qu'ils sont incapables de vérifier par l'expérimentation physique, ils ne savent, pour toute réponse à nos objections, que pousser des cris d'horreur ou plaisanter. *Le sentiment que ces rêveurs détestent le plus, et qu'ils ne peuvent même concevoir, c'est l'amour de la vérité pour elle-même. Ils ne peuvent comprendre qu'un homme attaque un mensonge uniquement parce que c'est un mensonge.*

Eh bien ! M. Stephen se trompe : car c'est là précisément ce que peuvent faire les rêveurs dont il parle, et même ce qu'eux seuls peuvent faire. A vrai dire, le rêveur ici, c'est M. Stephen, quand il écrit et quand il pense de pareilles choses. Pourquoi donc, lui demanderai-je, doit-on aimer la vérité ? Qui lui a appris cela ? Sont-ce les perceptions, qui sont, d'après lui, les seuls guides auxquels on puisse se fier ? Non, les perceptions ne lui apprennent qu'une chose, comme il l'avoue lui-même, à savoir que les vérités de la nature sont des vérités dures, impitoyables. Pourquoi devrions-nous aimer ce qui est dur et impitoyable? Et supposé que M. Stephen éprouvât cet amour, en quoi ce sentiment est-il élevé et de quel droit l'impose-t-il aux autres? Elevé! bas! Que font, je vous prie, ces mots sur les lèvres de M. Stephen? Encore des expressions empruntées au pays des chimères! M. Stephen n'a pas le droit de les faire entrer dans son vocabulaire, ou, s'il a ce droit, ce ne peut être qu'à la condition d'en connaître exactement le sens et la portée; car pour peu que l'idée qu'il en a soit « *vague dans ses contours et peu substantielle* », elles rentrent par le fait même, comme il le dit lui-même, « *dans la langue des chimères* ». Or c'est là justement ce que M. Stephen, partageant en cela la sotte présomption de sa secte, ne pourra jamais voir. Le professeur Huxley est absolument dans le même cas. Il dit, comme nous l'avons vu, que, quoi qu'il arrive, notre moralité dans le sens le plus élevé du mot, c'est de suivre la vérité; que *le dernier degré de l'immoralité*, c'est de prétendre que nous croyons ce que nous n'avons aucune raison de croire, et que d'ailleurs nous ne pouvons avoir de raison valable que l'évidence physique perceptible par les sens; et, au même moment, le même homme écrira que, prétendre renverser la morale par les sciences physiques est à peu près aussi raisonnable et aussi faisable que de renverser les théorèmes d'Euclide par le Rig-veda.

Or, à la juger par les principes du professeur Huxley lui-même, cette phrase, avec son air solennel, n'est, je demande pardon du mot, qu'une pompeuse absurdité. *Le dernier degré de l'immoralité*, dit-il, *serait de croire* en *Dieu, quand nous savons qu'aucune preuve physique ne justifie cette croyance. Aussi bien,* ajoute-t-il, *les sciences physiques ont renversé la Religion.* — Vraiment! Mais comment se fait-il alors que les mêmes sciences n'aient pas renversé la Morale? Il répond que le fondement de la morale, c'est la croyance que la vérité cherchée pour elle-même est chose sacrée. — Mais où est la preuve de cette sainteté de la vérité? Y a-t-il dans n'importe quelle méthode d'observation et d'expérimentation quelque chose qui conduise à cette conclusion? Nous avons vu que non. Le fait est que, si la philosophie du professeur Huxley prouve quelque chose, c'est que rien, absolument rien n'est sacré, tant il s'en faut qu'elle démontre que la recherche de la vérité soit un devoir sacré.

Nous avons vu tout cela, quand nous avons examiné la comparaison très inattendue que le professeur Huxley prétend établir entre la perception de la beauté morale et la perception de la sensation que produit le gingembre. Nous revenons maintenant au même point, mais nous y arrivons par un autre chemin. — Nous avions établi que, sans les dogmes religieux, les vérités morales n'ont, en bonne logique, absolument aucun sens; et nous voyons maintenant que, quand même ces deux choses ne dépendraient pas logiquement l'une de l'autre, elles appartiendraient forcément au même ordre d'idées, et que, si nos moyens de vérification prouvent que les idées religieuses sont des illusions, ils prouveront la même chose à l'égard des idées morales.

Il nous reste pour l'examen de toutes ces théories un moyen décisif de contrôle, qui va jeter sur cette dernière conclusion un jour éclatant. Nous avons vu que, si la science peut enlever à l'homme sa foi religieuse, elle le laisse sans guide moral. Il nous reste à montrer que les arguments que la science ferait valoir iraient plus loin. Ils prouveraient que l'homme n'est pas même un être moral. Non seulement l'homme serait sans règle morale, mais il n'aurait même pas de de volonté à régler.

Pour bien comprendre ce point, il faut revenir un instant aux sciences physiques et aux conclusions exactes qu'elles ont données. A certains point de vue, elles ont, comme nous l'avons dit, uni l'esprit et la matière et se vantent d'avoir réduit l'ancien dualisme à l'unité. Elles nous ont révélé dans le cerveau une combinaison infiniment complexe de molécules, qui n'est due qu'à un travail spontané : elles ont fait du fait de conscience une fonction du cerveau qui en est inséparable. Il faut ou admettre cela ou revenir au dualisme. A chaque pensée, à chaque sentiment, à chaque désir qui se produit, correspondent dans le cerveau certains mouvements, et de l'intensité et de la direction de ces mouvements dépendent les pensées et les sentiments.

Si nous ne devons juger des choses que par les observations physiques, nous serons de suite frappés par un fait évident. Longtemps avant l'évolution de l'esprit, la matière existait et fermentait : l'esprit n'est pas une force nouvelle, mais une combinaison nouvelle de forces anciennes. Il suit de là que les faits intellectuels dépendent essentiellement des faits moléculaires, tandis que ceux-ci sont absolument indépendants des faits intellectuels. Les apparences, qui sembleraient dire le contraire, nous trompent. Les faits intellectuels dépendent du groupement et du mouvement des molécules, absolument comme les figures du kaléidoscope dépendent du groupement et du mouvement des morceaux colorés. Mais ces faits intellectuels ne sont que choses accidentelles. Ce ne sont point des anneaux dans la chaîne des causes, pas plus que les figures du kaléidoscope ne sont la cause des figures qui suivent.

Mais cette conclusion paraît si horrible, que presque tous, loin de l'accepter, n'osent même pas le regarder en face. Il n'y a pas un seul savant éminent dans les sciences naturelles, au moins parmi ceux qui ont envisagé la vie au point de vue moral, qui l'ait examinée sérieusement et loyalement, et qui nous ait dit clairement s'il l'acceptait, s'il la rejetait ou s'il restait indécis. Au contraire, au lieu de résoudre la question, ils font tout au monde pour l'éluder, et la noyer dans un brouillard mystérieux.

Cela leur était du reste facile, à cause des connaissances toutes spéciales que demande le sujet. Mais la poussière qu'ils ont soulevée ne forme pas un nuage impénétrable, et avec un peu de patience on peut le dissiper.

Le fait de la conscience est, en quelque manière, un phénomène unique en son genre. C'est le seul que la science touche du doigt et dont elle ne puisse retracer et fixer l'image.

Il y a des côtés par lesquels on peut le saisir et le dépeindre, comme la *vibration des nerfs, la décharge des muscles* et les modifications de l'organisme; mais toutes ces choses ont également un côté insaisissable, que nous ne pouvons retracer. C'est là, pour nous, un mystère impénétrable. Or, c'est de ce mystère que les savants abusent : grâce à ces obscurités, ils essaient de nous dérober et de noyer dans l'ombre une conclusion qui, de leur propre aveu, leur est arrachée par la logique.

Voici, pour nous en faire une idée, un exemple de ce procédé, que j'emprunte au Dr Tyndall : « *Le philosophe qui sait un peu de mécanique, dit-il, n'établira jamais entre le fait de conscience et un groupe de molécules le rapport du moteur et du mobile; l'observation prouve que ces deux choses réagissent l'une sur l'autre; mais en passant de l'une à l'autre, nous rencontrons un vide que la logique des déductions se refuse à combler. Je révèle ici sans pitié la difficulté que le matérialisme rencontre au début, et je lui dis à lui-même que les faits d'expérience qu'il regarde comme si simples sont « tout aussi difficiles à saisir que l'idée d'une âme ». Je vais plus loin, et je dis : « Si vous laissez là les idées d'esprits grossiers, qui s'imaginent l'âme comme une psyché, qu'on peut, quand on veut, jeter par la fenêtre, ou comme une entité qui, habituellement, s'occupe, on ne sait trop comment, au milieu des molécules du cerveau, mais qui, en certaines circonstances, comme serait l'entrée d'une balle, peut se réfugier dans d'autres régions de l'espace; si, dis-je, abandonnant ces idées païennes, vous abordez le sujet de la seule façon qui soit possible; si vous consentez à faire de votre âme l'écho poétique d'un phénomène qui, comme je vous l'ai expliqué avec plus de soin que tout autre, se refuse à subir le joug des lois physiques; moi, je ne m'opposerai pas à ce que vous vous livriez à cet exercice d'idéalisme. Je le dis avec énergie, mais sans colère, le théologien qui me cherche querelle et qui me houspille parce que je parle ainsi de la matière, se rend coupable envers moi de la plus noire ingratitude.* »

En étudiant de près cette page suggestive, nous voyons qu'on y a confondu deux questions qui, pour nous, ne peuvent se comparer. L'une d'elles est complètement insoluble; l'autre peut-être résolue de différentes manières, toutes très claires, mais très opposées. Devant la première, nous resterons ébahis; en présence de la seconde, nous avons un choix à faire. Nos physiciens modernes ont tenté un tour de force, ils essaient de dissimuler l'embarras que leur cause la seconde dans les sombres profondeurs de la première.

Voici ces deux questions : la première demande : quelle liaison y a-t-il entre le fait de conscience et le cerveau? Et la seconde : en supposant le fait de conscience lié au jeu du cerveau, en quoi consiste-t-il? Est-il l'effet ou, du moins en partie, la cause du mouvement du cerveau? Ce fait de conscience, nous ne savons pas ce qu'il est; il est pour nous, si je puis ainsi parler, comme le son que produit le mécanisme du cerveau, comme le bruit sourd que rendent, en s'entre-choquant, ses molécules toujours vibrantes. Ce mécanisme est-il autonome? S'il n'est pas mis en jeu, est-il au moins modifié par une force qui lui soit étrangère?

Le cerveau est l'organe de la conscience, comme un instrument, l'orgue, par exemple, est l'organe de la musique : l'acte de conscience, c'est le son rendu par les tuyaux.

Poursuivant la métaphore, je transforme ainsi mes deux questions : D'abord, pourquoi, lorsque l'air passe à travers les tuyaux d'orgue, ceux-ci rendent-ils un son? Et secondement : comment est réglé le mécanisme qui module l'air? est-ce par le musicien ou par le cylindre qui tourne sur lui-même (1)?

Ce que nos physiciens modernes ne comprennent pas, c'est que ces deux questions diffèrent, non seulement en nombre mais en espèce; que, ne pas pouvoir répondre à l'une et ne pas pouvoir répondre à l'autre, sont choses non différentes, mais opposées, et que, de ce que nous reconnaissons incapables de résoudre la première, il ne s'ensuit nullement que nous soyons dispensés de choisir entre les solutions plus ou moins probables que comporte la seconde.

La première question était : Comment le fait de conscience est-il lié au jeu du cerveau? Observons que la découverte de cette liaison et l'impossibilité d'en rendre compte n'a rien à faire avec le grand dilemme de l'unité ou du dualisme de la nature humaine, ni avec la question de l'indépendance ou de l'automatisme de la vie et de la volonté humaines.

Ce que la science nous dit sur ce point, tous peuvent y souscrire, et si quelque théologien querelle, houspille M. Tyndall sur ce point, en vérité ce théologien n'est pas raisonnable. Mais il faut dire aussi que la science s'est singulièrement méprise sur ce point, qu'elle en a exagéré la portée, et qu'elle se croit toujours assaillie par des ennemis qui n'existent point.

Si théologien que soit un homme, si vive que soit sa foi aux mystères et même aux mythes, quel intérêt veut-on qu'il ait à nier que le cerveau est, comment il l'ignore, mais est le siège unique de la pensée et de l'intelligence? Qu'il croie tant qu'on voudra à la vie

(1) *Il s'agit d'une orgue de Barbarie ou d'une boîte tyrolienne. (Note du Traducteur).*

immortelle, ne sait-il pas que ce qu'il y a d'immortel en nous est revêtu de mortalité par une union mystérieuse et inexplicable avec la matière? Et en quoi sa foi peut-elle être ébranlée, quand on lui dit que le point de contact entre l'âme et la matière, c'est le cerveau? Il admettra tant que vous voudrez que c'est par le cerveau, et par le cerveau seul, que la vie supérieure aux sens devient la vie des sens. Il peut même accorder que l'on pourrait constater l'état moral d'un saint par le spectroscope, si le spectroscope était assez délicat. Au premier abord, cela paraît incroyable; mais, après tout, pourquoi donc en serions-nous étonnés ou effrayés?

Le Dr Tyndall nous dit que cette proposition défie toute attaque; mais je me demande pourquoi il redoute d'être attaqué. Car enfin cette proposition : un spectroscope assez parfait pour cela pourrait refléter la sainteté, ne diffère pas sensiblement de cette autre : le regard peut découvrir sur la figure d'un homme des traces de colère.

Je ne vois rien, dans cette théorie, qui puisse alarmer les croyants les plus mystiques Sans doute, elle n'avait jamais été présentée avec suite et avec cohésion. Si cet aspect nouveau peut la faire paraître nouvelle et merveilleuse, elle aura du moins l'avantage de forcer la pensée à se préciser sur plus d'un point. Mais nous pouvons l'accepter sans crainte, et nous pouvons même croire qu'avant peu elle passera pour nous à l'état d'axiome.

Je ne nie pas plus l'âme en disant qu'il lui est impossible de se mouvoir dans un milieu matériel, sans y laisser son empreinte, que je ne nie l'organiste, en disant qu'il ne peut me faire entendre sa musique sans toucher son orgue.

Pas n'est besoin, par conséquent, que le Dr Tyndall affirme avec tant d'emphase et nous répète que chaque pensée, chaque sentiment, a un corrélatif mécanique et est accompagné par une décomposition et par une réorganisation des atomes du cerveau : Nous ne songeons pas à lui chercher querelle sur ce point, pas plus, en vérité, que s'il avait dit que, dans un morceau de musique exécuté devant nous, chaque note a dans l'orgue un jeu corrélatif et est accompagnée par l'abaissement ou par le relèvement de certaines touches. Là-dessus, tout le monde est d'accord avec lui. Quand il ajoute de son ton emphatique, que cette théorie recèle encore de profonds mystères, je ne dirai peut-être pas que tout le monde est de son avis, mais je dirai que lui, en homme de bon sens cette fois, s'est rangé à l'avis général.

Le passage de l'esprit à la matière, dit le Dr Tyndall, est quelque chose d'inconcevable. C'est ce que le sens commun a toujours dit. Nous sommes ici devant un mystère.

Nous ne cherchons pas à l'expliquer, nous voyons qu'il est impénétrable. Il ne s'agit pas de choisir entre des conjectures plus ou moins probables; les conjectures ne sont même pas possibles. Nous en sommes par rapport à ce mystère où nous en étions depuis longtemps : seulement, nous en avons une conscience plus nette. En théorie, nous ignorons absolument l'explication de ce mystère, pratiquement, nous n'avons même pas à nous préoccuper d'une explication, puisqu'on n'en hasarde aucune.

La seconde question : en quoi consiste l'acte de conscience qui est lié au jeu du cerveau? est plus embarrassante car, selon qu'on adopte l'une ou l'autre conclusion, on admet ou on nie l'ordre suprasensible (1).

Voyons d'abord comment le Dr Tyndall résout la question, nous verrons ensuite ce que vaut sa solution.

« Faut-il, se demande le Dr Tyndall, dire avec beaucoup de savants que les mouvements physiques forment une série complète, qui se développerait toute seule de la même façon, alors même que le fait de la conscience ne s'y mêlerait pas, tout comme une machine pourrait fonctionner, alors même qu'elle ne ferait pas de bruit, tout comme des tuyaux d'orgue pourraient continuer à jouer, quand même il n'y aurait personne pour écouter?
— Ou bien faut-il dire que les faits de conscience entrent comme des anneaux dans l'enchaînement des faits antécédents et conséquents, qui engendrent les actes corporels? »

Voilà la question telle que la pose le Dr Tyndall, et voici ce qu'il y répond :

« Je ne puis, dit-il, m'imaginer des êtres interposés entre les molécules du cerveau et travaillant à transmettre le mouvement aux molécules. Mon esprit se refuse à le concevoir; mais, ajoute-t-il, l'esprit se refuse à concevoir la production de l'acte de conscience par le mouvement des molécules, tout autant que la production du mouvement des molécules par l'acte de conscience. *Rejeter une des deux conclusions, c'est rejeter les deux; mais, de fait, je n'en rejette aucune; je*

L'auteur emploie souvent le mot de *supernatural* dans le sens de suprasensible, il ne faut pas s'y tromper. M. Salmon, dans sa traduction, s'y est trompé.

reste en suspens en présence de deux mystères incompréhensibles, au lieu d'un ».

Qu'est-ce que tout cela veut dire?

A ces paroles, il y aurait une explication possible, qui les rendrait parfaitement logiques et parfaitement claires; mais cette explication, nous le verrons, le Dr Tyndall, ne peut l'admettre.

Je dis que ces paroles seraient parfaitement logiques si le Dr Tyndall voulait dire, par là, que le cerveau est l'instrument naturel d'un joueur indépendant des sens, mais qu'il lui est impossible à lui, Dr Tyndall, de jeter le moindre jour sur deux autres questions, à savoir : comment il se fait que le cerveau serve d'instrument et comment le joueur peut s'en servir.

Malheureusement, ce n'est pas là ce qu'il veut dire : c'est lui-même qui nous l'assure. Cette explication que nous venons de donner, c'est, d'après lui, l'explication des esprits grossiers, que la science ne saurait tolérer. Le cerveau ne contient au milieu de ses molécules *aucune entité* qui soit habituellement occupée *on ne sait à quoi, et en même temps, distincte,* séparable de ces molécules. C'est là une idée toute païenne, et, à moins d'y renoncer, il n'y a pas moyen d'aborder ce sujet.

Mais alors, pourquoi le Dr Tyndall nous disait-il tout à l'heure qu'il ne rejetait aucune des deux conclusions, et pourquoi, maintenant, nous affirme-t-il que le fait de conscience est produit par le mouvement moléculaire, et celui-ci par le fait de conscience? Pourquoi nous dit-il formellement que l'observation constate que ces deux choses réagissent l'une sur l'autre?

Assurément, si ces mots ont un sens, ils ne peuvent

en avoir qu'un, à savoir qu'il y a dans l'homme deux forces distinctes, l'une matérielle, l'autre immatérielle. Du reste, le Dr Tyndall ne le dit-il pas formellement? Ne nous dit-il pas que l'une des deux conclusions qu'il ne peut pas rejeter, c'est celle qui admet qu'interposés entre les molécules du cerveau, il y a les faits de conscience, qui *concourrent à transmettre le mouvement aux molécules?*

Donc, ces faits de conscience ne sont pas des molécules; donc, ces faits de conscience sont quelque chose d'immatériel; mais, s'ils ne sont pas matériels, et que cependant ils agissent sur la matière, tout en en restant distincts, que sont-ils; que peuvent-ils être autre chose que cette chose *païenne*, l'âme; *cette entité que nous pourrons parfaitement jeter par la fenêtre, et que*, dit le Dr Tyndall, *la science nous défend d'admettre?*

Pour un penseur qui se pique d'exactitude, voilà, à coup sûr, de la confusion. « *La matière*, dit-il ailleurs, *je la définis ce quelque chose de mystérieux, par lequel tout s'accomplit;* et cependant, avec cette définition sous les yeux, quand il s'agit d'expliquer comment se produit le fait de conscience, il n'a qu'une réponse : mystère! Et pourquoi cela? — C'est là ce qu'il y a de vraiment étrange chez lui. Il admet son second incompréhensible comme un fait, parce qu'il a déjà admis le premier. *Rejeter une conclusion*, dit-il, *c'est les rejeter toutes les deux. Mais, moi, je n'en rejette aucune.* Pourquoi encore? Pourquoi ne rejetez-vous pas le deuxième incompréhensible? Parce que vous n'avez pas rejeté le premier? Mais, de ce qu'un fait indubitable soit un mystère, s'ensuit-il donc que tout mystère soit un fait indubitable? Voilà pourtant la logique du Dr Tyndall dans cette question capitale. Avec cette logique-là, je pourrais immédiatement forcer le Dr Tyndall d'admettre et l'existence de Dieu et une foule de ces doctrines qu'il appelle *païennes*. Il est vrai que, devant mes déductions il resterait impassible, et me répondrait que la croyance en un Dieu personnel est un des premiers articles que sa science rejette.

Que dire alors quand il s'en va, poursuivant à sa façon l'application de ses raisonnements? Je dis tout simplement que son esprit est alors dans un tel état de confusion, qu'il lui est impossible de savoir ce qu'il veut dire.

On voit parfaitement où il en est : logiquement parlant, l'état de la question est fort simple, et lui-même, parfois, s'en rend compte. Devant lui se dresse un mystère qui lui est incompréhensible; mais il n'y en a qu'un. Malheureusement, il a une manière d'envisager les choses qui fait que bientôt le vertige le prend. A mesure qu'il le creuse, le problème de l'existence semble danser devant ses yeux et se perdre dans la nuit. Alors il s'imagine qu'il voit deux incompréhensibles; mais la vérité, c'est que, dans l'état où il est, il voit double. Si cette explication ne vaut rien, eh bien! alors, il faut en adopter une, qui, au point de vue intellectuel, lui fait encore moins d'honneur. Le Dr Tyndall n'est plus pour nous l'homme qui a trouvé une théorie harmonieuse où tout se tient, mais qui, à certains moments de défaillance, lâche prise; non, c'est l'homme qui s'est fait deux théories contradictoires qu'il prend pour une seule et même théorie, et qu'il inculque, chacune à son tour, d'un ton emphatique et ridicule.

S'il n'y avait que M. Tyndall à avoir de ces éblouissements, je n'aurais aucune raison d'y insister. Mais ces absences sont le trait commun de toute l'école positiviste, de toute la pensée soi-disant scientifique et éclairée. Si j'ai choisi le Dr Tyndall comme exemple, ce n'est pas qu'il ait l'esprit plus confus que ses confrères en sciences physiques, mais parce qu'il est comme l'enfant terrible de la famille, qui trahit des secrets que les autres cachent avec soin.

Mais je n'en ai pas fini avec ce sujet. Nous sommes ici en face du problème central auquel se rattachent toutes les autres questions, et il ne faut pas le quitter, que nous n'en ayons bien montré le sens et la portée. Je vais donc essayer de le faire comprendre à l'aide d'une autre métaphore. Nous pouvons comparer la matière universelle, avec son nombre infini de molécules, à un certain nombre de billes répandues sur la surface d'un billard, et mises en mouvement par un violent coup de queue. Aussitôt les billes de s'entrechoquer et de rebondir sur les bandes à tous les coins et dans toutes les directions, et de se disperser en tous sens, de telle sorte qu'à la fin, six d'entre elles se heurtent ou carambolent dans un coin et se groupent de manière à former un cerveau d'homme. Leurs modifications subséquentes, tant que ce cerveau demeurera cerveau, représentent les diverses modifications qui accompagnent la vie consciente de l'homme.

Supposons maintenant que dans cette vie survienne une crise morale. Supposons que cette crise soit provoquée par la lutte entre le désir assez avilissant de s'attacher à quelque superstition qui flatte les sens, et le désir héroïque de voir les choses telles qu'elles sont et coûte que coûte. Au premier moment, l'individu dont il s'agit est sur le point de succomber à la tentation du désir avilissant; suit un combat pénible, une sorte de spasme court mais décisif : le désir héroïque l'emporte; la superstition est écartée : « *alors même que la vérité devrait me tuer*, dit notre homme, *je ne veux espérer qu'en elle !* »

Voilà un des côtés de la question; mais il y en a un autre; les six billes n'ont fait que changer de place : quand leur disposition correspondait au désir du plaisir, elles formaient, par exemple, un ovale, et quand leur disposition correspondait au désir héroïque, elles formaient un cercle.

Il s'agit de savoir quelle est la cause qui a changé la disposition des billes. Évidemment, cette cause ne peut être qu'une impulsion imprimée aux billes, sous la direction fixe de certaines lois déterminées.

Quelles sont ces lois? Cette impulsion, d'où provient-elle? Ces lois, cette impulsion, sont-elles les mêmes ou différentes, quand les billes correspondent par leur disposition au fait de conscience, ou avant, quand la disposition des billes n'y correspondait pas?

De deux choses l'une : ou les billes continuent à se mouvoir sous la direction des mêmes lois, sous l'action des mêmes forces qui les ont toujours poussées, et sous l'empire de la même nécessité; ou bien, au milieu d'elles, intervient un nouvel élément, qui trouble cette marche, et avec lequel il nous faut compter maintenant. Mais alors le fait de conscience est nécessairement distinct de la matière.

En effet, on ne peut pas dire que les billes, quand elles sont groupées de manière à correspondre au fait de conscience, engendrent une force motrice, distincte de la force motrice primitive, plus puissante qu'elle et souvent en lutte avec elle.

Évidemment, un vrai savant ne peut admettre cela : ce serait miner par la base tout l'édifice scientifique. Ce serait récuser son premier axiome et ce qu'elle considère comme son dernier mot.

Si donc, lorsqu'il accompagne le fait de conscience, le mouvement des six billes a quelque chose qu'il n'avait pas auparavant, ce quelque chose ne peut absolument provenir que d'une cause, et cette cause, c'est une seconde queue qui pousse les billes; disons même : c'est une autre main qui les pousse, et les dispose à son gré, de certaines façons.

C'est la science elle-même qui force l'école positiviste à envisager les cornes de ce dilemme : ou bien l'intelligence et l'âme sont entièrement l'effet des molécules avec lesquelles elles sont en contact, et ces molécules se meuvent avec la même nécessité qui entraîne la terre; ou bien ces molécules sont, du moins partiellement, disposées par l'intelligence et par l'âme. Si nous n'acceptons pas la première hypothèse, force nous est d'accepter la seconde; il n'y a pas de milieu.

Si l'homme n'est pas un automate, la conscience n'est pas simplement la fonction d'un organe physique. C'est un élément étranger aux organes, qui en modifie l'action.

Il est possible que nous n'ayons pas d'autre moyen de vérifier l'existence des faits de conscience, que l'empreinte qu'ils laissent sur les faits physiques et la modification des lois physiques; mais il n'en demeure pas moins que la conscience est aussi distincte des choses qui, maintenant, sont nos seuls moyens de la percevoir, que la main invisible qui arrêterait ou ferait dévier une bille phosphorescente le serait de cette bille. Dès que nous nions que l'intelligence soit une machine, un automate, par là même nous affirmons qu'il existe un autre monde immatériel, indépendant du monde matériel, et régi par des lois différentes. Mais il est impossible d'en donner une preuve sensible, puisque, par hypothèse, ce monde appartient à une sphère entièrement différente de la nature sensible.

Nous voici donc en présence de deux théories : ou bien la vie est l'union de deux ordres distincts, ou bien, dans la vie, il n'y a qu'un ordre de choses. Or, de ces deux théories, qui sont diamétralement opposées et qui s'excluent l'une l'autre, le Dr Tyndall dit avec le positivisme : Je n'en rejette aucune (1).

---

(1) Les faiblesses et les hésitations du Dr Tyndall, dans toutes ses appréciations, dès qu'elles ont trait à des choses d'un intérêt général, peignent si bien l'état de la pensée positiviste, qu'il ne sera pas inutile d'en citer encore quelques exemples. Bien qu'il proclame hautement, en certain passage, que la manière dont le fait de conscience se dégage de la matière sera toujours un mystère impénétrable, il manifeste ailleurs l'espérance que ce mystère sera dévoilé. Il cite en les approuvant, et en laissant entendre qu'il éprouve de la sympathie pour les idées qu'elles expriment, ces paroles d'Ueberweg, dont il dit que c'est une des têtes les plus subtiles que l'Allemagne ait produites. « Ce qui se passe, dit Ueberweg, ne serait pas possible selon moi, si le phénomène qui se montre ici dans sa plus grande intensité ne se présentait pas constamment, quoiqu'à un moindre degré. Prenez un couple de souris et un tonneau de farine : grâce à une nourriture copieuse, les petites bêtes engraissent et se reproduisent, et il y a, dans la même proportion, multiplication de sensations et de sentiments.

« A qui cherche l'origine de ces sensations et de ces senti-

Il saute aux yeux que cette attitude, telle qu'on la formule, est absurde : on ne peut pas nous dire que la matière est ce mystérieux *je ne sais quoi* qui a tout fait pour se délivrer de la difficulté la plus embarrassante,

ments, il faut montrer la farine :.ils y existent, quoique pâles, quoique atténués et non dans le même état de concentration que dans le cerveau. »

Il est possible, ajoute le Dr Tyndall dans une sorte de glose, que nous ne puissions démêler, par le goût, l'alcool qui se trouve dans un bocal de cerises confites; mais, par la distillation, nous en ferons sortir du *Kirshwasser*. Ceci explique la comparaison d'Ueberweg; pour lui, le cerveau est un alambic, qui concentre les sensations et les sentiments, lesquels préexistaient déjà dans la nourriture, bien qu'à un état de dilution.

Comparons maintenant ce passage avec un autre. *On n'explique rien*, dit le Dr Tyndall, *en disant que dans un phénomène il y a deux côtés, l'objectif et le subjectif; et pourquoi, d'ailleurs, admettrions-nous ces deux côtés? Il y a nombre de mouvements moléculaires qui ne les ont pas. Est-ce que par hasard l'eau pense et sent, quand elle étale sur le verre comme des feuilles de fougère gelée? Non, dites-vous. Eh bien! alors, pourquoi les mouvements du cerveau seraient-ils enchaînés à cet inévitable compagnon, le fait de conscience?*

Ainsi voilà deux manières de voir diamétralement opposées, l'une suggérée avec approbation, l'autre implicitement présentée comme sienne, par le même écrivain, dans le même essai, presque dans la même page. Suivant la première, le fait de conscience est une propriété générale de la matière, comme le mouvement; suivant la seconde, le fait de conscience n'est pas une propriété générale de la matière, mais seulement une propriété particulière et inexplicable de cerveau.

Encore un exemple d'inconséquence. Un jour, le Dr Tyndall écrit : Lorsque nous avons épuisé la série des sciences physiques, arrivés à leur extrême limite, nous apercevons devant nous le mirage d'un mystère imposant. Nous n'avons pas fait un pas vers la solution de ce mystère : ainsi, nous l'aurons toujours sous les yeux. — Puis, à la page suivante, il s'écriera : Quand on me demande si la science a résolu ou en se rejetant sur un autre *je ne sais quoi*, tout aussi mystérieux et qui n'est point matériel. Nous ne pouvons pas non plus nous résoudre, à l'exemple des positivistes, à écarter tout architecte de l'univers, pris en dehors de

pourra résoudre de nos jours le problème de l'univers, je ne puis que secouer la tête en disant : Je n'en sais rien.

Que le lecteur veuille bien se rappeler les arguments qu'employait le Dr Tyndall pour prouver que le monde matériel n'avait pas eu d'architecte distinct de lui-même. « *Il n'existe pas*, disait-il, *parce qu'il est impossible de se représenter distinctement son action. Je voudrais bien savoir*, ajoutait-il, *comment il est fait : a-t-il des bras, des jambes? S'il n'en a pas, qu'on m'explique clairement comment un être qui n'a ni bras ni jambes, peut si bien bâtir.* » Il mit au défi un théiste (le théiste était alors le Dr Martineau) de rendre compte de ce que faisait son Dieu. « *S'il l'essaie*, ajoutait le Dr Tyndall, *j'exigerai de lui qu'il me donne de cette action divine une exacte représentation mentale. S'il ne le peut pas, sa cause est perdue, car rien n'existe qui ne puisse être représenté.* »

Que l'on compare ce passage avec ce que le même auteur écrivait au sujet des faits de conscience : « *Le fait de conscience*, disait-il, *ne peut être représenté* », et, cependant, de son propre aveu, le fait de conscience existe.

On pourrait multiplier indéfiniment les exemples d'hésitation, de confusion, et d'une mobilité toute féminine, qui ne peut s'astreindre à suivre un raisonnement jusqu'au bout. Mais ce que j'ai dit suffit. En vérité, de quel poids peut peser l'opinion d'un homme qui, après nous avoir dit que le fait de conscience peut être une propriété inhérente à la matière, ajoute tout d'une haleine que la matière en général n'est pas consciente, et que, si le cerveau est conscient, cela arrive on ne sait pas où ni comment? Que dire d'un homme qui, dans une phrase, nous assure qu'il est impossible à la science de trouver le mot de l'énigme, et qui, dans la suivante, nous dit qu'il est douteux que la science le trouve avant cinquante ans; qui conclut que Dieu est un mystère, et que, par conséquent, il n'est qu'une fiction; qui admet que le fait de conscience est un fait, et proclame néanmoins que ce fait est un mystère; qui écrit enfin que le fait de la conscience produite par la matière étant un mystère, cela prouve que le mystère de l'action de la conscience sur la matière est un fait?

l'univers, et à recourir à un ordonnateur du cerveau, pris en dehors du cerveau. Les positivistes sont capables de répondre qu'ils n'ont jamais dit ou voulu dire cela. Là-dessus nous pouvons les en croire; leur grand défaut, c'est de ne jamais savoir ce qu'ils disent. Je vais essayer de le leur faire voir.

Ils ont commencé par affirmer une concomitance que nous pouvons parfaitement admettre. Ils disent que la matière, se mouvant sous l'empire de certaines lois, qu'on peut considérer comme partie de son essence, finit, après beaucoup de modifications, par devenir un cerveau d'homme, dont tous les mouvements sont liés à des faits de conscience, et correspondent à des états de l'être conscient.

Cette correspondance est un mystère, bien qu'à vrai dire on ne voie pas pourquoi, si on admet que la matière se meut par elle-même, on n'admettrait pas aussi qu'elle pense par elle-même : en quoi l'un est-il plus mystérieux que l'autre?

Quoi qu'il en soit, jusqu'ici, nous sommes d'accord, sur la correspondance des phénomènes et quel que soit ici le mystère, devant ce mystère, nous sommes dans l'ignorance, mais non dans le doute. Le doute ne vient qu'après.

Ici, nous ne sommes plus en face d'un fait, mais de deux hypothèses, entre lesquelles nous avons à choisir. La première, c'est qu'il n'y a en jeu, dans le fait de conscience, qu'une seule catégorie de forces; la seconde, c'est qu'il y en a deux. Or, en nous disant qu'elle ne rejette ni l'une ni l'autre de ces deux hypothèses, l'école positiviste veut dire que, sur la seconde, elle n'ose prendre un parti, mais qu'elle reste en suspens, comme un enfant timide devant une part de gâteau, interdit, les yeux baissés, n'osant dire ni oui ni non.

A quoi faut-il attribuer cette hésitation? Une logique de fer, dit le Dr Tyndall, rejette absolument la seconde catégorie de forces, celle des forces suprasensibles. Cette hypothèse n'explique aucun des faits constatés par l'expérience. Sans elle, il est peut-être difficile de se rendre compte de ce qu'a voulu faire la nature, mais on y arrive encore mieux sans elle qu'avec elle. Et, de fait, si on se met au point de vue de celui qui croit que tout ce qui existe est matière, cette hypothèse est si inutile, si incompréhensible, qu'elle ne mérite même pas qu'on s'y arrête pour l'écarter. Tout cela, pour arriver à nous déclarer pompeusement que cette hypothèse, après tout, on ne la rejette pas.

Eh bien! encore une fois, pourquoi cette attitude? On ne peut pas prouver la fausseté de cette hypothèse. Ce n'est pas une raison pour proclamer que l'on ne veut se prononcer ni pour ni contre. Rien ne me prouve que, chaque fois qu'une voiture de place traverse Regent-Street, un bâton de sucre d'orge n'est pas créé dans Sirius : mais je ne m'en vais pas proclamer à la face de l'univers que j'ignore si cela arrive ou non. Pourquoi donc les positivistes font-ils tant de bruit de leurs perplexités au sujet de l'immatérialité de la conscience? Pourquoi protestent-ils de ce ton empathique, qu'il existe peut-être une chose qui est regardée par leur science comme inutile, par la logique comme impossible? Voici selon moi la réponse : si l'immatérialité de la conscience n'est pas nécessaire à la science, elle est indispensable à la valeur morale de la vie.

Ils ont encore sur cette valeur quelques principes

arriérés, auxquels la science refuse de faire place. Ils se trouvent dans l'alternative d'admettre, ou que la vie n'a pas la portée qu'ils lui avaient toujours crue, ou que leur système a des lacunes, qu'ils ne lui soupçonnaient pas. Or les deux conclusions leur déplaisent également, et ils ne se prononcent pas. Sans doute, ils pourraient nous dire *avec une logique de fer*, que tout chagrin est une affection aussi involontaire et aussi banale que le mal de mer; que l'amour et la foi ne sont que des distillations de ce qui existe à l'état de dilution dans une côtelette ou dans une bouteille de bière; que la voix de celui qui criait dans le désert n'était que la métamorphose automatique des sauterelles et du miel sauvage dont Jean-Baptiste se nourrissait. Ils pourraient nous dire encore avec la même *logique de fer*, que toutes les pensées, toutes les luttes morales de l'humanité, ne sont que le frottement bruyant d'une machine qui, mieux ajustée, filerait peut-être sans bruit. Mais ils ne peuvent s'empêcher de voir que, si la vie n'était que cela, cette nouvelle manière d'envisager les choses, en altèrerait profondément le mécanisme et en modifierait entièrement le jeu. Ils se réfugient alors dans un peut-être et disent que a vie est peut-être plus que cela.

Mais que signifie ce peut-être? — Veut-on dire par là qu'en dépit de ce que la science peut leur apprendre, qu'en dépit de cette uniformité universelle absolue, qui est seule révélée par la science, qui chaque jour s'impose avec plus de force à leur imagination, et qui semble ne pas laisser de place pour une autre force; veut-on dire, encore une fois, qu'en dépit de toutes ces raisons, il pourrait bien y avoir un je ne sais quoi, un agent d'une catégorie différente, qui agirait sur le cerveau et mettrait la main sur ces mouvements automatiques? Veut-on dire qu'après tout, cette conception *païenne* et si grossière de l'âme est peut-être la vérité? Car enfin, il n'y a pas de milieu, les positivistes veulent dire cela ou juste le contraire. Leur opinion, si tant est qu'ils en aient une, doit nécessairement choisir entre ces deux extrêmes (1).

(1) Je sais bien qu'un des axiomes favoris de l'école positiviste, c'est que, sur ce point, l'attitude à prendre est celle de l'*agnosticisme*, ou, en d'autres termes, qu'il n'y a en cette matière qu'un seul parti rationnel, celui de n'en point prendre. On leur demande : Avons-nous une âme, une volonté, et par conséquent une responsabilité morale? Ils répondent qu'ils ne peuvent que *branler la tête*. Il est vrai qu'ils ajoutent que, s'ils branlent la tête, c'est comme hommes de science; mais le Dr Tyndall va nous expliquer ce que signifie cet aveu. « Si, dit-il, devant cette question, le matérialisme est confondu et la science muette, qui donc pourra se flatter de répondre? Baissons donc la tête et reconnaissons notre ignorance, nous tous, philosophes, prêtres et autres, tous tant que nous sommes. »

Dans un autre endroit, un sentiment qui, aux yeux de beaucoup, n'est pas autre chose que le sentiment de la présence et de la majesté de Dieu, n'est pour lui, homme de science, *que le sentiment d'une puissance qui donne à son existence la plénitude et la force, mais qu'il lui est impossible d'analyser ou de comprendre.* Ce qui veut dire que, parce qu'un homme qui n'a jamais étudié que les sciences exactes est incapable d'analyser ce sentiment, cette analyse est impossible. En d'autres termes, les faits vérifiés par les matérialistes sont les seuls dont nous puissions être certains; ils ne peuvent donner à l'homme une direction morale; donc, il ne peut y avoir pour l'homme de direction morale. Prenons un de ces exemples qui peuvent se présenter à l'esprit, sous une forme sensible.

Une fille perdue, succombant sous le poids de la honte, vient trouver le Dr Tyndall, et lui propose son cas : « *On m'a dit que vous êtes un homme fort avisé et que vous avez*

Ces penseurs si rigoureux et si scientifiques doivent comprendre que s'il n'est pas pratiquement certain qu'il y a en nous une entité suprasensible, il est pratiquement certain qu'il n'y en a pas. Dire que peut-être cette entité existe, c'est mettre une once dans le plateau de la balance contre une tonne dans l'autre (1).

démontré que le prêtre qui m'a préparé l'année dernière à la Confirmation ne dit que des sottises. Maintenant, de grâce, répondez-moi : ma position est-elle aussi désespérée que je l'ai cru, d'après ce qu'on nous a enseigné? Faut-il regarder mon corps comme un temple profané, ou faut-il croire qu'il ne mérite pas plus de respect qu'un théâtre quelconque? Suis-je coupable? Dois-je faire pénitence? ou bien faut-il croire que je suis innocente et vivre à ma guise? »
Et le Dr Tyndall de répondre : « *Ma chère enfant, je ne puis, dans le doute où je suis, que branler tristement la tête : Venez, prosternons-nous, courbons la tête et reconnaissons humblement que nous ne pouvons savoir si oui ou non vous êtes une fille perdue. Devant de pareilles questions, le matérialisme* (évidemment M. Mallock indique ici, par le *matérialisme*, la science positiviste et non le matérialisme) *reste confondu et la science muette. On ne peut y répondre et force nous est de nous tenir dans la réserve. J'ajouterai pourtant que, si vous désirez savoir ce que je pense personnellement, je suis porté à croire que vous êtes une fille perdue; mais je ne puis vous dire pourquoi. Ainsi, faites de mon avis le cas que vous voudrez.* »
On voit dans quelle position ridicule se trouve l'*agnostique*, une fois mis en présence du monde. Il n'est indécis que sur un point, mais ce point c'est précisément le seul sur lequel l'indécision est impossible. L'humanité ne peut pas rester *agnostique* sur la croyance qui règle tous ses actes, pas plus qu'on ne peut marcher sans choisir une route.

(1) Alors même que, dans aucun cas, nous ne devrions arriver à une certitude complète, cela ne devrait pas nous arrêter.
Pratiquement, il suffirait que la probabilité fût plus grande d'un côté que de l'autre, pour que nous pussions nous déterminer raisonnablement. (M. Mallock met les choses au pire, pour le besoin de l'argumentation; il ne dit pas qu'il croit

On ne voit pas la raison de ce *peut-être*; les positivistes ne s'arrêtent à l'idée que cette entité pourrait exister, que parce que son existence est essentielle à l'homme, comme être moral. Mais la seule raison qui puisse nous tenter de dire : elle existe peut-être, nous force immédiatement d'ajouter : elle doit exister, elle existe.

A quelle solution l'école positiviste s'arrêtera-t-elle? Quelle solution l'humanité acceptera-t-elle? Je n'entreprends pas ici de le décider. Je n'ai voulu montrer qu'une chose : c'est que, si l'homme est un être moral il ne l'est qu'en vertu de sa volonté, cet être immatériel, cette force, ce je ne sais quoi dont les sciences physiques ne peuvent rendre compte, et dont elles ne peuvent ni affirmer ni nier l'existence avec une ombre d'autorité. J'ai voulu montrer de plus que, si la science ne peut nous empêcher d'affirmer la volonté immatérielle, elle ne peut non plus nous défendre d'affirmer l'immortalité de cette volonté et l'existence de Dieu.

J'arrive à un troisième point que j'ai annoncé, mais dont je n'ai encore rien dit.

Tout logicien qui admet la puissance de la volonté doit forcément admettre, non seulement la possibilité des miracles, mais le fait même de leur accomplissement heure par heure et jour par jour.

Tout acte de la volonté humaine est un miracle dans

qu'il n'y a que des probabilités pour appuyer ses croyances essentielles.) Quand il n'y a qu'une once d'un côté, pour faire baisser le plateau de la balance, une tonne est inutile : deux onces suffisent. Mais, à en croire nos philosophes, il n'y a rien dans la balance. Ils nous crient à tue-tête qu'ils n'ont rien à nous dire, et que, parce qu'ils n'ont rien à dire, personne ne doit avoir rien à dire.

le sens strict du mot; seulement, c'est un miracle secret, qui se passe dans l'enceinte du cerveau. Les molécules du cerveau sont disposées et ordonnées par un agent suprasensible (1); à chaque instant, la marche matérielle des mouvements est arrêtée; il y a suspension, direction, intervention.

Il est vrai que, d'ordinaire, le mot de miracle a un sens plus restreint; il est réservé à l'intervention divine. Mais, à regarder l'essence des choses, dans les deux cas, l'essence des choses est la même : on conçoit la volonté divine modifiant les mouvements automatiques de la matière, tout comme on conçoit la volonté humaine modifiant les mouvements automatiques du cerveau; et, bien que l'imagination de nos savants se révolte bien plus contre le premier phénomène, aux yeux de la raison, il n'est pas plus incompréhensible que le second. L'érection d'une pyramide, pour obéir à la volonté d'un monarque égyptien, modifie les lois de la nature, tout aussi bien que l'éloignement d'une montagne, à la prière d'un pêcheur de Galilée. La volonté d'une compagnie de spéculateurs, qui rétablirait la mer du Sahara, ferait plus pour changer le climat de l'Europe, que la prière n'aurait pu le faire, au dire des croyants les plus fervents.

Il suit de là qu'aux yeux de la science, la morale et la religion vont de pair. Elles se composent des mêmes éléments, et devant les attaques de la science, elles doivent succomber ou vivre ensemble. On voit aussi que par elle-même la science ne peut rien contre la morale

---

(1) L'auteur écrit : *supernatural :* il a voulu dire : suprasensible.

ni contre la religion. Pour agir, il lui faut un levier, qu'elle est obligée de nous emprunter.

De ce que les méthodes scientifiques ne nous disent rien de la morale ni de la religion, on ne peut absolument rien conclure, à moins de faire un dogme de cette proposition, que les méthodes scientifiques sont les seules méthodes.

Si nous souscrivons à cette proposition, tout est dit. Le reste, comme on le voit chaque jour plus clairement, sera alors très simplifié, et on pourra résumer ainsi toutes les objections contre la religion : il n'y a pas de surnaturel, parce que tout ce qui existe est naturel; il n'y a pas d'esprit, parce que tout ce qui existe est terre; il n'y a pas de feu, parce que tout ce qui existe est eau. La rose n'a pas d'odeur, parce que nos yeux ne peuvent découvrir son parfum.

Voilà réduit à sa plus simple expression le soi-disant argument du matérialisme moderne.

Mais, évidemment, il n'y a pas là l'ombre d'un argument. Ce n'est qu'une série d'affirmations dogmatiques, dont on ne peut rendre compte et qui n'ont pour se faire accepter que le sentiment plus ou moins vague qu'on peut avoir de leur justesse. Il est vrai que le monde moderne y a vu un argument et en a même été ébloui; mais c'est une méprise, qu'il est d'ailleurs assez facile d'expliquer.

Autrefois, tout le credo de la négation n'était qu'une sorte de révolte mal conçue, inconséquente et qui prêtait le flanc à l'attaque en cent endroits.

La nature, telle qu'on la connaissait alors, était aux yeux de ceux qui pouvaient pénétrer ses merveilles, absolument inexplicable sans un agent suprasensible, et de fait cet agent avait, croyait-on, laissé son empreinte partout.

Mais on a changé tout cela : petit à petit, la science a démêlé l'écheveau et défait de ses propres doigts le nœud qui semblait *Deo vindice dignus*.

Elle prétend qu'elle nous a fait voir dans la nature un mécanisme complet, qui se suffit à lui-même, sans aide du dehors; elle a fait un tout rationnel et cohérant d'idées qui, autrefois, n'étaient que caprices et absurdités.

Oui, la science a fait tout cela, mais cela seulement. Quand au credo de la négation, elle l'a laissé ce qu'elle l'avait trouvé, une série d'affirmations non démontrées et indémontrables. Tout ce qu'elle a pu faire a été de mettre ses différents articles d'accord avec eux-mêmes.

Mais, en faisant cette besogne, la science, comme on le verra, a été beaucoup plus loin que ses maîtres n'avaient compté. La nature, telle que l'explique la science, n'est plus qu'un immense mécanisme automate; l'homme, avec ses œuvres et ses manière d'être, n'est qu'une partie de ce tout, et aucun effort de la pensée ne peut l'en séparer. Il est un être automate, comme la fleur, comme l'arbre, et pas plus que l'arbre ni la fleur, ne peut avoir de responsabilité ni de spontanéité.

Ici, nous touchons aux bornes de la science : elle nous explique les faits de la vie, mais la valeur morale que l'humanité avait attachée jusqu'ici à ces faits, elle ne nous en dit rien. La valeur de la vie! cette chose si grande, si solennelle, est-ce un fait ou une chimère? A ne suivre que les preuves et les raisons scientifiques, nous pouvons tenir pour l'un ou pour l'autre. C'est un fait ou une chimère : voilà deux propositions contraires, entre lesquelles il faut choisir : toute raison tirée de la science ne nous y aidera pas : pour en sortir, il faut s'en rapporter à un arbitre placé sur un terrain différent. Pour des preuves sensibles, il n'y a pas à y songer. La nature des choses nous le défend. Le monde entier des faits moraux reproduit mille et mille fois ne pourrait pas donner, plus qu'il ne le fait maintenant, cette preuve de son existence.

Si nous sommes amenés par des raisons d'un ordre différent à croire à cette existence, alors, de tous côtés, nous apercevons non des preuves sensibles, mais des symptômes, qui confirmeront notre croyance. Dès que nous n'y croyons plus, au contraire, tous ces témoins s'évanouissent.

Mais quand la science demande une preuve du monde moral, qui soit tirée de sa propre sphère, elle demande l'impossible, et elle tombe dans une contradiction formelle.

La science suppose nécessairement que la nature est uniforme. La morale suppose nécessairement que la volonté intervient, pour rompre cette uniformité.

Le monde moral est aussi différent du monde qu'étudie la science, que le vin l'est de la coupe qui le contient. Il est absurde de dire que le monde moral n'existe pas, parce que la science n'en découvre pas de trace. Autant vaudrait dire que l'oiseau n'a pas passé par le désert, parce qu'il n'a pas laissé sur le sable l'empreinte de ses pas. Ce que je dis de la morale, je le dirai de la religion. La science peut être indifférente à ce que nous affirmions ou nous niions ces deux choses : la raison ne nous permet pas d'affirmer ou de nier l'une sans l'autre : il faut, de toute nécessité, affirmer ou nier les deux à la fois.

CHAPITRE X

LA MORALE ET LE THÉISME

Si nous nous rappelons tout ce qui a été dit et si nous considérons sans trouble l'avenir de la pensée dans l'humanité, nous verrons clairement que, par elles-mêmes, les sciences physiques sont impuissantes à s'emparer de sa direction ou à entraver son élan.

Tant que l'homme n'aura pas cessé de croire à la vertu et à sa propre dignité, la science ne pourra pas arrêter l'essor de la foi religieuse, au cas où les circonstances viendraient à ménager un réveil aux vieilles croyances.

Mais nous n'avons pas encore abordé la principale difficulté : c'est chose maintenant clairement démontrée, la science, dès lors que nous sommes des êtres moraux, ne peut ébranler notre foi en Dieu et dans l'immortalité de l'âme, et nous laisse toute la liberté de nos croyances.

Mais ces croyances, nous dit-on, la chose paraît de jour en jour plus incontestable, sont remplies de contradictions et entrent justement en lutte avec ces sentiments moraux, qu'on prétend expliquer par elles.

Il est évident qu'ici c'est à la raison que nous avons affaire, et la réponse que nous allons lui donner a une importance capitale. Cette réponse s'appliquera tout spécialement à la religion naturelle, jusque dans ses formes les plus vaporeuses, et *a fortiori* aux religions qui se disent révélées et orthodoxes.

Nous venons de voir que, dans l'hypothèse de l'existence du monde moral, la science de la nature n'a rien qui ne puisse s'accorder avec le théisme. Mais le théisme peut-il s'accorder avec la manière dont nous concevons le monde moral? C'est une nouvelle question, dont il faut nous occuper maintenant.

En répondant à ces nouvelles difficultés, il ne sera question que de la religion naturelle, sans allusion à aucun culte particulier. La question de l'Église orthodoxe demande à être traitée à part.

Pour plus de commodité cependant, nous considérerons comme le *Credo* commun à toutes les religions, la doctrine professée par le christianisme dans ses principes les plus généraux. Mais il est entendu que, dans cette discussion, ces principes ne seront pas pour nous des principes révélés, mais des vérités premières, qui se trouvent au fond de la conscience humaine.

Commençons par les difficultés les plus considérables et les plus fondamentales. Celles-ci, en dépit de la diversité des formes qu'elles revêtent, peuvent en définitive se ramener à deux : l'existence du mal en face de la volonté divine.

Je vais, pour le moment, essayer de montrer aussi clairement que possible, non pas que ces difficultés ne sont pas insolubles, mais qu'elles ne sont pas inhérentes à la religion naturelle et au théisme, et qu'il ne servirait de rien, pour y échapper, de se faire athée ou positiviste. Pour les trouver sur ses pas, il n'est pas nécessaire de croire en Dieu ou à l'éternité des récompenses ou des peines ; il suffit de croire à la morale ou à la vertu (1).

Rien ne fait mieux comprendre comment les esprits vulgaires conçoivent ces difficultés, que ce que Stuart-Mill nous dit des raisonnements antireligieux de son père. Il regardait la religion, dit Stuart-Mill, comme le grand ennemi de la morale. *En premier lieu*, disait-il, *elle met en avant comme des privilèges qui exaltent l'humanité, une foule de choses absolument factices, comme l'adoption d'un* Credo, *les sentiments de dévotion, les cérémonies et autres inventions, qui ne contribuent en rien au progrès de l'humanité et qu'elle substitue aux vertus réelles. Puis, par-dessus tout, elle a radicalement vicié l'idéal de la morale qui, pour elle, consiste à faire la volonté d'un être, auquel elle prodigue d'un côté tous les termes d'adulation, tandis que de l'autre, à parler vrai, elle en fait un être haïssable au suprême degré. Cent fois je l'ai entendu répéter que tous les temps et tous les peuples ont fait leurs dieux plus méchants les uns que les autres, ajoutant à chaque génération un trait nouveau, jusqu'à ce qu'enfin, ayant trouvé l'expression même de la cruauté par excellence, ils aient appelé cela Dieu et se soient prosternés pour l'adorer. — Pour lui, le nec plus ultra de la cruauté, c'est ce qu'on est convenu de présenter à l'humanité comme le* Credo *du christianisme.*

---

(1) Comme réponse indirecte, l'argument est bon, mais il eût fallu ne pas s'en tenir là. Nous avons mieux qu'une simple rétorsion contre ces difficultés. M. Mallock aurait pu consulter avec profit les théologiens et les philosophes catholiques.
(*Note du traducteur*).

Imaginez, disait-il, *un être qui creuse l'Enfer, qui crée les hommes avec une prévoyance infaillible et, par conséquent, avec la volonté que l'immense majorité soit condamnée à ces tourments effroyables et éternels.*

James Mill, ajoute son fils, savait parfaitement que ce *Credo* monstrueux n'avait pas produit sur les chrétiens l'effet démoralisateur qu'on aurait dû en attendre, s'ils avaient été jusqu'au bout de leurs principes. *Cet engourdissement de la pensée, cet esclavage de la raison, qui accepte le joug de tant de craintes, de désirs et d'affections chimériques, tout en les dégradant assez pour les rendre capables d'admettre sérieusement des théories contradictoires, les empêchent en même temps d'en prévoir les conséquences logiques.*

Sous cette forme âpre, si violente et si outrée, il y a une grande vérité, sur laquelle je crois devoir attirer l'attention. Mais ces lignes renferment également une assertion erronée, d'une nature particulière, et que je tiens à écarter de suite.

On nous parle ici d'un Dieu qui « *fait l'Enfer* », avec l'intention expresse de damner les hommes, et ce qui lui donne un caractère particulièrement odieux, c'est cette cruauté capricieuse et gratuite, qui punit pour punir.

Or, tout cela repose sur de fausses données. Non seulement la doctrine chrétienne ne dit pas cela, mais elle dit tout le contraire. Le Dieu du christianisme ne fait pas l'Enfer; encore moins y précipite-t-il froidement et délibérément les hommes. Ce sont les hommes qui font l'Enfer. Car l'Enfer consiste essentiellement dans la perte de Dieu, et ceux qui le perdent, le perdent par leur faute, pour s'être mis eux-mêmes délibérément dans l'impossibilité de l'aimer. Jamais Dieu ne veut la mort du pécheur; si le pécheur *meurt*, c'est qu'il le veut bien.

Aussi bien, tout ce verbiage de rhéteur sur la malveillance et sur la cruauté de Dieu est ici hors de propos et n'effleure même pas la difficulté, que le père de Stuart-Mill avait l'intention secrète de viser; car voici l'objection qui se trouve au fond de toutes ces difficultés : comment une volonté infinie, qui gouverne tout, peut-elle permettre qu'il y ait une autre volonté finie, qui soit en désaccord avec elle? Ce qui en outre trouble et déroute M. James Mill, c'est la vue des difficultés qui harcellent cette volonté finie, déjà si faible et si changeante.

M. James Mill ne s'est point trompé en estimant ces difficultés fort sérieuses. Mais elles n'appartiennent pas, comme il l'a cru, à l'ordre moral. Ce sont des difficultés qui tiennent à la faiblesse de l'intelligence humaine. M. Mill dit, il est vrai, qu'elles renferment dans les termes mêmes une contradiction; mais pourquoi? Ce n'est pas, comme il dit, parce que nous faisons d'un Dieu cruel l'objet de notre culte; mais parce que, en dépit du mal qui existe, nous affirmons que l'auteur de tout ce qui existe n'est pas mauvais.

Il n'est pas vrai non plus, comme il l'affirme, que cette contradiction soit le résultat de l'*indolence intellectuelle*. Non : la théologie enregistre cette objection l'œil grand ouvert, sans chercher à expliquer ce qui est inexplicable, et la volonté se comporte à son égard de la même façon. La théologie n'a pas la prétention de tout éclaircir, ni de mettre l'esprit à même d'embrasser l'univers dans son étreinte. Au contraire, elle affecte de dire bien haut que ses premiers principes sont indémontrables, et sa devise la plus fameuse est : *Credo quia impossibile* (1).

Que répondra la théologie aux attaques des moralistes et des rationalistes? elle se gardera bien de nier que ces difficultés soient pour elle des difficultés, mais elle démontrera à son adversaire qu'il est, lui, exactement dans le même cas qu'elle-même. Elle lui prouvera que, quelque base qu'il donne à sa morale, il rencontrera la même contradiction.

Si le bien a une valeur supérieure à ce qui se voit et se touche, s'il est, en d'autres termes, ce que tout système de morale doit supposer qu'il est, la coexistence du mal avec le bien est tout aussi inconcevable que celle du mal avec Dieu. Le bien moral ne vaut que parce que, par lui, nous sommes mis en rapport avec un être qui vaut mieux que nous; parce que, par lui, nous entrons dans un courant, dans une tendance qui mène à la justice absolue. Si cette justice n'est pas Dieu, que peut-elle être? Serait-elle la nature? Mais toutes les difficultés qui, tout à l'heure, s'élevaient contre Dieu,

---

(1) Les mots de théologie et de philosophie sont ici pris quelquefois l'un pour l'autre.

Les premiers principes de la philosophie spiritualiste sont indémontrables, mais non pas inconcevables. Ils sont évidents par eux-mêmes, mais ils ne se démontrent pas : ils se montrent.

Jamais la théologie ni la philosophie spiritualiste et chrétienne n'ont arboré la devise que leur suppose M. Mallock. C'est une calomnie banale, que M. Mallock a reçue de confiance, sans vérifier. La théologie ne reçoit rien que sur l'évidence intrinsèque de la chose, ou sur l'évidente valeur de l'autorité, qui supplée à l'évidence intrinsèque. Jamais elle n'a dit : *Credo quia impossibile.* Qu'on nous montre le texte. *(Note du traducteur.)*

réclament contre la nature. Comment se fait-il que la nature n'ait pas pourvu à ce que les êtres qu'elle a faits ne s'écartent pas de l'ordre? Comment permet-elle le mal?

Cette justice, est-ce la vérité spéculative, cherchée pour elle-même? Non, nous l'avons vu, ce n'est pas la vérité. Est-ce la nature humaine en général, considérée comme distincte de l'homme individuel, c'est-à-dire l'homme parfait, l'homme saint? — Certes, s'il s'agit de remplacer Dieu, cette substitution est encore de toutes la plus pratique et celle qui promet le plus; mais, pour ne pas reproduire à satiété des objections déjà discutées tout au long, il est clair que cette solution impliquerait les mêmes inconséquences, les mêmes contradictions. Partout le mal moral se dresse sous nos yeux : il se retrouve jusque dans cette humanité privilégiée qui, par hypothèse, serait notre idéal.

Nous aurons beau dire que, dans l'humanité, nous pouvons séparer par la pensée le bien du mal, que le bien n'est pas moins digne de nos hommages, lorsqu'il est mélangé avec le mal et cherche à se délivrer de son étreinte; cette subtilité ne nous tirera pas d'affaire. S'il ne faut compter comme humanité que la partie saine de cette humanité, il faudra sacrifier des proportions par trop fortes; car enfin le mal est au moins égal au bien et l'emporte dans presque tous les conflits.

Mais cette façon de concevoir le bien a un inconvénient grave : elle en détruit jusqu'à la notion. L'idée du bien, de la bonté, est une idée qui, nécessairement, en suppose d'autres. Elle n'est qu'une face d'un objet qui, vu d'un autre côté, nous apparaît sous les traits de l'éternité, de l'omniscience et surtout de la force infinie.

Réduire la bonté, le bien à n'être que l'élite de l'humanité, une flamme incertaine, qui à chaque instant voltige et disparaît, qui peut tout au plus briller un moment, et qui, dans son plus vif éclat, ne peut pas projeter ses lueurs au-delà des bornes étroites de ce monde, en vérité, c'est en faire une chose qui n'a plus ni sens, ni portée, ni prise sur le cœur de l'homme.

Et alors même que cela ne serait pas, alors même que nous pourrions croire et trouver quelque force à croire qu'un jour le bien l'emportera dans l'humanité, et que les siècles futurs tiennent en réserve pour elle un brillant avenir, auquel nous travaillons pour notre part; en quoi cette perspective nous donnerait-elle du bien une idée plus complète et effacerait-elle les dissonances actuelles?

Alors même que nous pourrions ne voir dans l'histoire de l'humanité que l'ensemble, ce brillant avenir compenserait-il et pourrait-il faire oublier le lugubre passé? La lumière, en devenant plus éclatante, ne ferait-elle pas au contraire ressortir les ombres avec leurs profondeurs? et, par contraste, l'histoire ne nous apparaîtrait-elle pas plus que jamais comme un vaste complot contre la justice?

Mais, dira-t-on, les peines passées seront ensevelies dans l'oubli : le mal sera comme s'il n'avait jamais été.

Parfaitement, mais le bien qui survivra, mourra lui aussi, et si le passé de l'humanité, avec ses fautes et ses tristesses, doit compter pour si peu, il me semble que nous aurons bien le droit de dire que cet avenir d'innocence et de joie, qui doit être après tout si court, ne devait pas compter pour beaucoup plus.

Arrivons maintenant à des points plus secondaires.

Les adversaires du théisme, qui du reste sont les ennemis de toute religion en général, attaquent sans cesse la théorie de la vie future. L'éternité des récompenses et des peines, voilà leur grande pierre d'achoppement. Le bonheur éternel n'est pour eux qu'une promesse puérile, et le malheur éternel une menace brutale et indigne de Dieu.

Si la raison scientifique et l'observation devaient être nos seuls guides, les positivistes n'auraient pas tout à fait tort. En croyant au ciel, nous croyons à une chose qui échappe à l'imagination. En croyant à l'enfer, nous croyons à une chose qui, sous un rapport, révolte le sens moral : car bien que, considéré dans son essence, l'enfer ne soit que la perte de Dieu consentie et voulue, et bien que ceux qui perdent Dieu, creusent leur propre enfer, cependant, leur perte, si elle est éternelle, sera une éternelle lacune (1), une note dissonante dans

---

(1) Ce chapitre n'est pas aussi satisfaisant que ceux qui précèdent. L'auteur semble n'avoir pas eu sur ce point des idées bien arrêtées. Il a grossi plus que de raison certaines difficultés. Il présente comme insolubles plusieurs côtés de la question, qui sont, relativement, faciles à expliquer, et il ne saisit pas très bien le point le plus délicat.

La question la plus épineuse dans le problème de l'existence du mal, c'est que l'homme, en face de la prescience de Dieu, reste libre, et que Dieu, qui est la bonté infinie, crée des êtres qu'il prévoit devoir se damner. Ce n'est pas précisément, comme le dit l'auteur, cette lacune, cette note *dissonante dans l'éternelle harmonie, d'une volonté qui s'affirme;* la volonté du damné est ramenée à l'ordre par la justice. (V. l'*Introduction*.)

M. Mallock a raison de dire que Dieu *ne creuse l'enfer de personne*. Il fallait ajouter que, logiquement, la vue de l'obstination du pécheur dans le mal précède en Dieu le décret de damnation; que Dieu ne condamne personne *a priori*, mais seulement sur le vu de la séparation volontairement consommée. *(Note du traducteur.)*

l'harmonie universelle, l'éternelle protestation d'une liberté qui s'affirme, en présence d'une toute-puissance ennemie et cruelle.

Impossible d'échapper à ces difficultés. Tout ce que nous pouvons faire ici, c'est de montrer, comme nous l'avons fait pour les autres, qu'elles ne sont pas inhérentes aux doctrines qu'on veut en rendre responsables, mais qu'elles se retrouvent dans tous les systèmes qu'on voudrait y substituer. Si nous ne prouvons pas qu'on peut les résoudre, nous prouvons du moins qu'elles sont inévitables.

Nous ne voulons pas du ciel, disent les positivistes, parce qu'on ne peut s'en faire une idée. Nous opposerons exactement la même raison à cette utopie de l'avenir, qui deviendrait, dit-on, notre unique espérance.

S'agit-il des peines éternelles; si on échappe à une difficulté, en admettant la délivrance finale du damné, ce n'est que pour retomber dans une autre, aussi embarrassante. Notre sens moral ne sera plus blessé par le spectacle d'une éternelle collision de deux volontés, oui; mais, en revanche, nous verrons se dresser devant nous un fanatisme qui, d'un seul coup, supprimera toute moralité. Si tous nous devons aboutir au même but, si forcément, inévitablement, nous devons tous nous retrouver au même terme, il est clair que nous n'avons pas le choix et que notre liberté n'est qu'un mot.

M. Leslie Stephen l'a bien compris : *Donnez, dit-il, à la moralité le sens qu'elle doit avoir, au point de vue spiritualiste et religieux, et, immédiatement, vous voyez sortir de ces prémisses une invincible logique, qui relie la croyance à l'Enfer aux articles fondamentaux du dogme religieux. Le système des sanctions*, dit-il encore, *est une création spontanée de la conscience. Le Ciel et l'Enfer, ce sont là deux vérités corrélatives, qui naissent et qui meurent en même temps. Quelque sens qu'on donne à l'αἰώνιος, les émotions terribles que ce mot représente sont éternelles et indépendantes du temps, aussi bien que les émotions extatiques et par la même loi.*

Voilà ce qui est parfaitement clair pour M. Leslie Stephen : ce qu'il y a d'étrange, c'est qu'il ne voit pas la réciproque. Il comprend que le concept chrétien de la moralité emporte nécessairement l'affirmation de l'Enfer. Mais il ne comprend pas que nier l'Enfer, c'est nier la morale chrétienne, et que traiter ce premier point de rêve, c'est dire que la morale, elle aussi, n'est qu'un rêve.

Nous ne pouvons pas ne pas voir ces questions pleines de perplexités et d'angoisses. Le seul moyen de ne pas se laisser dominer par elles, c'est non pas de les ignorer, mais au contraire de se rendre pleinement compte de leur grandeur et de bien comprendre que, si nous leur permettons de nous arracher quelque chose de nos croyances, elles nous les arracheront toutes ; de comprendre, dis-je, que si nous ne les tenons pas sous nos pieds, elles nous écraseront impitoyablement ; que nous pouvons les traiter en maîtres, bien que nous ne puissions pas les pénétrer ; que nous pouvons enfin, si nous voulons, les réduire à l'impossibilité de nuire, et que, si elles ne sont pas tout à fait impuissantes, elles deviendront toutes-puissantes.

Je vais citer à l'appui de ce que je dis un exemple très concluant. Je ne veux pas parler de la croyance à la religion et à la morale, mais d'une croyance qui se trouve à la base de ces deux choses, et sans laquelle ni l'une ni l'autre n'est possible. C'est la croyance à la liberté. J'en ai déjà dit un mot, mais, jusqu'ici, je ne l'ai considérée qu'au point de vue de la physiologie; maintenant, il faut l'étudier en elle-même.

Quelle est la nature de notre croyance à la liberté? Comment y arrivons-nous?

Sous certains rapports, il est assez facile de répondre à cette question. Quand nous parlons de volonté libre, ou quand nous y pensons, nous savons fort bien ce que nous entendons par là. Là-dessus, nous sommes tous d'accord.

Le professeur, il est vrai, quand il touche à ce point, s'évertue à distinguer entre le sens qu'il attache, lui, à ce mot, et le sens que tout le monde y attache, et peut-être arrive-t-il, dans son cabinet ou dans sa classe, à torturer et à obscurcir ce que tout le monde voit. Mais dès qu'il laisse là ses théories, dès qu'il entre en lutte avec les réalités austères et importunes de la vie, pour peu qu'il ait à gronder sa domestique pour avoir égaré ses lunettes, ou son bonnet de nuit, ou fait une mauvaise soupe, il retrouve bien vite l'idée de liberté, formée sur le vieux type, et la bonne femme ne verra que trop bien que, là-dessus, les idées de son maître sont identiques aux siennes. Et, de fait, partout, dans la vie qui nous entoure, dans les jugements moraux et sociaux sur lesquels la société repose, dans les appréciations personnelles qui jouent un si grand rôle dans l'amitié et dans la sympathie, partout, dans la vie, dans l'art, dans les émotions que nous ressentons, dans le langage des tribunaux, nous voyons écrite en caractères grandioses et visibles à tous, la croyance de l'homme à la liberté.

Oui, mais ceci, c'est la liberté vue à distance; dès que nous l'étudierons de plus près, nous serons témoins d'un phénomène qui nous étonnera. Il y a parfois dans une plaine marécageuse des sentiers qu'on aperçoit très nettement de loin, mais qui semblent se perdre et s'évanouir à mesure qu'on s'en rapproche davantage. Il en est de même de la croyance au libre arbitre : plus on l'examine de près, plus elle s'obscurcit. Confuse d'abord, elle finit par s'évanouir entièrement. Nous commençons par ne pas distinguer très nettement ce que c'est que la liberté, puis, nous nous persuadons qu'aux yeux de la raison, ce mot n'a pas de sens.

A ce point de vue, tous les actes de notre vie, tous nos choix, tous nos refus, semblent n'être que le résultat des événements qui ont précédé. Il est vrai que, devant certains actes, la balance paraît tellement en équilibre, que notre volonté semble être la seule chose qui puisse la faire pencher. Mais, en y regardant de plus près, il semble qu'il y ait de fait mille et mille motifs microscopiques, trop petits pour laisser leur empreinte sur la conscience, qui, selon l'influence qu'ils exercent sur nous, décident réellement du choix (1).

(1) M. Mallock ne balance pas sur le fait de la liberté; mais quand il s'agit d'expliquer ce fait, il hésite et nous surprend par la confusion de ses explications. Il admet la liberté comme un fait, comme une nécessité morale, mais il n'en voit pas la preuve; il émettra même cette énormité, que c'est un effet sans cause. Ce qu'il y a d'étrange, c'est que l'auteur, tout en disant qu'il ne comprend pas la liberté, en expose parfaitement la preuve (V. plus haut : *Nous voilà certains*). La liberté est

La chose est ainsi, et si nous pénétrons plus avant, la raison nous dira qu'elle doit être ainsi. Autrement, la volonté aurait pu échapper au choix ; elle ne se serait pas décidée. Il est vrai que, tout en admettant que c'est le plus fort motif qui nous détermine, on pourrait peut-être dire que la volonté a le pouvoir de faire que tel motif qui lui plaît l'emporte sur les autres ; de sorte que les différents motifs qui poussent la volonté ne sont, en réalité, que des instruments.

Mais ceci ne fait que reculer la difficulté au lieu de la résoudre. La question se présente alors en ces termes : Qu'est-ce que le libre arbitre quand il use de ces instruments ?

Nous trouvons alors que ce libre arbitre est une chose que notre intelligence ne peut admettre ; une chose contraire à toutes les analogies que la nature nous

---

un fait, la conscience, en attestant ce fait, en atteste la cause : la spontanéité de l'âme. Nous sentons que la détermination n'est pas due au motif le plus agréable. Et l'explication de ce fait, c'est que la volonté n'est dominée que par une chose la tendance vers le bien infini.

Il n'y a qu'une chose à laquelle nous ne puissions pas renoncer : le bonheur sans limites. L'infini, clairement vu, ne nous laisserait pas libres. Mais ici-bas, nous ne voyons pas l'infini. Mise en présence de n'importe quel objet, l'âme entrevoit l'idéal supérieur, elle aperçoit des lacunes, et par conséquent des raisons de ne pas vouloir et de vouloir tout à la fois. C'est pour cela qu'en présence de tout objet, quelle que soit d'ailleurs la séduction qu'il exerce sur elle, elle est libre (V. l'*Introduction*). Devant cette explication concluante, M. Mallock n'a pas le droit de dire : Les empiriques de la métaphysique, ou bien laissent la question là où ils l'ont trouvée, ou bien font semblant de l'expliquer, en niant sous main le fait, qui seul a besoin d'être expliqué. (*Note du traducteur.*)

offre; une chose qui est toujours cause, sans être elle-même causée par rien.

Inutile de chercher à éluder la difficulté : d'âge en âge, on l'a essayé sans y réussir. Il y a toujours eu des empiriques de la métaphysique qui se sont offerts à faire du libre arbitre quelque chose d'acceptable à l'intelligence. Mais tous, ou bien laissent la question où ils l'ont trouvée, ou bien font semblant de l'expliquer, en niant sous main le fait, qui a seul vraiment besoin d'être expliqué.

Voilà donc l'effet que produit le libre arbitre, quand il est analysé par la raison : il s'évapore d'abord en un brouillard confus, et finit par s'évanouir complètement, si bien que nous finissons par nous persuader qu'il n'existe pas.

Mais dès que nous nous mettons à distance, le fantôme que nous pensions avoir exorcisé reparaît. Le sphinx est là, plus nettement visible que jamais, tenant à la main la balance du bien et du mal, et demandant pour chaque décision une malédiction ou une bénédiction.

Nous voilà encore une fois certains, et de cela plus que de tout autre chose, que nous sommes, comme nous l'avions toujours pensé, des agents libres de choisir ou de refuser, et que, par le fait de cette liberté, et de cette liberté seule, nous sommes responsables de ce que nous sommes et de ce que nous faisons.

Considérons attentivement l'état de la question. Le libre arbitre est, d'une part, une nécessité morale, de l'autre, une impossibilité que nos intelligences ne peuvent résoudre; et cependant, en dépit de cette impossibilité, en dépit de ce que nous dit l'intelligence, comme êtres moraux, nous continuons à croire au libre arbitre; nous le faisons, et toute l'humanité le fait et l'a fait avant nous.

Pensons bien à tout cela, dis-je, et les difficultés que nous présente le théisme cesseront de nous émouvoir. Nous les envisagerons avec calme et, si nous ne pouvons nous en débarrasser, nous pourrons du moins en prendre tranquillement notre parti. Si, en dépit de ce que ma raison me dit, je puis croire que ma volonté est libre, qu'est-ce qui m'empêche de croire que, en dépit de ma raison, Dieu est bon (1)? La seconde chose est encore moins difficile à admettre que la première. Dans le monde moral, c'est au seuil qu'on rencontre la grosse pierre d'achoppement.

Voilà donc les principales objections que l'on fait au théisme. Mais il y en a d'autres moins précises, auxquelles il nous faut donner un coup d'œil. Je ne sais trop dans quelle catégorie les ranger : peut-être pourrions-nous dire que les premières s'adressaient au jugement moral de l'homme, tandis que celles-ci s'adressent à ce qu'on pourrait appeler l'imagination morale.

Ces objections s'appuient sur certains faits, don-l'importance n'a été révélée au monde que tout récemt ment, comme le peu de place qu'occupe la terre dans le système universel, dont elle n'est qu'une partie insignifiante; la longueur énorme de temps pendant lequel on trouve l'humanité sans histoire religieuse, et, autant que nous en pouvons juger, sans religion; le fait de l'immense majorité des hommes, croupissant dans

---

(1) Nous ne croyons ni une chose ni l'autre en dépit de la raison. (Voir l'*Introduction*.)

un état de semi-barbarie. Est-il possible, se demande-t-on, que Dieu, qui a tant d'astres à gouverner, puisse se préoccuper à ce point de cette misérable terre et en faire le théâtre d'événements plus étonnants que les mouvements combinés de systèmes sans nombre? Comment croire que dans ces foules innombrables, vicieuses, indifférentes, qui couvrent la terre, chaque individu, même le Chinois, même le Bushisman, même le Nègre, soit un être immortel, d'une valeur immense, destiné par droit de naissance à un bonheur infini et éternel (1)?

Ces pensées ont parfois quelque chose d'écrasant. L'astronomie avec ses espaces incalculables, la géologie avec ses époques accumulées, l'histoire et la géographie avec les multitudes qu'elles nous montrent, vivant dans l'anarchie, nous accablent.

Or ici, pas plus que dans le cas précédent, tant que nous nous renfermerons dans le théisme, il n'est pas possible de donner à ces difficultés une réponse absolument satisfaisante. Tout ce que nous pouvons dire, c'est que, si on leur accorde quelque chose, il faut tout leur accorder, et qu'alors, c'en est fait non seulement de la religion, mais de l'idée de l'homme moral. Les croyances religieuses et les croyances morales se ressemblent sous ce rapport : elles recèlent dans leur sein de profonds mystères; la raison peut bien en faire aboutir les fils au même centre, elle ne peut pas les démêler entièrement.

Voici donc ce que j'ai voulu montrer, et ce que j'ai dit doit suffire pour cela : j'ai voulu montrer, non pas

---

(1) V. l'*Introduction*.

que le théisme, avec son cortège nécessaire de doctrines, ne présente aucune difficulté, ou n'entraîne aucune de ces contradictions, choquantes, qui semblent insulter au bon sens; on ne nous offre aucun spectacle terrible ou lamentable, mais bien que toutes ces choses ne sont pas inhérentes au théisme. De toutes façons, il faut les dévorer, et c'est à ce prix qu'on s'élève, non pas précisément de la morale à la religion, mais des sens au spiritualisme. Dès que ce monde suprasensible vient s'ajouter au premier, l'univers devient trop vaste, pour que notre raison puisse l'embrasser. Nous sommes tiraillés en sens divers par différentes convictions, dont chacune, tout en étant indispensable, semble exclure les autres. Quand nous essayons de les harmoniser, notre esprit ressemble à un homme qui serait attaché à des chevaux impétueux, ou bien à Phaéton, sur le char du soleil, éperdu et sans force, pour maîtriser son attelage indomptable.

Le seul moyen de retrouver notre force, c'est d'avouer notre faiblesse. Nous ne pourrons sauver les croyances reconnues indispensables, qu'en demandant à la foi de donner la main à la raison; sinon, il n'y a plus qu'une chose à faire. Sans la foi, nous pourrons peut-être expliquer toutes choses; oui, mais ce ne sera qu'après les avoir réduites à une condition telle, qu'elles ne vaudront plus la peine d'être expliquées. Nous ne pouvons nous flatter de les avoir vues à fond, qu'en en faisant quelque chose qui ne mérite plus d'être compris (1).

(1) Les difficultés examinées dans ce chapitre se rapportent toutes à la religion naturelle et révèlent en elles des lacunes que la religion surnaturelle peut seule combler, ainsi que le *montre* le chapitre XI. (*Note du traducteur*.)

CHAPITRE XI

LA RACE HUMAINE ET LA RÉVÉLATION

> Le chrétien pieux n'aurait pa-
> lieu de tant se scandaliser, et l'infi-
> dèle n'aurait pas lieu de tant
> triompher, si tous deux se rappe-
> laient non seulement par qui, mais
> à qui la révélation fut annoncée.
> (*Gibbon.*) (1).

Nous sommes maintenant convaincus, du moins nous le supposons pour le besoin de la discussion, que l'homme se croira toujours un être moral, et que rien au monde ne pourra jamais l'amener à en démordre. Ceci posé, nous avons démontré de plus que le théisme, s'il voulait tenter la conquête des âmes, n'aurait rien à redouter de la part de l'école positiviste.

Supposons en outre, si on le veut bien, que ce retour

---

(1) Chose assez curieuse, ces paroles qui, sous la plume de Gibbon, étaient un sarcasme, énoncent de fait une vérité très sérieuse et très profonde, et nous amènent à des conclusions tout à fait opposées à celles qu'en tire l'auteur dans le chapitre très brillant d'ailleurs et très spirituel auquel je les ai empruntées. (*Note de l'auteur.*)

aux doctrines spiritualistes soit imminent, que tout ce qu'il y a d'éclairé dans le monde soit disposé à se tourner, non pas aveuglément, mais les yeux grands ouverts vers les désirs et vers les aspirations religieuses, nous nous trouvons alors en face d'une question que nous n'avons pas encore touchée.

Cette religion qui attire les âmes d'élite, est-ce une religion purement naturelle, ou bien est-ce quelque dogme exclusif restaurateur surnaturel de l'idée religieuse?

Ici, avant d'aller plus loin, précisons bien l'état de la question : quand il s'agit de religion surnaturelle, il ne faut pas raisonner sur les besoins de l'homme, comme lorsqu'il s'agit du théisme naturel.

Que le théisme naturel soit essentiel à la morale, on peut le démontrer avec plus ou moins de rigueur; mais dès qu'il s'agit de prouver que la révélation est nécessaire pour suppléer ce qui lui manque, l'argumentation devient moins pressante.

Et de fait, beaucoup d'hommes qui croient fermement que pour l'humanité, être sans religion, c'est mourir, font reposer toutes leurs espérances, non sur la renaissance ou sur le triomphe prévu d'une des prétendues révélations, mais sur l'extinction graduelle des prétentions de toutes.

Il faut avouer qu'il serait assez difficile de les réfuter par un argument net et sans réplique (1); mais leur manière de voir soulève de fortes objections qui, pour

---

(1) M. Mallock n'en trouve pas; mais nous, nous en trouvons. Du reste, comme nous le verrons, M. Mallock a vu la réponse : je ne sais pourquoi il ne la juge pas nette et sans réplique.

(*Note du traducteur*).

avoir un caractère un peu général et un peu vague, n'en sont pas moins pressantes. Et d'abord, pour commencer par celle-ci : pour tout homme pratique qui a lu l'histoire et qui sait ce que c'est que la vie, il est clair qu'une fois accordée la nécessité de faire la volonté de Dieu, il n'y a pas pour l'homme de question plus sérieuse que celle de savoir si cette volonté ne nous a pas été révélée d'une manière spéciale. Il n'est pas moins évident, à tout homme impartial, que le théisme présente des lacunes considérables.

Prenez l'humanité religieuse dans son ensemble, supposez-lui un Credo fondé sur la religion naturelle, et vous trouverez qu'instinctivement, fatalement, cette humanité demande quelque chose de plus.

Par lui-même, le Credo de la religion naturelle a toujours excité plus de désirs qu'il n'a pu en satisfaire, et a soulevé plus de difficultés qu'il n'a pu en résoudre.

La religion naturelle peut bien aider l'homme à se rendre compte de la valeur de la vie et de l'alternative effroyable qui l'attend, selon la voie qu'il aura choisie.

Mais quand il s'agit de choisir cette voie, l'humanité trouve que cette religion lui sert de peu. Elle ne lui tend pas la main pour le soulever ou pour le guider. C'est une voix enchanteresse, qui se fait entendre de loin à travers le brouillard et lui crie : Suis-moi ! Mais elle lui laisse le soin de se frayer sa route à travers les ténèbres, les rochers, les torrents et les fondrières qu'il peut à peine distinguer, courant mille fois le risque de se tuer ou de s'estropier, et finissant presque inévitablement par perdre la tête.

Alors même que, pour quelques âmes d'élite, la chose ne se passerait pas ainsi, ces âmes-là sentent elles-mêmes que, pour l'humanité en général, tout cela est l'exacte vérité. Et, de fait, jamais on ne verra l'humanité gouvernée par un théisme naturel, qui ne parle pas, qui n'a ni organe, ni rien qui puisse l'aider à faire passer son esprit dans une parole articulée (1).

Notre vie se compose de choix à faire nets et définis; il faut donc que la règle qui doit guider nos choix soit, elle aussi, quelque chose de net et de défini.

C'est ici que se fait sentir la lacune du théisme : il émet une majeure, et, dès qu'il s'agit d'énoncer la mineure, il hésite et il balbutie : il nous dit d'un ton emphatique qu'il faut éviter tout vice, et il ne sait jamais décider si telle chose ou telle autre est vicieuse.

La vérité est que la seule existence de tant de religions prétendues révélées est à elle seule un témoin terrible de l'insuffisance du théisme; car, supposé même qu'aucune d'elles n'ait été révélée par Dieu, le fait seul qu'elles aient été admises par tant d'hommes, ne prouve-t-il pas le besoin immense et général d'une révélation? Alors même qu'aucune ne serait un secours envoyé par Dieu, toutes témoigneraient des efforts passionnés et persistants de l'humanité pour obtenir ce secours.

Nous comprendrons mieux tout cela, si nous nous rappelons que toute révélation doit nécessairement s'attribuer une infaillibilité absolue et que, si une Église, qu'il est inutile de nommer, traverse en ce moment une crise douloureuse, c'est pour avoir méconnu cette loi.

(1) Comment M. Mallock, qui raisonne si bien, n'a-t-il pas vu que c'est là un argument net et sans réplique?

Toute religion surnaturelle qui renonce à cette infaillibilité avoue par là même qu'elle n'est qu'une révélation tronquée. Ce n'est plus qu'une chose hybride, mi-naturelle et mi-surnaturelle, et, pratiquement, elle revient à une religion qui serait purement naturelle.

Sans doute, en tant qu'elle est révélée, elle prétend bien à l'infaillibilité. Mais, si ce qu'elle tient pour révélé ne se distingue du reste ou ne se comprend qu'avec peine, si on peut y trouver des sens à l'infini, dont beaucoup contradictoires, à quoi bon cette révélation? Autant vaudrait qu'il n'y en eût point.

Pour qu'elle nous soit une révélation infaillible, disons mieux, pour qu'elle nous soit une révélation, il nous faut pour interpréter la parole, le testament du révélateur, une parole qui vaille à nos yeux le testament lui-même.

Si élémentaire que soit cette vérité, l'humanité a mis beaucoup de temps à s'en convaincre. Le fait est qu'elle n'est reconnue, par la généralité de l'humanité civilisée, que depuis quelques années. Mais, de nos jours, tout autour de nous, l'histoire se charge de nous donner une leçon si éclatante, qu'il n'y a pas moyen de s'y tromper.

Cette leçon, c'est le christianisme protestant et le triste état auquel il s'est réduit après trois siècles d'existence. Elle nous montre à quoi peut aboutir une religion qui se prétend surnaturelle, et qui se laisse dépouiller de la prérogative de l'infaillibilité.

Notre siècle a fini par comprendre que cette religion n'est ni la réforme d'une révélation décrépite, comme on l'avait prétendu, ni la corruption d'une révélation plus pure, mais en définitive, et pratiquement, la négation pure et simple de toute révélation.

Tout ce qu'elle avait de surnaturel s'est bientôt évaporé, pour faire place à un théisme purement naturel. Excellente occasion d'étudier de quoi est capable le théisme naturel.

Voyons quel est en Angleterre, en Europe et en Amérique, l'état du protestantisme. S'il s'y trouve encore de la religion, c'est une religion dont l'élément surnaturel disparait rapidement, et dont l'élément même naturel se couvre tous les jours de nuages épais. C'est bien d'elle qu'on peut dire avec M. Leslie Stephen : qu'elle n'est plus qu'une religion de rêveurs. Tous ses dogmes sont aussi insaisissables et ont des contours aussi flottants que des rêves.

Pour nous faire comprendre la chose, M. Leslie Stephen a cherché un exemple, et il faut avouer qu'il a eu la main heureuse : Un membre distingué de l'Église anglicane a prêché et publié une série de sermons (1) dans lesquels il nie énergiquement l'éternité des peines, tout en convenant qu'il a contre lui l'opinion commune de l'univers chrétien. Ces sermons donnèrent lieu à une controverse dans une des Revues les plus en vogue, à laquelle prirent part des théologiens protestants de toutes nuances. « *Avec la meilleure volonté du monde*, dit M. Stephen, *on ne peut guère prendre cette discussion au sérieux. Boswell raconte qu'une dame demanda au docteur Johnson quelle était la nature du corps spiritualisé, et il ajoute :* Cette dame paraissait désirer d'en apprendre plus long; mais le Docteur laissa la chose dans une certaine obscurité. — Nous ne pourrons nous empêcher de sourire de la

---

(1) *Our eternal Hope*, by cannon Farrar.

pensée pour nous évidente chez Boswell, que le Docteur eût pu, s'il l'eût voulu, dissiper cette obscurité. Quand nous rencontrons des hommes instruits qui demandent sérieusement quelles peuvent être les conditions de l'existence dans l'autre monde, nous sentons qu'ils sont aussi naïfs que Boswell, mais sans avoir la même excuse que lui, car en vérité, quand on ne parle pas en chaire, que peut-on dire sur ces choses, qui ne soit un aveu d'ignorance, plus ou moins mélangé de craintes et d'espérances vagues? Est-ce que par hasard les secrets de l'éternelle prison ont été révélés à M. Beresford Hope?... Quand les hommes se mêlent de sonder l'insondable, ils arrivent presque toujours à des conclusions fort divergentes.

M. Stephen a raison d'ajouter qu'à juger du christianisme par des discussions de ce genre, on peut croire que ses doctrines sur la vie future se perdent dans la région des rêves, et nous souscrivons sans hésiter à ce qu'il disait plus haut, « *que le jeune vicaire qui lui dit d'un ton outrecuidant qu'il sera brûlé pendant l'éternité, parce qu'il ne partage pas ses superstitions, n'en sait pas plus long que lui, Stephen, qui lui-même est là-dessus aussi ignorant que son chien* ».

Le critique que je viens de citer s'autorise, pour parler ainsi, de l'état où se trouve une des églises protestantes; mais toutes pourraient lui inspirer les mêmes réflexions, car, au fond, toutes sont livrées à la même anarchie. La divinité de Jésus-Christ, la nature de sa satisfaction, la nature intime de la Trinité, l'efficacité des sacrements, l'inspiration de la Bible, il n'est pas un de ces points, autrefois si ardemment soutenus, sur lequel les convictions ne soient aussi changeantes, aussi indécises, aussi faibles, aussi disposées à se prêter au caprice de chacun, que sur celui des peines éternelles, et M. Stephen et son école ont assurément le droit de rire de cette comédie. La vérité est que le protestantisme est en train de se montrer formellement et explicitement ce qu'il a toujours été en secret et par sous-entendu, non une religion surnaturelle qui complète la religion naturelle, mais une religion naturelle qui nie la religion surnaturelle.

Or, quelle est l'influence du protestantisme comme religion naturelle? Sans doute, beaucoup de son influence primitive survit encore; mais ce n'est plus que le dernier souffle d'une vie qui s'éteint. Il ne faut pas le juger par là : il faut le juger non par ce qu'il a été, mais par ce qu'il devient, et, à ce point de vue, son influence morale et doctrinale, sa puissance de direction, seront bientôt aussi incertaines et aussi effacées que sa théologie.

Sa morale traditionnelle peut, tant qu'elle ne va pas à l'encontre des idées généralement reçues et indépendantes du protestantisme, donner à l'opinion commune plus de poids et de majesté, par le prestige qu'auront toujours des associations très respectables; mais dès que cette morale entre en lutte avec la tendance en vogue, sa faiblesse inévitable se trahit à l'instant.

Prenons comme exemple la physionomie morale du Christ et l'autorité de ses exemples. La vie du Christ, c'est du moins ce qu'on a enseigné jusqu'ici dans l'univers entier, est sainte et infaillible. Tant que nous croirons cela, l'exemple du Christ sera pour nous l'autorité suprême.

Mais soumettez ce point de doctrine à l'action du

principe protestant, et aussitôt cette autorité du Sauveur est ébranlée. Si le Christ n'est rien de plus qu'un homme impeccable, si vous lui refusez l'infaillibilité doctrinale, de quel droit pouvez-vous affirmer même son impeccabilité? Et d'ailleurs, quand même nous admirerions sa conduite en tout, il n'en serait pas moins vrai que, dès lors, ce serait nous qui l'approuverions, ce ne serait pas lui qui nous approuverait. Les rôles seraient intervertis : nous serions les juges de notre juge éternel, nous acccordant à nous-mêmes l'infaillibilité que nous lui refusons. Car, pratiquement, la formule protestante revient nécessairement à ceci : *Voilà la meilleure manière de croire : c'est moi qui te le dis : s'il te faut un exemple, regarde le fils de David qui, et c'est encore moi qui te le dis, était le meilleur des hommes.*

Mais alors même qu'on croirait le protestantisme sur parole en ce point, à savoir que le caractère moral du Christ est admirable, encore est-il qu'il resterait à s'entendre sur ce que ce caractère était ou n'était pas, et là-dessus, il lui est impossible de répondre.

Cet embarras était inévitable : en effet, chacun entend par ce caractère moral du Christ ce qu'il trouve, lui, de plus admirable. Le récit historique où l'on puise a beau être identique, les portraits que chacun se fait du Christ ne se ressemblent en rien, et l'histoire alors n'est guère qu'un cadre uniforme, qui peut servir également à tous les tableaux. Pour M. Mathieu Arnold, Jésus-Christ est un homme, et pour le Dr Newman, pour Charles Kingsley, ou pour M. Renan, il est un autre homme. L'*Imitation de Jésus-Christ*, interprétée par ces différents personnages, aurait certainement des sens très différents.

Cependant, si grandes que soient ces divergences, elles sont encore l'harmonie, presque l'unanimité, si on les compare aux systèmes d'autres penseurs, qui, à ne considérer que la logique ou l'autorité du talent, ont tout autant de droit que les premiers à se faire écouter. Il n'y a pas d'aberration morale, de licence même, qui ne se soit ici ou là traduite par quelque secte qui se réclamait du protestantisme, et remarquez qu'en parlant ainsi, je ne fais pas allusion seulement à quelques fanatiques excentriques, mais aux penseurs protestants les plus graves et les plus autorisés. N'est-ce pas en Allemagne qu'une école théologique a eu le front de soutenir que *la fornication n'est pas un crime*, et qu'elle n'a jamais été défendue par l'Évangile (1)?

Il y a encore un côté de la question que je n'ai pas touché. Les auteurs que je citais tout à l'heure s'accordent à reconnaître que, moralement, l'exemple du Christ est parfait.

La seule difficulté, c'est de savoir en quoi consiste cet exemple. Mais la logique du principe protestant ne s'arrêtera pas là. Bientôt, dans cette perfection même du modèle dont il s'est constitué juge, il trouvera des taches et des lacunes. Cela n'a pas manqué d'arriver. Il y a quelques années, un des penseurs anglicans (2) les plus élevés et les plus logiques déclara que, dans le Christ lui-même, il apercevait des lacunes. Ce fut un des familiers de la maison qui donna le coup de grâce à l'autorité morale du protestantisme.

---

(1) V. Dollinger, continuation de l'*Histoire de l'Église* d'Hortig.
(2) *Phases of my faith*, by Francis Newman.

Il est vrai que les critiques du professeur Francis Newman étaient présentées avec beaucoup de réserve et de respect; mais ce qu'a dit un homme d'une si haute piété peut nous donner une idée de ce que d'autres ont pu ou pourront dire. La vérité est, et tous les jours la chose devient plus manifeste, que, pour le monde qui se dit encore protestant, l'exemple du Christ n'a plus d'autorité morale, et que le pouvoir nominal qu'on lui suppose encore ne rend que plus sensible sa faiblesse réelle. Dans cette seule question, on voit se refléter tous les doutes, tout le découragement qui envahissent les âmes. Le langage, l'attitude autrefois si fermes et si assurés changent à vue d'œil et font place à de nouveaux accents, à une nouvelle manière d'être. Tout est enveloppé d'un nuage; plus nous examinons, plus nous écoutons, moins nous distinguons. Il nous semble que nous entendons ce cri : Que ferons-nous pour être sauvés? et des lèvres, qui autrefois rendaient des oracles, ne peuvent que murmurer confusément : Hélas! que ferez-vous?

Le théisme de la nature n'est alors d'aucun secours. Mais, dans les changements terribles dont nous pressentons les symptômes encore confus, dans ce courant impétueux d'opinions qui se prépare, dans ce tremblement qui ébranle la terre sous nos pas et qui fait chanceler les fondements de la morale, engouffrant les anciennes limites et exhumant de leur tombe les convoitises du paganisme, il sera plus impuissant encore. Il n'a d'appui que sur la terre. Dès que la terre tremble, et Dieu sait si elle tremble, alors il est éperdu comme nous. C'est en vain qu'il lève vers le ciel ses mains suppliantes : le ciel n'en a cure, Dieu ne s'occupe pas de lui tendre la main, pour le soutenir ou pour le guider.

Voilà, je crois, ce que tout homme sincère et pratique doit penser de la religion naturelle et de son impuissance fatale. A ses yeux, cette impuissance tient surtout à l'absence d'une règle morale infaillible; mais elle ne tient pas qu'à cela. Le cœur ici vient témoigner dans le même sens que la tête. Car, on le sent encore plus qu'on le voit, s'il y a un Dieu qui aime l'homme et prend soin de lui, il est certain ou presque certain qu'il a dû lui parler de façon à être compris et reconnu de lui. En tout cas, beaucoup penseront comme moi que, pour ce monde tourmenté de velléités religieuses, c'est une question très sérieuse et pleine d'angoisses que celle de savoir si Dieu nous a fait quelque révélation particulière et explicite : ce ne sera donc pas perdre notre temps que de la traiter avec soin et avec impartialité.

Mais avant d'aller plus loin, rappelons-nous deux choses : la première, c'est que, s'il y a une révélation, il est moralement certain qu'elle a déjà été faite. En effet, supposé que les prétentions des religions soi-disant surnaturelles fussent toutes fausses sans exception, il serait difficile de croire que Dieu réserve à l'avenir une révélation d'un genre différent. En second lieu, nos recherches étant ainsi limitées aux religions qui existent de fait, pratiquement, il ne peut s'agir pour nous que de la vérité du christianisme.

Il est vrai qu'on a beaucoup parlé dans ces dernières années de la prétendue supériorité des autres religions sur le christianisme. Mais ceux qui tiennent ces propos, bien qu'ils affectent de croire à certaine supériorité morale de ces religions, n'ont pourtant jamais songé à réclamer pour elles l'autorité surnaturelle et miraculeuse qu'ils attribuent au christianisme. — On nie que Jésus-Christ soit né d'une Vierge, mais on ne l'a jamais affirmé sérieusement de Boudha. On nie la Trinité chrétienne, mais on n'a jamais affirmé sérieusement la Trinité Brahmanique. De fait, il n'y a qu'une révélation, une seule, qui intéresse les nations civilisées en tant que révélation, et dont les prétentions vaillent la peine d'être examinées. C'est la révélation chrétienne.

Il est vrai que, depuis quelque temps, ces prétentions ont perdu du terrain (1). Mais on n'y a jamais répondu de manière à les forcer au silence. Je veux maintenant examiner si elles ont quelque chance de regagner le terrain perdu.

Plusieurs pourraient peut-être croire que, par ce que j'ai dit du protestantisme, j'ai déjà résolu la question, et telle sera probablement l'impression des Anglais éclairés. Mais ces penseurs n'oublient qu'une chose, c'est que le protestantisme n'est pas tout le christianisme. En dehors du protestantisme, il faut bien qu'ils comptent avec cette forme du christianisme la plus ancienne, la plus légitime, la plus compacte de toutes, l'Église de Rome. Il est impossible qu'ils ignorent l'existence de la grandeur de cette Église : on ne peut leur faire l'injure de le penser; en être là, serait se montrer par trop provincial. Il faut avouer pourtant que cette distraction, qui passe ainsi à côté d'un fait immense, sans en tenir compte, n'a pas d'autre cause

(1) En ce sens que la foi a perdu beaucoup de son empire sur les âmes. (*Note du Traducteur.*)

que l'ignorance; non pas sans doute l'ignorance de l'existence de l'Église catholique, mais l'ignorance absolue de ce qu'elle est.

Dans ce pays, le protestantisme qui nous enveloppe de toutes parts a tellement faussé les idées dans l'esprit public, que la vérité, quand il s'agit de l'Église romaine, nous paraît tout à fait étrange. Nos théologiens l'ont toujours représentée comme une secte protestante déchue, et lui ont surtout reproché d'avoir abandonné des doctrines qu'elle n'a jamais professées. Ils n'ont pas vu ou n'ont pas voulu voir que la différence fondamentale, essentielle, qui la distingue des églises protestantes, c'est, non pas tel ou tel dogme, mais l'autorité qui est le fondement de ses dogmes. Les protestants, n'ayant pas d'autre base de leur croyance que la Bible, ont toujours supposé, comme chose toute naturelle, que les catholiques avaient la même base, et ils n'ont pas eu assez d'invectives contre ces traîtres, qui, disaient-ils, avaient abandonné leur foi primitive; comme si ce n'était pas un fait notoire, que la doctrine fondamentale de l'Église romaine, c'est sa perpétuelle infaillibilité. Car, ainsi qu'elle l'a toujours proclamé, elle est inspirée par le même Esprit qui a inspiré la Bible, et sa voix est, à l'égal de la Bible, la voix de Dieu. Que fait le protestantisme, je parle du protestantisme anglican, que fait-il, dis-je, de cette théorie, qui est la base même de l'Église romaine? Il l'ignore, ou bien il la traite de superstition moderne qui, loin d'être essentielle au système catholique, en serait au contraire la contradiction.

Naturellement envisagée sous ce faux jour, l'Église romaine était regardée par les protestants comme un amas de superstitions et de fourberies; mais, ce qui est plus étrange, ce parti-pris a été accepté de confiance par nos penseurs contemporains les plus avancés. Jamais ils n'ont cru les protestants sur parole, que sur ce point. Ils ont cru, parce que les protestants le disent, que le protestantisme est plus raisonnable que l'Église romaine, et ils se sont imaginé, conséquence assez naturelle d'ailleurs, que, parce qu'ils en avaient fini avec le premier, ils en avaient également fini avec la seconde (1).

Eh bien! il est impossible d'avoir sur ce sujet des idées plus fausses. Quelles que soient les objections que soulève le catholicisme, il faut au moins lui rendre cette justice, qu'il n'a rien de commun avec le protestantisme et que, par conséquent, les traits décochés sur les protestants ne peuvent l'atteindre. Mais il faut discuter tout cela un peu plus à fond. Accordons pour le moment tout ce qu'on peut alléguer contre le protes-

(1) C'est là, à mon avis, ce qui explique ce fait d'ailleurs très sensible, que les rationalistes anglais n'aient jamais adressé leurs critiques qu'au christianisme protestant; et, de fait, ce qu'ils disent ne peut absolument s'appliquer qu'au protestantisme. Il est vraiment plaisant de voir des hommes, doués d'ailleurs d'une largeur de vue remarquable, ne reconnaître en fait d'autorités théologiques que les témoignages de l'Église anglicane ou des sectes dissidentes. Ainsi des hommes comme MM. Huxley et Clifford, Leslie Stephen et Frédéric Harrison, n'ont pu trouver d'autres représentants du *dogmatisme* que des évêques, des doyens ou des vicaires anglicans, ou encore des ministres presbytériens, mais surtout des vicaires! La bouche de l'*Ecclesia docens*, c'est la chaire du temple anglican; et plus celui qui l'occupe est ignorant, plus ses assertions leur semblent représenter l'enseignement de l'Eglise. Ainsi M. Mathieu Arnold a l'air de penser sérieusement que la cause de la religion révélée dépend du sort réservé aux divagations de l'évêque actuel de Glocester. (*Note de l'auteur*).

tantisme comme religion surnaturelle, en d'autres termes, mettons le protestantisme de côté. Supposons qu'il n'y a en ce monde, à l'origine rien autre chose que le sens moral naturel à l'homme, et le théisme naturel dans sa forme primitive, et voyons comment l'Église romaine s'accorde avec ces deux choses (1).

Vu sous ce jour, le monde religieux nous apparait comme une réunion de théistes, qui sont tous d'accord sur ce point, à savoir qu'il faut faire la volonté de Dieu, mais qui se divisent tous sur cet autre point, à savoir en quoi consiste cette volonté de Dieu et quelle peut être la nature de Dieu. Leurs idées morales et religieuses ont quelque chose de vaporeux et de rêveur; plus vaporeux encore et plus rêveur que les idées du protestantisme actuel. Leurs théories sur la vie future ne sont que des espérances et des craintes nuageuses. Leur vie oscille entre l'ascétisme le plus austère et la licence la plus effrénée. Cependant, en dépit de cette anarchie, on voit poindre parmi eux des aspirations à une doctrine commune. Chacun a son rêve religieux, et le rêve de l'un ne ressemble en rien au rêve de l'autre. Ces rêves, évidemment, ne peuvent représenter ce qui est, mais tous sont persuadés qu'ils représentent quelque chose de ce qui est; de là la comparaison des rêves entre eux et une tentative pour en tirer l'élément commun, de

---

(1) Comme ce passage pourrait n'être pas bien compris par plusieurs, je l'expliquerai un peu. Voici l'idée de l'auteur : Il se demande : dans le théisme, comment arriverait-on à l'unité doctrinale? Il répond : On y arriverait, si toutefois on voulait s'en donner la peine, par une espèce de convention. Eh bien! reprend-il, dans la religion surnaturelle, le procédé qui ferait l'unité, devrait être quelque chose d'analogue. (V. l'*Introduction.* — *Note du traducteur*).

façon que tous finissent par dire la même chose, et que cette vision se développe suivant une loi reconnue, de façon que, en d'autres termes, cette vision ne soit plus un rêve et ait tous les caractères d'une vision réelle.

Nous supposons que nos théistes forment une espèce de convention, qu'ils y comparent, y corrigent leurs idées auparavant si flottantes, qu'ils les rédigent et établissent un moyen pratique de formuler ce sur quoi on peut tomber d'accord. Le sens commun de l'humanité a dès lors un organe pour exprimer ses vues sur la religion et un moyen d'enregistrer ses décisions. Désormais, à la place des rêveries nuageuses et incohérentes des hommes, nous avons la vision constante et sereine d'un homme parfaitement d'accord avec lui-même.

Cette comparaison nous fait saisir ce que peut être l'Eglise catholique envisagée au point de vue naturel (telle qu'on peut la supposer *a priori*). Idéalement, sinon en réalité, elle est la représentation parlementaire du monde croyant (1). Ses doctrines, à mesure qu'elle les développe, sortent l'une de l'autre comme les pétales d'une fleur d'un bouton entr'ouvert.

Elles ne sont que les fleurs contenues en germe dans notre conscience morale. Quand l'Eglise formule, de nos jours, ce qui n'a pas encore été formulé, elle n'énonce pas une vérité nouvelle, pas plus que Newton, lorsqu'il énonçait la théorie de la gravitation universelle. Toutes les vérités, dont elle acquiert la con-

(1) Telle serait l'Église catholique, non réelle, mais idéale, c'est-à-dire telle qu'un homme qui n'aurait que des idées naturelles pourrait se l'imaginer. Cet idéal ne correspond pas à la réalité, mais il fait saisir combien la réalité est rationnelle et répond aux exigences de la nature humaine. *(Note du traducteur)*.

science distincte, étaient, dit-elle, contenues de tout temps dans son enseignement, bien qu'elle-même ne s'en rendît pas compte, absolument comme la gravitation était supposée par beaucoup de faits qu'on admettait, bien avant que l'on soupçonnât ce qu'ils recélaient.

Ainsi, à ce point de vue, on peut dire que l'Eglise romaine est la conscience spirituelle de l'humanité, s'adressant aux hommes par un organe, qui est le seul adapté à cette fonction, le seul possible. Sa constitution intime, comme ses systèmes de représentation, sa manière de recueillir les votes, la nomination du président de ses assemblées, et les formalités légales pour l'enregistrement et la promulgation de ses décrets, sont choses comparativement accessoires; ou, si elles sont nécessaires, elles ne le sont que d'une façon subsidiaire.

Mais le tableau que j'ai tracé de l'Église catholique n'est encore qu'une ébauche. En effet, elle est tout ce que j'ai dit, mais elle est plus que cela : elle n'est pas seulement le Parlement de l'humanité spiritualiste et religieuse, elle est cela, mais de plus elle est ce Parlement guidé par l'Esprit de Dieu. Le travail de cet esprit divin peut être invisible et ne pas laisser de traces, de même que la volonté ne laisse point de traces dans le cerveau, mais son action n'en existe pas moins.

L'analogie du cerveau peut servir à comprendre ce mystère. Le cerveau est un assemblage d'atomes matériels, qui ne sont reliés au fait de conscience que par suite de telle combinaison particulière. De même l'Église est, en théorie, une assemblée d'individus, qui ne sont unis à l'esprit de Dieu qu'en vertu de telle ou telle disposition particulière.

Si ce tableau de l'Eglise catholique est fidèle, et si,

idéalement, c'est là la place qu'occupe dans le monde la seule révélation qui puisse nous préoccuper, *a priori*, nous ne pouvons avoir d'objection à passer de la religion naturelle à la religion surnaturelle que je viens d'esquisser. Les difficultés ne se présentent que lorsque nous comparons l'idéal à la réalité. Et alors, il faut bien l'avouer, elles sont si fortes, aux yeux de plusieurs, qu'ils se sentent prêts à perdre courage.

Ces objections sont de deux sortes. Les unes sont morales, comme celles que nous avons examinées à propos du théisme naturel, et les autres historiques.

Commençons par les objections morales et abordons de suite celle qui est à la fois la première à se présenter et la plus difficile à résoudre.

L'Eglise, disions-nous, est, prise idéalement, la représentation du monde croyant. Mais, de fait, elle n'en représente qu'une faible portion. Que dire à cela? Si Dieu voulait que tous les hommes fissent sa volonté, comment se fait-il qu'il n'ait manifesté cette volonté qu'à une si faible minorité?

A cette question, il n'y a pas de réponse (1) : c'est un mystère, et il faut l'avouer sans détour. Mais on peut ajouter que c'est un mystère qui n'a rien de nouveau.

---

(1) M. Mallock dit cela et, chose étrange, lui-même, quelques lignes plus bas, donne en partie la réponse, en montrant que ni Dieu ni l'Eglise catholique ne condamnent que l'ignorance volontaire. D'ailleurs, le nombre de ceux auxquels Dieu a manifesté sa volonté, n'est pas si petit. Avant J.-C., les traditions primitives, comme le prouve les découvertes récentes, sont restées beaucoup plus répandues et beaucoup plus longtemps intactes qu'on ne le croit généralement. Après J.-C. l'apostolat même primitif a été plus étendu qu'on ne pense, et on ne sait pas tout!

Enfin, dans le cas de l'ignorance invincible, en supposant

C'est, sous une autre forme, le mystère déjà connu et accepté par nous, de la présence du mal sur la terre et de son triomphe partiel sur le bien (1).

En reconnaissant les droits de la révélation particulière dont il s'agit, nous ne compliquons en rien le vieux problème.

Mais je sais que beaucoup ne partagent pas cette idée; c'est pourquoi je vais insister un peu plus.

Beaucoup de ceux qui se résigneraient encore à accepter la part restreinte faite au bien, trouvent que les prétentions d'une révélation particulière viennent inutilement grossir la difficulté. A les entendre, ces prétentions ont un double effet : d'abord, elles font au bien la part encore plus petite qu'elle ne serait sans elles, et, en second lieu, ce qui leur paraît une objection plus insurmontable, elles semblent nous obliger à condamner comme mauvaises des pratiques qui, sans elles, seraient absolument bonnes.

Tout le monde sait qu'il y a en dehors de l'Église beaucoup d'hommes qui font de leur mieux pour arriver à Dieu, et on suppose que ce qu'on appelle l'Église orthodoxe, condamne ces hommes sans pitié, parce qu'ils ont ignoré ou rejeté je ne sais quelle obscure théorie, mais sans que leur vie ou leur cœur en fussent moins purs.

l'observation de la loi naturelle, l'amour de Dieu comme créateur et comme rénumérateur, le repentir des fautes fondé sur ces motifs, la grâce comme principe de ces actes, beaucoup d'hommes, même à moitié barbares, ont pu être sauvés. *(Note du traducteur.)*

(1) Cela n'est pas exact; cela n'est vrai que pour l'ignorance coupable. L'ignorance invincible n'est pas un mal moral. *(Note du traducteur.)*

Ces vues étroites ont peut-être prévalu dans certaines Eglises qui se disent orthodoxes, mais jamais dans l'Eglise catholique; et à ce propos disons de suite qu'il n'y a peut-être rien de plus méconnu et de plus travesti dans le monde, que la charité discrète, mais en même temps sans bornes de cette Eglise qu'on appelle l'Eglise aux anathèmes. Cette charité est si calomniée, que de l'affirmer, c'est, ce me semble, énoncer le plus étrange des paradoxes. Mais si beaucoup de paradoxes sont en réalité ce qu'ils paraissent, des mensonges, celui-ci ne leur ressemble en rien : il n'est que l'énoncé d'un fait. Jamais, en dehors de l'Eglise romaine, on n'a vu un corps religieux allier comme elle la suprême vénération pour l'enseignement dogmatique et la justice inspirée par la sympathie, à l'égard de ceux qui ne peuvent se résoudre à accepter ses dogmes. Le fait est qu'elle ne condamne jamais le bien, n'importe où il se trouve, qu'elle ne condamne même jamais le culte, dès lors qu'il est sincère, bien que rendu en dehors de son sein. Tout au contraire, elle déclare formellement que l'on peut atteindre certaine connaissance *du seul vrai Dieu notre Créateur et Seigneur, par la lumière naturelle de la raison*, en entendant par raison une croyance qui n'est pas éclairée par la révélation, et elle anathématise ceux qui nient ce point. Les cœurs purs et humbles qui ne la connaissent point, ou qui la rejettent de bonne foi, elle les abandonne à la miséricorde de Dieu, qui est il est vrai, toute spontanée, puisque aucune promesse ne l'engage à leur égard; et cette miséricorde est infinie. Mais, à part ce que Dieu lui en a révélé, elle ne peut, bien entendu, rien en dire.

C'est chose convenue dans le monde, que les interprêtes les plus amers, les plus violents de la bigoterie romaine, ce sont les jésuites. Or, voici ce qu'un théologien jésuite (1) a écrit sur ce sujet :

« *Tant qu'un hérétique croit que sa secte mérite d'être crue, plus ou simplement autant que l'Église catholique, il n'est pas obligé de croire à l'Église catholique; et, quand des hommes élevés dans l'hérésie dès leur enfance, sont convaincus que, nous catholiques, nous attaquons la parole de Dieu, que nous sommes des idolâtres, des empoisonneurs, des séducteurs des âmes, et que, par conséquent, c'est un devoir de nous fuir comme la peste, ils ne peuvent, tant que cette persuasion dure, nous écouter en sûreté de conscience* ».

Ainsi donc, à l'égard de ceux qui ne lui appartiennent pas, l'Église ne prononce qu'une condamnation, une seule. Elle n'anathématise jamais que ceux qui la repoussent les yeux grands ouverts, jouant avec la conviction très arrêtée qu'en elle est la vérité. Elle les condamne, non parce qu'ils ne voient pas où est le vrai maître, mais parce que, tout en le voyant, ils se bouchent les oreilles; mais parce qu'ils refusent d'obéir, alors qu'ils savent qu'ils doivent le faire. On voit par là que la faute d'un catholique qui nie quelque point obscur du dogme, ne tient pas seulement, ou même ne tient pas du tout aux effets funestes que produirait ce désaccord, mais à la désobéissance, à l'obstination, à la révolte contre l'autorité, qui est à la fois la cause et l'effet de cette dissidence.

A la lumière de ces principes, on voit que, bien que

---

(1) Busembaüm cité dans la lettre du Dr Newman au duc de Norfolk.

le vieux problème de l'existence du mal soit toujours là, les prétentions de l'orthodoxie catholique ne le compliquent en rien.

Mais, dira-t-on peut-être, si le catholicisme trouve qu'en dehors de son sein il peut y avoir tant de bien, à quoi peut-il servir de l'embrasser, et pourquoi se mettre en peine de l'étudier et de le propager?

Il serait à peu près aussi logique de demander à quoi peuvent nous servir les sciences naturelles et quelles raisons nous pouvons avoir de les propager : question absurde, comme on voit. Le fait que beaucoup d'hommes ne savent pas le premier mot des sciences naturelles et ne s'en trouvent pas plus mal pour cela, ne les discrédite en rien à nos yeux. Nous n'en sommes pas moins persuadés que la connaissance des lois qui régissent la nature matérielle, notre organisme et tout ce qui en dépend, est tout profit pour notre vie matérielle; que nous y trouverons, entre autres choses, le secret d'une meilleure hygiène; ce qui ne veut pas dire pourtant que beaucoup de gens, qui ne savent rien de ces lois, ne puissent conserver leur santé. Personne ne songe à déprécier l'étude approfondie de l'astronomie ou de la météorologie, parce que, sans elles, il est possible d'arriver à connaître suffisamment, par la pratique, les lois de la navigation et de la météorologie. Tout au contraire, nous tenons que tout ce que nous pouvons acquérir de connaissances dans cet ordre de choses, nous devons l'acquérir et même la propager. Les multitudes, il est vrai, sont incapables d'approfondir ces choses; mais nous pensons tous néanmoins que, tout en restant à leur niveau, on ne doit rien leur proposer qui ne soit parfaitement exact, et qu'alors, même ce qu'elles ne comprendront pas, leur profitera d'une manière indirecte.

Eh bien! il y a analogie parfaite entre la science spirituelle et surnaturelle et les sciences naturelles. Quand un homme a l'occasion de connaitre la vérité, il ne peut être dispensé de la rechercher, parce qu'il sait que tous ne sont pas dans le même cas que lui. L'hérétique qui nie les dogmes de l'Église trouve son pendant dans le fat qui nie les conclusions de la science les mieux vérifiées. On comprend plus facilement la réprobation morale qui pèse sur le premier, quand on voit de quelle réprobation intellectuelle le second est l'objet.

Si nous nous donnions la peine de peser attentivement ces choses, nous comprendrions mieux quelle peut être la valeur morale des prétentions du catholicisme. Quelques-unes de ces doctrines, dans leurs grandes lignes, dans ce qui peut frapper les sens, dans ce qui s'adresse au bon sens de tous et peut être saisi par tout le monde, sont salutaires et sanctifiantes par elles-mêmes, et le catholique a raison de les présenter sous ce jour.

Mais, pour la généralité des intelligences, il n'en va pas de même de ce qui est au fond de ces doctrines : c'est un point qu'elles ne saisissent pas bien.

Ainsi, que nous mangions le corps du Christ dans l'Eucharistie, voilà une doctrine dont tout le monde peut comprendre l'énoncé. Mais la philosophie de cette croyance ne serait pour la plupart des hommes que de l'hébreu, et, cependant, on ne peut pas en conclure qu'il importe peu que ceux qui comprennent cette philosophie, en pénètrent le vrai sens et le transmettent aux autres dans toute sa pureté, absolument comme on ne peut pas dire qu'il importe peu qu'un naturaliste comprenne l'action de l'alcool, parce que tel ou tel homme pourrait dire, sans avoir cette science, quel effet opérerait en lui telle quantité donnée de vin.

La théologie est au corps spirituel, ce que l'anatomie et la médecine sont au corps matériel. Toutes deux ont dans notre vie un rôle analogue et, respectivement, dans chacune de leurs sphères, la raison d'être est la même.

Que peut-on concevoir de plus creux que la rhétorique de M. Carlyle, qui établit je ne sais quel contraste, je ne sais quelle opposition, entre la religion naturelle et l'Église orthodoxe; n'ayant pas assez d'éloges pour la première, qu'il représente comme simple, comme allant droit au cœur, tandis qu'il fait de la seconde l'opposé de tout cela?

D'un côté, dit-il, *voyez l'âme allant droit à son Dieu, sentant qu'elle l'aime et toute joyeuse de le voir aimer par d'autres; de l'autre, voyez cette communion si pure et si libre, entravée par mille raisonnements tortueux sur sa nature exacte. En vérité, que peuvent avoir affaire avec une religion qui est toute dans le cœur, d'obscures propositions tout intellectuelles, et n'est-ce pas arrêter l'essor de la religion, que de la confondre avec des subtilités?*

Eh bien! je le demande, que peut-on voir de plus décevant et de plus perfide que ce passage? Sans doute, la religion naturelle est, dans un certain sens, plus simple que la religion révélée; mais elle n'est si simple que parce qu'il n'y a aucune théorie autorisée qui puisse rendre compte de ce qu'elle est. L'appréciation qu'un enfant donne de son mal de tête, est plus simple que la consultation du médecin, et pour la même raison. L'enfant se contente de dire : J'ai trop mangé et j'ai trop bu : le médecin appelé à donner son avis sur ce petit malheur, le décrirait d'une manière autrement savante. Le rapport de l'enfant, pour être plus simple et mieux compris de l'enfance, n'est ni le plus correct ni le plus sérieux. Il se passe quelque chose de semblable quand il s'agit de cette grande chose, la communion avec Dieu; le saint la sent dans sa simplicité : le théologien subtil l'analyse!

Observons de plus, en passant, que la simplicité d'une religion ne prouve pas, par elle-même, que cette religion soit vraie. D'abord, quand il est question de religion naturelle, ce qu'on appelle simplicité, n'est le plus souvent qu'un certain vague. Si c'est là un mérite pour une religion, on pourrait aussi bien nous vanter la simplicité d'un paysage, parce qu'il est noyé dans le brouillard. De fait, la religion catholique, il n'est pas ici question de théologie, est chose beaucoup plus simple que le monde ne le suppose, et, de plus, il n'est pas un seul de ses dogmes qui n'ait pour nous des conséquences morales et qui ne tende même à modifier le caractère.

Mais le monde se méprend absolument sur la religion catholique, et cela pour plusieurs raisons : d'abord, généralement, il ne la connait que par ouï dire, et tout ce qu'on peut dire d'une chose n'est jamais aussi clair que la chose elle-même, vue directement.

Prenons pour exemple la pratique de l'invocation des saints. Aux yeux de beaucoup de personnes, cette pratique complique inutilement les rapports de l'âme avec Dieu, en introduisant une foule d'intermédiaires dont nous n'avons que faire, comme si on nous forçait de communiquer par ministère de drogman. Mais c'est là une idée fausse, un préjugé.

Qu'on trouve absurde toute intercession, toute prière, je ne veux pas discuter ce point en ce moment; mais, dès qu'on admet la prière, on ne peut avoir aucune raison de ne pas admettre l'invocation des saints.

Ceux qui trouvent à redire à l'invocation des saints, conviennent que nous faisons bien de réclamer les prières des vivants. Comment peut-il être mal de demander aux morts ce que nous demandons aux vivants? Du moment qu'on admet le purgatoire, pourquoi ne serait-il pas aussi naturel, aussi rationnel, de prier pour les morts que pour les vivants?

Et puisque nous en sommes au purgatoire, cette pierre de scandale du protestantisme, remarquons en passant comme les opinions se modifient avec le temps. De tous côtés, on reconnaît maintenant que, s'il y a une croyance qui rende la doctrine des récompenses et des châtiments acceptable, c'est celle-là. Ce n'est donc plus une superstition! Non, dit-on; c'est précisément ce que demandent la religion et la morale. En y croyant, nous faisons quelque chose de plus que de donner à une doctrine l'assentiment de notre intelligence, nous rendons à l'idée morale son harmonie. Eh bien! jugez par là du reste : la religion catholique tout entière, si seulement on se donnait la peine de la discerner de ce qui n'est pas elle et de la comprendre, nous apparaîtrait sous un jour tout aussi favorable.

Plusieurs raisons, outre celles que j'ai énumérées, contribuent à fausser sur ces matières les vues de ceux qui ne sont pas catholiques. Non seulement les prétendues complications du catholicisme qu'on leur *décrit*, les empêchent de voir combien est simple le catholicisme qu'on *pratique;* mais ils prennent pour des points de foi et les explications scientifiques des théologiens, et les règles de discipline et même ce qu'on appelle les opinions pieuses.

Ainsi, par exemple, c'est une opinion assez répandue, que le célibat est essentiel au sacerdoce. De fait, cependant, le célibat des prêtres n'appartient pas plus au dogme catholique que le célibat d'un agrégé de collège n'appartient aux 39 articles (1). Cette loi ecclésiastique ne tient pas plus au dogme, que l'habileté d'un officier de marine ne tient au fait que sa femme soit ou ne soit pas à bord.

C'est encore une opinion assez accréditée, que la suprématie dans l'Église catholique est essentiellement liée à la ville de Rome; c'est une erreur (cette suprématie est liée à la ville de Rome par le fait du choix de saint Pierre et de sa mort à Rome, et non par l'essence des choses) (2). Par la nature même des choses, il n'y a aucune liaison entre la suprématie du Pape et Rome; pas plus qu'entre le Parlement anglais et Westminster.

La distinction entre ce qui est de foi et ce qui n'est que simple opinion, est plus délicate. C'est parce que l'on confond ces deux choses, que l'on rend parfois l'Église responsable d'une foule de récits plus ou moins burlesques sur les saints, ainsi que des idées particu-

(1) Il y a cependant une différence capitale : Une fois admis les dogmes de l'Eucharistie et du sacrement de Pénitence, le célibat des prêtres devient dans la pratique, une conséquence logique et comme forcée; c'est une nécessité de position. (Voir de Maistre, *Du Pape*). *(Note du traducteur).*

(2) Les paroles entre parenthèses sont du traducteur, elles font saisir la pensée de l'auteur.

lières que certains ont pu se faire sur l'aspect et sur la place du Ciel, de l'Enfer et du Purgatoire, comme si son sort dépendait du sort de ces opinions.

Sir James Stephen lut un jour ce que dit Bellarmin, du lieu où se trouve le purgatoire. Il pense, et nous sommes de son avis, que l'opinion de Bellarmin est assez bizarre, et il en conclut que l'Eglise romaine est toujours bizarre dans ses doctrines.

S'il s'était donné la peine d'approfondir un peu la question, il se serait bien gardé d'écrire ce qu'il a écrit. Il aurait vu de suite que ce qu'il attaquait était, non la doctrine de l'Eglise, mais une opinion particulière, qui n'est pas condamnée, mais qui n'est pas non plus approuvée par l'Eglise. S'il avait lu le contexte, il aurait vu que Bellarmin dit en propres termes que *la question du lieu où se trouve le purgatoire est agitée par les docteurs, mais que, là-dessus l'Eglise n'a rien décidé.* Il aurait vu que, bien que Bellarmin pense qu'il y a en enfer un feu matériel, ce point n'a pas été défini, et que, *quant à l'intensité* des peines du purgatoire, bien que, de l'aveu de tous, *elles surpassent tout ce que nous souffrons en cette vie, on n'est pas d'accord sur le sens qu'il faut attacher à ces mots.* Il aurait appris que, d'après saint Bonaventure, *les peines du purgatoire surpassent les peines de cette vie, en ce sens que les plus grandes souffrances du purgatoire surpassent les plus grandes souffrances de cette vie; mais qu'on peut croire qu'il y a dans le purgatoire des châtiments moins douloureux que ce qu'on souffre quelquefois dans cette vie.* Enfin il aurait su, ce qui en pareille matière n'était point indifférent, que la durée des peines du purgatoire est, d'après Bellarmin, *chose tout à fait incertaine,* et qu'il *est absolument téméraire de vouloir rien déterminer sur ce point* (1).

On voit par là comment on se méprend souvent, en prenant les opinions privées de quelques catholiques, ou certaines opinions passagères, qui eurent cours à quelques époques, pour l'enseignement immuable de l'Eglise catholique.

Il n'est pas plus raisonnable de condamner l'Eglise sur de telles allégations, qu'il ne l'est de condamner en bloc la géographie contemporaine, parce que certains géographes ont des opinions absurdes sur des pays, sur lesquels, d'ailleurs, ils avouent ne pas être encore bien fixés. Quelques docteurs du moyen âge ont cru que le purgatoire pourrait bien être au milieu de la terre. Des géographes modernes ont cru qu'au pôle nord il y avait une mer ouverte ; mais, vraies ou fausses, toutes les conjectures ne peuvent rien contre les véritables découvertes.

L'Eglise catholique, cela est indubitable, a longtemps vécu au milieu d'idées fausses, qui avaient cours autour d'elle. Celui qui était étranger à sa vie pouvait assez naturellement lui attribuer ces idées. Mais la science, en progressant, a clairement prouvé que l'Eglise ne les a jamais approuvées et qu'elle peut par conséquent les répudier ; et de fait, elle les a répudiées. Bientôt, peut-être, en répudiera-t-elle d'autres, non dans un moment de colère et d'indignation, mais avec la douceur d'une force maîtresse d'elle-même et à mesure

---

(1) L'auteur s'est chargé de montrer que l'opinion de Bellarmin, qu'il s'est permis d'appeler bizarre, n'est pas après tout si bizarre.

que la lumière d'en haut versera sur elle de nouveaux rayons.

Mais, nous dit-on, alors même que tous ces points seraient accordés, il y a dans l'Eglise catholique une tendance particulière, assez difficile à analyser, mais qui est pour beaucoup une pierre de scandale. Il semble qu'on retrouve dans les intelligences et dans les caractères qu'elle façonne, une note dominante, certaine manière d'être, qui rebute le monde moderne. Je répondrai à ces difficultés ce que j'ai répondu tout à l'heure : Ces tendances, ces manières particulières qui nous choquent, ne sont pas le catholicisme! Le caractère des sociétés catholiques peut changer et change tous les jours, et, de fait, il n'y a pas deux pays, deux époques, qui présentent la même nuance : il est impossible de dire ce que l'avenir nous réserve. Il est possible que les catholiques aient alors des idées plus larges, plus hardies et plus rationnelles que celles qui semblent les animer actuellement; mais si cela arrivait, l'Eglise ne démentirait pas ses principes : elle ne ferait qu'en déduire les conséquences.

Prenons un exemple : On a cru quelquefois que la sainteté, à certains degrés sublimes, entraînait je ne sais quelle négligence des soins de propreté : on a dit qu'un catholique qui tient à la décence extérieure, ne peut pas être un bien grand saint. Mais où a-t-on vu que l'Eglise ait jamais approuvé de pareilles idées? Elle n'a jamais enseigné que la négligence des soins du corps fût une vertu. Il n'y a pas de neuvième béatitude en faveur de ceux qui ne changent pas de linge. Si plusieurs saints se sont négligés sur ce point, le temps où ils vivaient en était cause et non l'Eglise. Il est possible que les saints de l'avenir ne goûtent point cette manière d'être saints; ce qui ne les empêchera pas de vénérer les saints des âges passés qui auront eu ce trait dans leur physionomie.

Ceci n'est qu'un exemple entre mille; mais il peut servir à faire comprendre combien l'Eglise, organisme vivant, plein de vigueur et de souplesse, peut facilement se modifier et se perfectionner, à mesure que les sociétés qui l'entourent se modifient elles-mêmes, sans rien perdre de son identité.

En un mot, pour comprendre le vrai caractère du catholicisme, il faut commencer par mettre de côté toutes les idées que nous, hommes du monde, étrangers à sa vie, nous avons pris l'habitude de recevoir de confiance. Et d'abord, il nous faut voir en lui un corps vivant, spirituel, aussi infaillible, aussi autoritaire maintenant que jamais, avec une vue aussi nette que par le passé, avec sa vigueur intacte, s'accroissant comme il l'a toujours fait. Le développement des dogmes qu'il définit comme contenus dans son *Credo*, est, à son point de vue, un symptôme, non de décadence, mais de vie. Enfin, quand nous l'examinons de près, il faut distinguer avec soin sa discipline, ses opinions pieuses, sa théologie et son culte.

Quiconque fera cette enquête honnêtement et sérieusement, verra ses appréciations se modifier d'une manière inattendue. Il se trouvera alors en face d'autres difficultés, d'une nature particulière, dont je veux maintenant dire un mot. Mais, s'il fait abstraction de ces objections spéciales, s'il envisage la question dans l'ensemble, en regard des principes généraux des sciences et des axiomes fondamentaux du spiritualisme, le théiste ne trouvera dans le catholicisme aucune difficulté nouvelle.

Il y trouvera le développement logique du sens moral que la nature nous a donné, une intelligence du bien et du mal plus vive et plus éclairée, et, de plus, admirablement cultivée par un maître surnaturel, mais ne différant pas essentiellement du sens moral naturel (1) : il se verra en face des mêmes négations, des mêmes affirmations, des mêmes vérités positives et des mêmes mystères. Il ne trouvera rien de plus que le secours, la certitude et un guide infaillible.

(1) Excepté en ceci, que le principe est absolument surnaturel. M. Mallock veut dire, ce qui est vrai, que la religion surnaturelle n'ajoute rien aux préceptes de la religion naturelle, mais elle centuple les secours.

CHAPITRE XII

L'HISTOIRE ET LES PRÉTENTIONS DE L'ÉGLISE CHRÉTIENNE

> [beaucoup
> Oh! comme c'est peu, mais en même temps, comme c'est
> Otez ce peu, et quels mondes vous enlevez!
> *(Robert Browning.)*

Il nous faut maintenant dire un mot des dernières objections que la pensée moderne oppose à la révélation chrétienne, objections qui, pour beaucoup d'esprits, sont les plus décisives et les plus accablantes; je veux parler des objections de la critique historique.

Jusqu'ici, nous n'avons étudié l'Eglise qu'avec notre bon sens et avec le sentiment que nous avons de l'équité. Il nous faut maintenant répondre à des allégations basées sur des faits précis.

Les titres de l'Eglise à notre attention et son caractère peuvent, si nous les comprenons bien, nous suffire. Mais il ne faut pas la juger seulement par là. Car tout cela est étroitement lié avec l'histoire primitive, histoire que l'Eglise a écrite de sa propre main se portant garant de sa vérité. Or, cette histoire, la science moderne semble l'écrire tous les jours dans un sens tout opposé.

Ce sujet est si vaste et si compliqué, qu'un chapitre ne suffirait pas à le traiter : il y faudrait des volumes. Mais si on ne peut, dans un chapitre, entrer dans beaucoup de détails, on peut faire quelque chose de plus important, je veux dire, donner un exposé succinct des principes qui doivent servir à apprécier les détails : principes que les critiques étrangers à l'Église ont complètement ignorés ou oubliés.

Rappelons d'abord, en jetant sur ce sujet un coup d'œil d'ensemble, que l'histoire qui témoigne contre la révélation chrétienne, puise ses objections à deux sources principales. Les unes sont tirées de l'examen critique de la révélation chrétienne en elle-même, de l'autorité et de l'authenticité de ses livres sacrés, de l'origine et du développement de ses doctrines; les autres, de l'examen critique du christianisme, comparé aux autres religions. Les résultats de ces deux études semblent faits pour jeter les croyants dans la stupeur : en apparence ils sont désastreux. Résumons brièvement ces résultats et parlons d'abord des études historiques proprement dites.

Naturellement, nous commencerons par la Bible, où nous trouvons le récit historique le plus ancien du monde : c'est par là que le christianisme a paru particulièrement vulnérable.

A quoi la critique moderne a-t-elle abouti par rapport à la Bible? Elle a prouvé, dit-on, que le récit biblique de la création est, pris au sens littéral, une fable impossible. Elle a montré que des passages qu'on avait crus mystiques et prophétiques, avaient un sens banal et souvent rétrospectif. Partout, ce qu'elle touchait, redevenait de surnaturel purement humain, et le divin, qui semblait entourer ces vieux récits comme d'une auréole, s'est rapidement évanoui. Une fois cela fait, quand on les regarde à la lumière du jour, leur aspect n'est plus le même, et cette histoire, que nous acceptions avec un respect mystérieux, nous paraît puérile, ridicule, grotesque, pour ne pas dire barbare. Ou bien, dit-on encore, sans aller aussi loin, il nous semble acquis que la Bible, si elle ne dément pas par elle-même les prérogatives étonnantes qu'on a réclamées pour elle, ne contient du moins rien qui puisse les appuyer.

Ceci s'applique au Nouveau Testament aussi bien qu'à l'Ancien, et les conséquences sont ici plus graves encore. Considéré comme témoignage purement humain, dit l'école critique, l'Évangile n'a qu'une valeur douteuse ou peu importante. Les preuves des miracles de la divinité de Jésus-Christ y sont assez faibles, et il est probable que ses paroles et ses actes de chaque jour ont été rapportés sans soin, et parfois même supposés ou racontés de mémoire, sans garantie d'exactitude. Les épîtres nous présentent des caractères analogues. Ces écrits portent l'empreinte d'hommes qui ne sont pas inspirés, mais qui, divisés entre eux sur beaucoup de points, s'élevant avec peine d'une sphère inférieure à une sphère supérieure, subissaient l'influence des opinions existantes et ne savaient à laquelle s'arrêter. Nous pouvons discerner dans ces hommes comme en d'autres écrivains, le travail de leur temps et des circonstances au milieu desquelles ils vivaient. Les matériaux où ils ont puisé les éléments de leur doctrine, nous les avons dans le monde païen qui les environnait. Du reste, lorsqu'on examine de près l'histoire de l'Église, et qu'on suit la première apparition et le développement de ses principaux dogmes, à tous on peut trouver une origine naturelle et non chrétienne. Ainsi, par exemple, l'idée de la Trinité fut empruntée au mysticisme grec; la théorie de la satisfaction, aux idées de la jurisprudence romaine. Partout enfin dans cet édifice, qu'on suppose bâti de la main de Dieu, on découvre des fragments d'autres bâtisses, qui, évidemment, sont de main d'homme.

Il y a plus : la critique historique ne se contente pas de jeter un jour nouveau sur l'histoire sacrée; elle compare les autres religions à la religion chrétienne, et prouve, dit-elle, que toutes, — et cela à un point qui étonne, — ont suivi une marche semblable.

Elles avaient aussi leurs livres sacrés et, pour prophètes, leurs dieux incarnés. Elles avaient leur sacerdoce, leurs traditions et leur *credo*, qui allait toujours se développant. Il n'y a rien dans la vie du Christ qui n'ait, jusque dans les moindres détails sa contre-partie dans d'autres religions.

Ainsi, deux siècles avant la naissance du Christ, Buddha naquit, dit-on, sans avoir eu de père. Des anges chantèrent pour annoncer sa venue. Un vieil ermite le bénit dans les bras de sa mère. Un roi reçut le conseil, qu'il dédaigna du reste, de tuer cet enfant, qui, disait-on, devait établir un empire universel. Il fut perdu et retrouvé dans un temple. Sa science naissante étonna les docteurs. Une femme de la foule fut réprimandée par lui pour s'être écriée : Bénies sont les entrailles qui vous ont porté. Il commença sa carrière prophétique vers l'âge de trente ans, et un des grands événements de sa vie publique fut sa tentation par l'esprit du mal dans la solitude.

Toutes les religions nous présentent des traits que nous avions crus propres au christianisme. De là la conclusion fatale, qui se dégage de toutes parts, que toutes sont sorties de la même souche terrestre, et que l'une n'est pas plus sûre que l'autre. C'est le second coup porté à une foi déjà affaiblie. Non seulement, dit-on, le christianisme ne prouve pas qu'il soit divin au sens surnaturel du mot, mais toutes les autres religions sont là pour démontrer que, même au sens naturel du mot, il n'a rien d'original. Il ne vient pas du ciel, et, dans ses efforts pour s'élever au-dessus de la terre, il n'a rien fait d'exceptionnel.

Voilà, dit-on, les conclusions qui s'imposent à nous et que la science, à mesure qu'elle se développe, paraît confirmer.

Eh bien! je me demande si ces conclusions sont aussi terribles qu'elles le paraissent au premier abord. Voilà ce qu'il faut examiner de très près. Dès que nous l'aurons fait, nous verrons que l'école moderne, qui passe pour si éclairée et si sagace, s'est laissée égarer par une méprise que nous avons déjà signalée; elle n'a vu d'autre christianisme que le protestantisme ou, si elle a aperçu l'Église romaine, elle a, dans son ignorance, traité de faiblesses des doctrines qui sont la raison même de la force de cette Église.

Tant qu'elle n'attaque que le protestantisme, l'école critique a raison; car non seulement l'expérience a démontré que, pratiquement, l'édifice élevé par lui ne tient pas, mais la critique a balayé comme du sable toutes les bases surnaturelles (1) sur lesquelles il a la prétention de bâtir.

Si le christianisme n'a pour démontrer la révélation divine qu'il est chargé d'annoncer, que les preuves extrinsèques qui éclairent son histoire et l'origine de ses dogmes, il faut qu'il renonce désormais à convaincre les hommes. Les bases qu'on veut donner à ces preuves extrinsèques ne pourront jamais porter le poids dont on les charge. Elles peuvent servir d'étais : dès qu'on veut en faire des piliers, elles plient et se brisent.

Or le protestantisme est bien forcé d'en faire les piliers de son temple. Voyons en effet la place qu'occupe la Bible dans l'édifice protestant. *Dans ce livre,* dit le protestantisme, *est la parole de Dieu : Voilà mon guide infaillible, je n'en suis pas d'autre. Toutes les Églises particulières ont plus ou moins varié, et par conséquent erré dans leur doctrine; mais moi, j'ai pour axiome fondamental que ce livre n'a jamais erré. Aussi bien, c'est sur*

---

(1) *Toutes les bases surnaturelles!* Ceci est trop général. Si M. Mallock veut dire que le protestantisme ne peut prouver contre la critique rationaliste ni la divinité de Jésus-Christ, ni la divinité du christianisme, ni même l'authenticité et l'inspiration de certaines parties du Nouveau Testament, il va trop loin. S'il veut dire que le protestantisme, en s'en tenant à ses principes, ne peut démontrer contre la critique ni l'authenticité, ni l'inspiration d'une bonne partie du Nouveau Testament, ni la légitimité de beaucoup de ses dogmes, il est dans le vrai. Ce qu'il dit plus bas : *si le christianisme n'a pour démontrer...., il faut qu'il renonce à convaincre les hommes,* doit s'entendre en ce sens que, bien que ces preuves subsistent entières, elles ne sont, laissées à elles-mêmes et séparées de l'Église de J.-C. qui doit les présenter, ni accessibles à tous, ni capables de les convaincre. *(Note du traducteur.)*

ce livre et sur ce livre seul que je m'appuie; c'est par ce livre qu'il faut me juger.

Pendant longtemps, ce langage a paru concluant, parce que l'axiome protestant était reçu par tout le monde (protestant). Il est vrai, comme nous l'avons déjà fait observer, que, sans interprète infaillible, un testament dont le sens était ambigu, ne pouvait avoir que peu d'autorité. Mais on fut longtemps à se convaincre de cela, et, en attendant, on admettait que le testament était là et qu'il signifiait quelque chose.

Mais maintenant tout est changé : le grand axiome protestant ne trouve plus créance : beaucoup même le croient absurde, et, pour d'autres, il est au moins douteux. S'il faut recourir aux arguments extérieurs, il nous faudra bien plus de preuves encore pour nous convaincre que la Bible est la parole de Dieu, que pour nous persuader que le protestantisme est la religion établie par la Bible.

Inutile de poursuivre l'enquête à ce point de vue, et de nous demander comment le protestantisme se tire de l'épreuve de la mythologie comparée. Le coup qu'il a reçu de la critique biblique est, selon toute apparence, mortel, et il est inutile d'examiner quels coups il a pu recevoir d'ailleurs. Revenons, maintenant, au catholicisme, et nous verrons que, pour lui, la question est bien différente. Il est impossible d'envisager de la même manière l'histoire du passé, les preuves extérieures et les religions étrangères, quand il s'agit du catholicisme, comme s'il s'agissait du protestantisme.

Le protestantisme se présente à l'humanité à la façon d'un domestique inconnu, avec nombre de certificats. Ces certificats, il nous demande de les examiner, et de le juger, lui, sur pièces. Il ne veut pas qu'on le croie sur parole. « *Je ne puis*, dit-il, *me fier à ma mémoire, elle m'a souvent trompé, et peut me tromper encore; mais prenez connaissance de ces certificats, et prononcez.* »

L'humanité prend les certificats, les examine avec soin, et finit par les trouver suspects : ces pièces pourraient bien être fausses. Il demande au protestantisme de prouver qu'elles viennent des sources indiquées, et le protestantisme ne peut y réussir.

L'Eglise catholique, elle, nous arrive par un chemin tout opposé. Elle invoque, il est vrai, les mêmes attestations, mais elle sait quelles incertitudes, quels nuages voilent à nos yeux ces preuves si vieilles, et, au premier abord, elle ne fait pas grand fonds sur ce genre d'arguments.

Elle commence par nous demander de faire connaissance avec elle, de la regarder dans les yeux, de recueillir ses paroles, d'étudier ses voies et ses œuvres, de nous soumettre à l'action de l'esprit qui l'anime, puis elle nous dit : « *Pouvez-vous vous fier à moi? Si oui, vous pourez le faire entièrement et pour tout. Car la première chose que je vous dirai, c'est que je n'ai jamais menti. Pouvez-vous m'en croire? oui! alors écoutez mon histoire. On vous l'a racontée, je le sais, de certaines façons qui m'étaient hostiles. Je reconnais que, dans ma vie, il y a eu des circonstances qui ont pu vous paraître suspectes; mais aucune ne peut me faire condamner, toutes peuvent être expliquées; et, quand vous me connaîtrez telle que je suis, tous vos doutes se dissiperont à ma décharge.* » Et alors l'Eglise catholique nous présente la Bible : « *Je vous demande*, dit-elle *de croire la Bible à cause de moi ; je ne vous demande pas de me croire à cause de la Bible.* »

Ainsi présentée, la Bible est chose toute différente : nous n'avons plus en main le certificat d'une personne que nous ne connaissons pas; nous avons la lettre d'un ami. Nous avons ici une présomption favorable, qui, tout à l'heure, nous manquait. Tout ce que nous demandons maintenant, c'est, non plus que les écrits qu'on nous présente, contiennent des preuves intrinsèques de leur vérité, mais qu'ils ne contiennent pas des preuves intrinsèques de leur fausseté.

Rappelons-nous en outre que, si les catholiques et les protestants sont d'accord pour déclarer la Bible inspirée, les catholiques entendent l'inspiration d'une manière bien plus large et bien plus facile à défendre. Car leur Eglise s'attribue un pouvoir vivant, perpétuel, qui peut toujours condenser en quelques mots précis le sens inspiré d'un passage, quelque long qu'on le suppose, tandis que, pour les protestants, souvent le sens inspiré, à moins d'être strictement littéral, devient insaisissable et leur échappe.

Aussi bien, tandis que les protestants se sont compromis à donner des définitions de l'inspiration qu'ils ne peuvent soutenir, l'Eglise catholique, chose assez curieuse, s'est gardée de rien faire de semblable. Elle n'a rien défini sur ce sujet, et, dans certaines limites, la question est encore une question libre (1).

En l'état où sont les choses, il est difficile de soutenir que l'Eglise catholique, fussions-nous d'ailleurs disposés à la croire, a pour ses livres des prétentions qui,

(1) Voir l'*Introduction*, où ce sujet est traité tout au long.

considérées à la lumière de l'histoire impartiale, puissent nous empêcher de lui accorder pleine confiance.

Allons plus loin et considérons un instant ces dogmes capitaux, qu'on prétend bien retrouver implicitement dans le texte sacré, mais qui, de l'aveu même de l'Eglise, n'y sont pas formellement exprimés, et qui, toujours de son aveu, n'ont été explicitement reconnus par elle que longtemps après que le canon des livres sacrés eût été arrêté. De plus, accordons pour le moment à l'école critique une de ses suppositions les plus avancées et les plus hostiles. Accordons-lui qu'on peut retrouver les premières idées et comme les premiers germes des dogmes en question, dans des sources étrangères et opposées au christianisme. Quelle conséquence peut-on tirer de cela contre l'Eglise romaine ? est-ce que cela jette le moindre discrédit sur ses titres ? A considérer les choses froidement et impartialement, non : il n'y a rien là qui atteigne même de loin son autorité. Ici, comme pour la Bible, son infaillibilité répond à toutes les difficultés.

Car, enfin, il s'agit de savoir, non où l'Eglise a trouvé l'idée de ses doctrines, mais pourquoi elle a choisi les unes et écarté les autres. A ceci, ni l'histoire, ni la critique scientifique n'ont rien à répondre. L'histoire nous montre d'où on a tiré les briques, qui les a cuites : elle ne nous dit pas qui a été l'architecte de l'édifice. Personne ne croit à la légende du diable dessinant le plan de la cathédrale de Cologne ; mais, supposé que nous fussions disposés à l'admettre, il ne suffirait pas, pour la réfuter, de nous dire de quelle carrière chaque pierre a été tirée. Or, les doctrines de l'Eglise, ce sont les pierres de l'édifice, les lettres d'un alphabet, les mots d'une langue, rien de plus : l'Eglise fait son choix, et c'est dans ce choix qu'éclate l'action surnaturelle. L'histoire de l'Eglise tout entière nous retrace ce que j'appellerai cette puissance de sélection surnaturelle. Il est probable que l'Eglise catholique verra dans son histoire quelque chose de plus; mais, quand elle n'aurait prouvé qu'une chose, à savoir qu'elle a eu cette faculté de choisir infailliblement, elle aurait suffisamment établi la prétention qu'elle a, d'être sous la conduite d'un guide surhumain.

On peut comparer l'Eglise à un organisme vivant, qui projette de toutes part des bras et des tentacules, qui saisissent, essaient toutes sortes de nourriture et semblent s'en faire un jeu. A la fin, cet organisme en absorbe une partie et laisse le reste. Pendant longtemps, l'Eglise paraît disposée à reprendre beaucoup de ce qu'elle avait d'abord rejeté. Mais, quelque lente que soit la décision finale, quelque répugnance que l'Eglise semble avoir à se prononcer, une fois qu'elle l'a fait, c'est infailliblement. Or cet attribut, cela est évident pour nous, si nous en comprenons la nature, ni la critique historique, ni la science de la mythologie comparée, ne peuvent l'atteindre, ni se flatter de l'atteindre. Ce n'est pas trop dire que d'affirmer cela. L'Eglise sait quelles difficultés présentent les monuments du passé, elle sait les objections que soulève le caractère divin de la Bible. Mais elle sait aussi que ce caractère de l'inspiration n'a pas été défini, que le vague où cette question est restée, la protège contre les assauts de la critique, et il n'est pas probable qu'elle sorte de cette réserve, avant d'avoir bien mûri son plan de défense. Quelque arrêtées qu'aient pu être les opinions qui ont eu cours dans l'Eglise, au sujet de l'inspiration des livres saints, l'Eglise n'en a pas fait des articles de foi (1). Si elle l'avait fait, on aurait pu la prendre en défaut, car plusieurs de ces opinions sont en contradiction avec les faits. Mais, bien qu'elle ait vécu pendant tant de siècles au milieu de ces idées, bien que ces opinions aient été pendant longtemps communes parmi les catholiques, l'Eglise ne les a pas imposées à la foi des siècles vivants; elle les a laissées ce qu'elles étaient, des opinions. Un catholique peut à bon droit signaler ce fait comme un exemple remarquable de sa puissance, non plus de sélection, mais de répulsion.

Envisageons maintenant l'avenir : nous comprendrons mieux la conduite de l'Eglise dans le passé, en nous représentant la manière dont elle pourra traiter la question dans l'avenir.

Il peut se faire qu'avant de définir rigoureusement l'inspiration, si tant est qu'elle la définisse jamais, l'Eglise attende que la critique laïque ait donné tout ce qu'elle peut donner. Elle pourra contempler alors à loisir quelles interprétations sont compatibles avec la Bible ou non, et mettre son enseignement en harmonie avec la science humaine, bien que cette science ait souvent conspiré contre elle. Rien n'empêche que

---

(1) Sur toute cette page et sur les pages qui précèdent, voir l'*Introduction*, p. LXXVII-LXXX. (V. le texte des conciles, même endroit.

L'Eglise a décidé plusieurs choses au sujet de l'inspiration des livres saints : sa prudence au milieu de tant d'opinions contradictoires a été admirable : elle n'a jamais fait un pas que la science puisse lui reprocher : cette prudence consommée forme avec les témérités et les contradictions des églises protestantes le contraste le plus saisissant. (*Note du traducteur.*)

l'Eglise cite dans ses conciles jusqu'à des paroles empruntées aux athées, et les philologues ombrageux et sceptiques qui font la guerre à l'Eglise, s'ils vivaient encore cent ans, pourraient peut-être reconnaître leurs découvertes, enchâssées dans les définitions de l'Eglise, dans les termes mêmes dont ils se sont servis. Pour le dehors, cette définition ne serait qu'un travail naturel : aux yeux d'un catholique, elle serait aussi surnaturelle, aussi bien émanée du Saint-Esprit, que si elle était descendue du ciel, écrite tout du long, avec un vent impétueux et avec des langues de feu. Des critiques à outrance raconteraient peut-être l'histoire du concile où cette définition aurait été arrêtée; ils feraient voir comment elle a été amenée; ils établiraient que, dans la majorité qui l'a votée, cette affaire n'a été qu'un enchaînement de surprises et de motifs tout humains, et ils demanderaient, tout triomphants, où sont les traces de l'action du Saint-Esprit? mais l'Eglise n'éprouverait pas le moindre embarras à leur répondre par ces paroles de Job : *Je vais en arrière et je ne l'aperçois pas; mais il connaît mes voies : quand j'aurai passé par l'épreuve, je brillerai comme l'or. Mon témoin est au ciel.*

On le voit, la doctrine de l'infaillibilité a un aspect qui est juste l'opposé de celui qu'on suppose d'ordinaire comme le seul possible. On croit généralement que son effet nécessaire, c'est l'asservissement et non l'affranchissement des âmes. La vérité est qu'elle fait les deux choses : elle enchaîne et elle délivre, et, pour tout observateur impartial, elle est au moins autant un gage de liberté qu'un frein. C'est un fil conducteur, qui aide à retrouver certains faits du passé, réels ou supposés, je n'examine pas; mais c'est un fil qui peut s'allonger indéfiniment. C'est une chaîne, mais aussi quelque chose de plus : c'est une corde de sauvetage, et ceux qui la tiennent peuvent, explorateurs hardis, s'élancer sans crainte dans les courants, où d'autres, livrés à eux-mêmes, seraient inévitablement entraînés.

Au point de vue catholique, la centralisation de l'infaillibité dans un homme ne soulève point, comme on le croit souvent, de grandes difficultés.

On dit que le Pape pourrait ériger en dogme n'importe quelle absurdité qui lui passerait par la tête, et que le catholique, en dépit de sa raison, qui protesterait en vain, serait forcé de courber la tête.

Le Pape *pourrait* le faire, en ce sens qu'aucun pouvoir extérieur ne saurait l'en empêcher ; mais pour celui qui a accepté le dogme fondamental du catholicisme, l'infaillibilité, il est absolument certain que le Pape ne le fera pas, et c'est précisément parce que, évidemment, il n'y a pas de contrôle possible au dehors, que le catholique comprend mieux la nécessité de sa foi à une assistance au dedans (1).

Voilà donc l'Église romaine telle qu'elle est, corps compacte, visible, terrestre, avec son passé et son avenir. Ses ennemis ont beau faire, ils ont beau la soumettre à la torture de la critique, sa constitution est à la fois si ferme et si souple, qu'ils ne peuvent ni l'éteindre, ni la démembrer, ni même l'ébranler.

Il s'agit maintenant de savoir, supposé que tout cela

---

(1) Le Pape n'est que l'interprète d'une vérité déjà révélée. Il explique, il n'invente pas. Ses décisions s'inspirent des vérités déjà définies, du sentiment général de l'Église, et des lois générales de discipline : autant de freins qui excluent le caprice. (*Note du traducteur.*)

soit vrai, ce qu'il faut en conclure à l'égard de l'Église catholique. Elle est, parmi tant de religions rivales, la plus solide et la plus heureuse : faut-il voir en elle quelque chose de plus? Avons-nous quelque raison de la mettre sur un piédestal plus élevé que les autres?

Nous répondrons qu'à nous en tenir aux preuves positives, nous ne pouvons rien conclure encore (1) : jusqu'ici, ces preuves ne peuvent que nous faire pencher d'un côté; mais ce côté est justement l'opposé de ce que l'on suppose généralement. Loin de témoigner contre ses prétentions, la comparaison de l'Église catholique avec les autres religions est, au contraire, aux yeux du théiste sincère, toute en sa faveur.

Pour le théiste, tous les théismes renferment une forte proportion de vérité; et toutes les révélations prétendues ne sont que des théismes, cherchant, pour se faire bien voir, une forme qui soit acceptée et qui commande le respect.

L'Église catholique est, nous l'avons vu, un organisme humain sous l'influence de l'Esprit-Saint. Voilà ce que tous les corps religieux on essayé d'être, qu'ils en eussent conscience ou non, dès qu'ils ont eu la prétention d'enseigner avec autorité. La seule différence, c'est que l'Église catholique a réussi, tandis que les autres Églises ont échoué. Elles ne sont, à ce point de vue, que des catholicismes avortés. L'histoire de la fontaine de Bethsaïda se reproduit partout et est vieille comme le temps : la foi humaine attend. Seulement, un jour, en

(1) Pardon, Monsieur Mallock; si vos arguments sont bons, et ils sont excellents, ils vont plus loin que vous ne voulez l'admettre : ils prouvent non seulement la supériorité, mais la divinité de l'Église catholique. *(Note du traducteur.)*

un lieu privilégié, l'ange est descendu et a troublé l'eau, et, depuis ce temps, un tourbillon s'est formé là, dont les eaux guérissent les âmes.

Voilà les prétentions de l'Église catholique; et il faut avouer que la vue de ce qu'elle est en réalité, n'est pas faite pour les démentir. De fait, plus on la compare aux autres religions ses rivales, plus se révèlent en elle, même dans les points où elle leur ressemble le plus, des dissidences profondes.

Les autres religions sont comme les imitations indécises et hasardées d'une mélodie oubliée. L'Église catholique est cette mélodie même, qu'on reconnait dès les premières mesures, et dont le souvenir hantait l'esprit, alors même qu'on s'en écartait le plus. Elle est la seule religion dogmatique qui ait compris ce que c'est que d'avoir des dogmes, et qu'elles exigences suivent de là, et elle est la seule en état de satisfaire à ces exigences. Elle seule a compris que, s'il doit y avoir en ce monde une voix infaillible, cette voix doit être une voix vivante, capable de se faire entendre maintenant comme par le passé, et qu'à mesure que le monde devient plus capable ou plus avide de connaitre, le maitre doit donner à son enseignement plus d'ampleur. Parmi les religions qui ont une histoire, l'Église catholique est la seule qu'on puisse concevoir comme s'adaptant aux besoins du jour, sans cesser d'être elle-même. Elle est la seule qui puisse vivre sans changer, développer son enseignement sans l'altérer, rester toujours la même, tout en progressant toujours.

Tout cela, sans doute, ne prouve pas absolument que le catholicisme soit la vérité, mais pour le théiste, tout cela prouve au moins que, en dépit de ce qui se dit autour de lui, le catholicisme pourrait bien être la vérité.

C'est là un *minimum* que tous seront bientôt forcés d'accorder. L'opinion, si éclairée sur tant d'autres points, ne peut rester dans l'obscurité sur cette seule question. Il faut que cet état de choses change, et tout changement ne peut être qu'avantageux. Pour le moment, les chefs de l'école soi-disant libérale et éclairée sont sur tout cela à peu près aussi clairvoyants et aussi impartiaux qu'une petite marchande de province ou qu'un sacristain de village protestant. Mais si violents et si obstinés qu'ils soient, les préjugés se dissiperont un jour devant la vérité, comme le brouillard de Londres devant le soleil, et alors la question se dessinera nettement. La question, dis-je; mais qui donnera la réponse? C'est ce que je vais examiner.

CHAPITRE XIII

DE LA FOI ET DE LA VOLONTÉ

> Credidit Abraham Deo, et reputatum est illi ad Justitiam. (Gen., 6.)

Les arguments sont comme la semence, ou comme l'âme, que saint Paul comparait à la semence : ils ne sont féconds qu'à la condition de mourir. Tant qu'ils ne sont que des arguments, ils ne produisent rien. Ils n'ont leur effet que longtemps après et à la dérobée, quand ils sont comme pourris dans la mémoire ; quand les préjugés et la défiance ont disparu ; quand ils se sont à notre insu fondus avec nos autres pensées ; quand ils sont devenus comme une seconde nature et sont, comme le sang, entrés dans la circulation.

Cela n'est peut-être pas toujours vrai ; mais quand il s'agit de questions comme celle qui nous occupe, cela est toujours vrai. On peut même remarquer ce phénomène dans celui qui trouve et presse un raisonnement, aussi bien que dans celui qui l'écoute.

On peut ainsi travailler et raisonner longtemps, sans résultat apparent : il ne faudrait pourtant pas croire que ce fût peine perdue. Un jour ou l'autre, on recueillera le fruit de ce qu'on a semé. Parfois l'intelligence est l'esclave du cœur; mais parfois aussi, le cœur suit pas à pas la voie que lui trace l'intelligence.

C'est précisément ce qui arrive maintenant. Pendant des siècles, la foi et tous les sentiments élevés de l'humanité ont trouvé une route toute frayée. L'empire de la pensée leur apprenait sans conteste. Mais il n'en est plus ainsi. Ce vaste empire s'est disloqué : une horde de barbares intellectuels l'a envahi de toutes parts. Les effets de cette invasion ont de quoi étonner. Si les envahisseurs n'avaient été que des barbares, on en fût venu à bout facilement; mais c'étaient des barbares armés de tous les engins d'une civilisation raffinée. On vit un phénomène inconnu jusque-là : une science incontestable aux mains d'une ignorance non moins incontestable, et l'effet de cette alliance monstrueuse a été, non la réorganisation, mais la ruine absolue.

Rarement les initiateurs d'un mouvement important se sont bien rendu compte à l'origine du but qu'ils poursuivaient; mais jamais il n'y a eu de méprise plus absolue que celle du positivisme. Voyant trop bien, pour avoir l'instinct qui sauve l'aveugle, mais pas assez, pour marcher à la lumière du jour, il n'a étendu sa main glacée sur la pensée moderne, lui qui n'est que confusion, que pour y mettre le désordre. Il n'y a plus qu'une chose à faire : c'est de ramener ce désordre à l'ordre, par un emploi discret et patient des facultés intellectuelles.

Jamais l'intelligence livrée à elle-même ne rallumera le flambeau de la foi; jamais elle ne rétablira dans leur vigueur primitive les diverses puissances, maintenant si chancelantes, qui gouvernaient l'humanité. Mais elle servira de pionnier et d'éclaireur ; elle aplanira la voie à ces puissances, au cas où elles seraient un jour ranimées, et elle se sentira soutenue dans son œuvre, sinon par l'espérance, au moins par l'espérance d'avoir un jour l'espérance.

Je suis un pionnier qui fraye la voie, non un apôtre qui propage une doctrine. J'ai cherché à définir exactement la position que la science nous a faite, et la manière dont elle pose devant nous le problème de la vie.

J'ai essayé de montrer que, quelle que soit la tendance finale de la science, cette tendance ne peut plus être celle que lui suppose l'école qui a surtout propagé cette science ; qu'elle fera nécessairement ou beaucoup plus ou beaucoup moins que l'école positiviste ne croit. L'histoire, à défaut d'autres preuves, témoignerait de la vérité de ce que je dis.

L'école dont je parle est allée de négation en négation, croyant à chaque pas qu'elle allait s'arrêter et trouver le roc. Elle a rejeté l'Église, pour affirmer la Bible ; puis elle a nié la Bible, pour s'en tenir à Dieu seul ; puis elle a nié Dieu, pour s'attacher à la divinité de l'homme. Elle voulait s'arrêter là ; mais elle ne le peut pas. Elle n'est plus maîtresse de ses mouvements : une force implacable la pousse en avant, et voilà que, sous les coups de sa logique inquiète, le dernier asile de la dignité humaine s'écroule comme les autres. Elle se faisait forte de combler le vide laissé par Dieu, en proclamant d'un ton plus libre et plus convaincu la dignité humaine ; mais les principes qui avaient renversé Dieu, menacent encore davantage ce qu'on prétend mettre à sa place.

Sans doute, l'esprit humain a toujours dit plus ou moins : *Nisi videro, non credam ;* si je ne vois de mes yeux, je ne croirait point; mais avant l'apparition de la science et de ses méthodes positives, ce n'était là qu'une tendance vague et sans consistance.

Grâce à l'aliment solide qu'elle a trouvé dans la science positive, cette tendance a pris corps; elle s'est développée, prenant des formes toujours plus accusées et, maintenant, le monstre, arrivé à son plein développement, fait retentir le monde entier de ses négations.

Il n'est plus question de l'esprit ni des aspirations de l'esprit; on a fait de l'existence quelque chose de parfaitement net, de parfaitement rangé et de parfaitement vide. Comment l'esprit rentrera-t-il là? Évidemment, il faudra pour cela d'autres méthodes.

La pensée moderne n'a pas créé un nouveau scepticisme, elle a perfectionné l'ancien. Elle l'a fait descendre des régions lointaines de la théorie, dans le centre même de nos cœurs et de nos vies. Elle a fait de la question de la foi ou de l'incrédulité, la question capitale et souverainement pratique. Elle nous a forcés de tout jouer sur un seul dé. Que sommes-nous? Nous sommes-nous jusqu'ici trompés sur nous-mêmes, oui ou non, et l'espérance, qui jusqu'ici était notre soutien, s'évanouit-elle pour toujours, ou bien, sommes-nous réellement ce qu'on nous a dit que nous étions? Avons-nous encore devant nous une destinée que nous puissions appeler élevée et sainte, un but qui soit plus que ce qui passe? Avons-nous encore droit à ce respect pour notre dignité, que nous aimions à regarder comme notre inviolable prérogative?

C'est ici qu'est la difficulté. C'est ici même, au seuil

de la vie spirituelle, qu'il nous faut livrer bataille. Sommes-nous, oui ou non, des êtres moraux et spirituels ? Voilà la question décisive, à laquelle il faut répondre par un oui ou par un non.

Si nous pouvons nous déterminer en pleine connaissance de cause, et de cœur, à dire oui, sans crainte, avec fermeté, regardant en face les éventualités possibles, alors, nous n'avons plus rien à redouter. Nous aurons combattu le bon combat, nous aurons *gardé la foi* « fidem servavi », et ce qui nous est nécessaire, nous sera ajouté par surcroît.

De cette foi en notre dignité morale (en notre âme) nous nous élèverons à la croyance en Dieu, qui est la seule base rationnelle de notre dignité morale, en même temps que le complément possible de nos facultés. Mais, en tous cas, quelques difficultés que nous rencontrions, ce ne seront pas de nouvelles mais d'anciennes difficultés qui nous apparaîtront alors sous un jour nouveau.

Mais cette première décision, comment y arriverons-nous ? Ce premier oui, comment le prononcerons-nous ? Qui nous aidera, qui nous conseillera ? — Ici, le monde matériel ne nous fournit pas de preuves, l'univers interrogé par la pensée positiviste est aveugle et muet, il voit que sans croyance en Dieu il n'y a pas de morale. Pas de morale ! cela le désespère : la nature appelle la morale.

Pas de morale ! c'est le suicide intellectuel, et, pour éviter le suicide, il se jette dans les bras de Dieu. La science et l'histoire sont également muettes et aveugles. Elles ne parleront que lorsque nous aurons pris notre parti, et ce parti, c'est à faire à notre volonté et à notre volonté seule de le prendre (1).

On pourrait dire, il est vrai, qu'il faut que la volonté se crée pour ainsi dire elle-même, en entrant en exercice, en donnant à sa propre existence un assentiment délibéré. Si notre volonté peut faire cela, nous aurons surmonté toute une série d'obstacles; mais d'autres nous attendent.

Ce monde auquel la volonté morale vient de naître, en l'affirmant, ce monde non matériel mais tout spirituel, ce monde qui n'est possible que parce qu'il y a une volonté, ce monde-là n'est pas silencieux comme le monde matériel. Il est déchiré par des divisions et il retentit de contradictions sans fin. Au premier aspect, ce n'est qu'un lieu d'angoisse, une espèce d'enfer des intelligences, où la raison est condamnée à être sans cesse torturée par une troupe de monstres à figure de sphinx, qui tous désespèrent de la vérité. Le mal et le bien y sont face à face, à jamais brouillée. On y voit un pouvoir tout-puissant, bravé par la créature, et une miséricorde toute-puissante, réduite à l'impuissance.

(1) M. Mallock, élevé dans les sophismes de Kant, saturé de théories positivistes, n'a pas eu le temps ou la force de se dégager des erreurs qui pèsent sur son intelligence. Il croit en Dieu, mais c'est pour ne pas renoncer à la morale : au fond, il n'admet pas la preuve directe de l'être nécessaire; il croit à la liberté, mais sans en comprendre la raison, qui est l'équilibre où la laisse tout ce qui est fini. Il l'admet comme une nécessité qui s'impose à tout homme que ne veut pas se suicider moralement; il est tenté de croire à l'Eglise catholique, parce que le théisme sans la révélation est chose impraticable, et qu'une révélation sans l'infaillibilité doctrinale n'est qu'un théisme ou un rationalisme confus; et il ne voit pas que, si ces raisons valent quelque chose, elles tranchent la question. (*Note du traducteur*).

La volonté aura-t-elle la force de soutenir le spectacle de ce monde décevant et monstrueux? Ne se jettera-t-elle pas en arrière pour échapper à l'horrible vision? Aurons-nous le courage de dire : Je crois, bien que cela paraisse impossible? En un mot, la volonté que nous aurons d'affirmer notre nature morale, notre droit de naissance à l'éternité, nous soutiendra-t-elle jusqu'au bout?

L'épreuve est terrible. Pendant que nous balançons que nous hésitons, le silence du monde physique nous glace. Qui sommes-nous donc, nous, perdus au milieu de ce vaste univers qui n'a nul souci de nous, que nous prétendions à pareil héritage; que nous revendiquions pour nous des lois différentes de celles qui semblent tout régir, et que nous caressions le rêve de passer par-dessus ces lois, pour nous élever à quelque chose de plus excellent?

Et cependant, il peut se faire qu'après tout la croyance aux choses invisibles l'emporte sur la science des choses qui se voient. Il peut se faire que le grand prix du trésor que nous possédons, nous donne la force de le défendre. Il peut se faire que l'humanité, voyant enfin dans quelle voie elle est entraînée, tant qu'elle n'est pas aidée, change d'attitude. Il peut se faire que, ne trouvant que faiblesse dans l'orgueil, elle cherche la force dans l'humilité et apprenne à dire : Je crois, bien que je ne comprenne pas. Que l'homme dise cela, et à l'instant la lumière se fera, et il verra sa voie se dessiner clairement à ses yeux. A travers le désordre, le doute et l'obscurité, il apercevra la clarté de la divine présence, et plus tard, peut-être, il entendra de nouveau la voix du Verbe lui-même.

De la croyance à la nature morale, il lui faut s'élever à un certain théisme, et de là, peut-être, il arrivera à reconnaître une Église ; à reconnaître la personnification visible de sa nature morale, dirigée vers la fin qui lui est propre, unie à cette fin ; à trouver où est la joie, la satisfaction de ses désirs, le plein développement de ses facultés.

Alors tout ce qu'il y a de plus élevé et de plus saint, se présentera à lui sous des formes sensibles, qui seront pour lui des aides puissants. La grâce et la miséricorde descendront au-devant de lui et se communiqueront à lui par des moyens déterminés. Sa nature sera visiblement rachetée, c'est-à-dire arrachée à ses faiblesses, à ses hésitations, et cela non en rêve, non en imagination, mais en réalité. Dieu se fera son père, son frère ; il entrera dans la familiarité, presque dans la parenté du Très-Haut, de celui qui est toujours et partout. Son amour pour la vertu ne sera plus un simple goût personnel ; ce sera la reproduction en lui-même de l'éternelle force et de l'éternelle beauté. Les êtres qu'il chérit et révère le plus, sa mère, sa femme et sa sœur, la femme, en un mot, a été sanctifiée, pour toujours exaltée au-dessus de toutes choses dans la personne d'une femme, la Mère de grâce, la Mère de la douce miséricorde, qui le défendra contre ses ennemis et le sauvera à l'heure de la mort.

Voilà pleinement développée, l'idée sur lui-même et sur son rôle dans l'existence, que l'homme portait cachée au fond de son âme. Voilà l'homme arrivé à concevoir sa race, ou du moins cette portion de sa race qui demeure fidèle, comme la fiancée de Dieu.

Cette conception pleine de grandeur est-elle vraie ou

n'est-elle qu'un rêve? n'est-ce qu'un nuage qui s'élève comme une vapeur, et n'y a-t-il rien de cette vision qui vienne du ciel et lui donne une réalité? — Le rêve de l'humanité a pris une forme définie. C'est une statue. Il s'agit de savoir si rien de divin n'anime cette statue, ne touche ses lèvres, ne soulève ses bras. Si la chose arrive, c'est l'affaire d'un instant. Le contact du divin et de l'humain est alors absolu. La vie, la vérité, la force, passent dans cette statue, comme un courant électrique. Elle vit, elle se meut, elle respire; elle a un corps, une existence à part. Le divin, l'éternel, habitent au milieu de nous.

Aussi bien, quoique la science, à mesure qu'elle mûrit et s'étend, semble épaissir nos ténèbres; bien que, de chaque côté de la route, nous voyions se creuser des abîmes plus vastes, plus profonds, plus insondables, et où rien ne parle de l'âme; bien que la lime du temps se fasse entendre toujours plus stridente; à travers la nuit, à travers les ombres, la lumière qui éclaire notre vie ne jette qu'un éclat plus vif, et ce monde qui ne semble qu'un point imperceptible, dans sa marche à travers l'immensité, reflète la lumière de tous les autres mondes.

Les penseurs de l'école de M. Stephen relèguent ces croyances au pays des chimères, et ils ne demandent pas mieux que de leur faire bon accueil, pourvu qu'il soit entendu qu'elles ne sont que cela, des chimères. C'est déjà quelque chose. Par cela seul, ces Messieurs reconnaissent le dualisme, c'est-à-dire les deux ordres de choses. Eh bien! soit, appelons ces croyances des chimères; mais alors, de leur propre aveu, nous pourrons dire, en nous servant de leurs propres expressions, que si le monde des réalités a une valeur quelconque, cette valeur, il l'emprunte tout entière à ces chimères.

Ne faut-il pas croire que, lorsque la réalité sera évanouie, les prétendues chimères demeureront (1)?

(1) Sur tout ce chapitre, voir l'*Introduction*. M. Mallock nous laisse sur un point d'interrogation. Il est triste de voir un esprit d'élite comme le sien poser les prémisses et hésiter devant les conclusions. Un jour, espérons-le, la prière et la grâce aidant, il trouvera la force d'aller jusqu'au bout de ses propres principes. (*Note du traducteur.*)

TABLE DES MATIÈRES

Introduction-critique par le traducteur . pages v à lxvi

CHAPITRE Ier

NOUVEL ASPECT DE CETTE QUESTION : LA VIE VAUT-ELLE LA PEINE DE VIVRE ?

A première vue, on pourrait croire que c'est là une question oiseuse. — Il n'en est rien. — Sens de cette question.

Le bonheur. — Ce que c'est que le bonheur. — Ses éléments. — Prise isolément, sans les éléments du bonheur suprême, la vie n'est qu'une illusion, une tromperie. — Le christianisme fait envisager la vie à des points de vue qui la transfigurent.

Le positivisme enlève tout ce que le christianisme avait apporté et prétend maintenir le prix de la vie.

Il cherche à prouver que, pendant des siècles, on a cru à la valeur de la vie, sans croire à la vie future.

Mais cette théorie est fausse. — La négation moderne est infiniment plus radicale. — Les temps ne sont pas les mêmes. — Il faut tenir compte du fait immense du christianisme, du développement des sciences naturelles.

La comparaison du positivisme avec le bouddhisme se retourne contre le positivisme . . . . pages 1 à 26

CHAPITRE II

LA MORALITÉ ET LE PRIX DE LA VIE.

La question de la valeur de la vie est intimement liée à celle de la moralité de la vie.

Les positivistes l'accordent. — Le bien, disent-ils, est le but de la vie. — La moralité gouverne la vie. — La vie a un but, dont la moralité est le chemin. — Ce but, c'est le bonheur. — La valeur de la vie dépend de ce que vaut ce but, ce bonheur. — En quoi consiste ce bonheur? — Vague désespérant des réponses positivistes. — Puisqu'il n'y a pas d'autre vie, ce bonheur doit se trouver en cette vie. — Il doit être facile à reconnaître. — Si on ne peut le décrire, le trouver, il ne peut pas être la règle de la moralité.

A toutes ces questions, le positivisme ne répond que par des faux-fuyants. — Une de ses réponses, c'est que ce bonheur est le bonheur de l'humanité . . pages 27 à 40

CHAPITRE III

LA SOCIOLOGIE COMME BASE DE LA MORALE.

La santé du corps social, dit le positivisme, est la raison de la moralité des actes. — Mais le bien-être social n'est que le bien-être de chacun des membres de la société. — Ce bien-être social n'est pas le bonheur, mais seulement une condition du bonheur. — Le bien-être social est encore bien moins le bonheur suprême. — De ce que le bien est général, il ne s'ensuit pas qu'il soit moral. — Pour que le bien général soit un but moral, il faut que chacun y aperçoive un bien personnel, une satisfaction personnelle. On prétend trouver cette satisfaction personnelle requise pour que le bien devienne moral, dans la sympathie que nous inspire le bonheur des autres. — Réfutation de cette théorie. — La sympathie, comme impulsion naturelle, est plus que contre-balancée par l'égoïsme, qui est, lui aussi, une impulsion naturelle. — Cette sympathie ne peut donner ce qu'on lui demande. — Le bonheur général est chose trop vague pour déterminer la volonté, pour tenir en échec la tentation, pour produire l'enthousiasme. — Il faut que le bonheur, but de l'homme, soit chose positive, et surtout procure à l'homme une jouissance personnelle. — Le partage de la jouissance n'ajoute rien à son prix. — L'espoir que d'autres jouiront ne peut nous affecter. — Contradiction du positivisme, qui veut pour le bien général un grand enthousiasme . . . . . pages 41 à 63

CHAPITRE IV

LA BONTÉ EST SA PROPRE RÉCOMPENSE.

Les positivistes eux-mêmes sont forcés de convenir de ce que nous avons établi dans le chapitre précédent. — La question capitale pour eux, comme pour nous, est celle-ci : Comment la vie sera-t-elle agréable à chacun? — Ce qui rend la vie heureuse pour eux comme pour nous est quelque chose d'intime. — La fin morale est un état de l'âme. — Les positivistes prétendent obtenir cet état d'âme sans la religion. — L'école positiviste cite plusieurs choses qui, prétend-elle, peuvent servir d'idéal sans l'idée religieuse. — Bévue des positivistes : toutes ces choses sont remplies de l'idée religieuse. — La fin morale est une chose intime, d'extrême importance et absolue. — Or ces trois caractères supposent la religion et ne peuvent s'expliquer sans la religion . . . . pages 64 à 84

CHAPITRE V

APPLICATION DES THÉORIES POSITIVISTES A L'AMOUR.

L'amour, disent les positivistes, rehausse le prix de la vie. — Mais ceci n'est vrai que de certains amours. — Tous les autres amours sont le fléau de la vie. — L'amour véritable suppose dans les amants la conformité à certain idéal. — C'est la qualité et non l'intensité qui donne à l'amour humain son prix. — Le positivisme n'a pas le droit, d'après ses principes, de distinguer entre amour et amour. — Théorie de Théophile Gautier sur l'amour. — La pureté de l'amour n'est, à l'entendre, qu'une faiblesse ou un vice. — L'amour alors n'a plus rien de moral : c'est une chose toute brutale. — Le positivisme n'a pas le droit de protester contre Théophile Gautier. — Toute vue morale de l'amour qui ne se repose pas sur l'idée religieuse, est absurde. — Ce n'est qu'en vertu des principes moraux et religieux qu'on peut blâmer l'amour vicieux et louer l'amour vertueux.
Le remords et les angoisses du vice, comme le charme et l'estime de la pureté, reposent sur des idées religieuses, sur l'attente d'une autre vie. — En détruisant l'idée religieuse, le positivisme enlève à l'amour tout caractère moral et en fait une passion brutale.
La transformation que subit l'amour, au contact du positivisme, nous fait présager la transformation qui va s'opérer dans la vie tout entière. . . . . . . pages 85 à 109

CHAPITRE VI

LA VIE EST SA PROPRE RÉCOMPENSE.

Le drame est le miroir de la vie humaine. — On peut donc, par l'importance que les appréciations morales ont dans le drame, apprécier celle qu'elles ont dans notre vie.

Dans tous les drames célèbres, tels que Macbeth, Hamlet,
Antigone, Mesure pour Mesure, Faust, dans l'art cynique
et voluptueux, l'appréciation morale donne à l'œuvre
artistique tout son intérêt et tout son pathétique. Otez le
principe moral, et vous tuez l'art. Ainsi en serait-il de la
vie. — La vie n'aurait plus d'horizons. — Tout, jusqu'au
plaisir, deviendrait banal et mesquin. — Sans l'élément
moral et religieux, ni les raffinements de la civilisation,
ni l'amour de la vérité ne suffiraient à relever l'existence.
— L'amour de la vérité pour elle-même, le culte de la
nature, qui n'est qu'une forme de l'amour de la vérité,
ne signifient rien en dehors des principes théistes. Le
positivisme voit ainsi lui échapper toutes les ressources
sur lesquelles il comptait, pour remplacer le principe
religieux . . . . pages 110 à 135

CHAPITRE VII

LA SUPERSTITION DU POSITIVISME.

Le positiviste est un visionnaire. — L'idée qu'il se fait du
progrès est une véritable fantasmagorie. — Il accuse le
ciel chrétien d'être une vaine illusion : cette objection se
retourne avec force contre l'avenir qu'il nous promet. Cet
avenir ne peut en aucune façon créer l'enthousiasme que
son système exige. — Pour le créer, il faudrait que la
nature fût métamorphosée. — Il faudrait que l'imagination
et l'abnégation prissent des dévelopements extraordinaires. — Dès qu'on entre dans la vie pratique, le
caractère visionnaire du positivisme saute aux yeux. —
Les exemples qu'il allègue ne prouvent rien. - Le système
positiviste est une vraie superstition. — Son effet fatal est
de tuer tout ce qui fait l'intérêt de la vie, et de ne rien
mettre à la place. . . . . page 136 à 154

CHAPITRE VIII

L'AVENIR TEL QU'IL SERA.

Les effets produits nécessairement par le positivisme ne se produiront que dans l'hypothèse, peut-être irréalisable, où les principes positivistes seraient pleinement admis. Mais par ce que le positivisme à déjà produit, on peut présager ce qu'il produirait, s'il réussissait à s'emparer de notre génération. — Décadence morale amenée par le positivisme : position fausse de ceux qui, tout en abjurant les principes spiritualistes, ont gardé l'amour de la vertu. — Quand ils étaient religieux, le combat était rude : il est plus rude maintenant. — La conscience demeure, mais sans prise sur le cœur, elle est désarmée en face de la tentation.
C'est un souverain détrôné, sans prestige, spectateur d'une révolution. Les symptômes de cette décadence morale sont : le remords, l'ennui, l'indifférence. — Nombre croissant des hommes chez lesquels ces symptômes se rencontrent. — Progrès latent du mouvement positiviste. — Les effets de cette dépression morale se font sentir chez les croyants. — La grande question pour le présent et pour l'avenir : La foi reviendra-t-elle ? pages 155 à 176

CHAPITRE IX

LOGIQUE DE LA NÉGATION SCIENTIFIQUE.

Le prestige du positivisme tient à ce qu'on s'imagine qu'il représente la science. — Trois sortes d'arguments mis en avant : l'argument physique, l'argument moral, l'argument historique. — La religion naturelle affirme l'existence de Dieu, l'immortalité de l'âme et possibilité du miracle.

Les sciences physiques veulent détruire la religion naturelle, en confondant l'esprit avec la matière : 1º en faisant de la vie consciente une fonction du cerveau; 2º en tirant l'organisme vivant de la matière inerte; 3º en faisant de l'évolution naturelle une évolution automatique. — On prétend par là en finir avec l'existence de Dieu et avec l'immortalité de l'âme. — On s'appuie sur ce principe, qu'il n'y a qu'une preuve de la réalité : l'expérience physique.

Ce principe n'a pas été prouvé : on l'admet de confiance, sur la parole de quelques savants. — Ces hommes ne comprennent pas leur principe. — Dans les conclusions les plus importantes, ils s'en écartent. — De deux choses l'une : il leur faut ou admettre le principe religieux, ou renoncer à la morale.

Même contradiction, quand il s'agit de la conscience et de la volonté. — A écouter la science, on croirait d'abord que l'homme est une machine automatique. — L'école positiviste se refuse à admettre carrément cette conséquence. — Ne pouvant résoudre la question, on la noie dans l'obscurité. — Nous sommes en face de deux problèmes : 1º Quel est le lien qui unit le mouvement du cerveau et la conscience ? 2º Le fait de conscience, qui est lié aux mouvements du cerveau, est-il indépendant de ces mouvements ? — La seconde question seule intéresse la religion et la morale : elle ne comporte que deux solutions; or, la science positiviste ne veut accepter ni l'une ni l'autre de ces deux solutions. — Le Dr Tyndall nous donne la pensée de toute l'école. — Comparaison des molécules du cerveau aux billes d'un billard. — Les mouvements de ces billes sont-ils dus à une seule queue ou à deux ? — L'école positiviste ne peut échapper à ce dilemme : Ou l'intelligence et l'âme sont entièrement l'effet des molécules, ou les molécules sont, au moins partiellement, disposées par l'intelligence et par l'âme. — Si l'homme n'est pas un automate, la conscience n'est pas simplement la fonction d'un organe physique. — Ou la vie est l'union de deux ordres, ou il n'y a qu'un ordre de choses. — Or, de ces théories, qui s'excluent, le Dr Tyndall dit avec le positivisme : Je n'en choisis aucune. — Raison de cette attitude.

La science ne peut rien pour nous défendre d'affirmer la volonté, l'immortalité de cette volonté, l'existence de Dieu, et la possibilité du miracle. . . pages 177 à 216

CHAPITRE X

LA MORALE ET LE THÉISME NATUREL.

Objection du positivisme contre le théisme. — Difficultés tirées de l'existence du mal en face de la puissance de Dieu, et l'existence de la volonté libre en face de la volonté de Dieu. — Ces difficultés se retrouvent dans tout système qui admet une morale. — Elles seraient plus inexplicables dans le système positiviste que dans le théisme. — La liberté. — Autres difficultés. — Pour trouver une solution satisfaisante, demander à la foi de donner la main à la raison . . . . pages 217 à 234

CHAPITRE XI

LA RACE HUMAINE ET LA RÉVÉLATION.

Si l'humanité revenait à la religion, cette religion serait-elle une révélation surnaturelle? — Insuffisance du théisme. — Vice du protestantisme, qui n'est plus qu'un théisme. — Les prétentions de l'Eglise romaine sont les seules sérieuses. — Positions respectives du catholicisme et du protestantisme. — L'Eglise catholique répond à ce que désirent les hommes éclairés. — Sa prétendue intolérance.

— Le monde confond avec le catholicisme : 1° les explications qu'on en donne; 2° les règles de discipline; 3° les opinions privées, les erreurs privées. . pages 235 à 267

CHAPITRE XII

L'HISTOIRE ET LES PRÉTENTIONS DE L'ÉGLISE CHRÉTIENNE.

Le protestantisme ne peut pas répondre à la critique moderne. — La critique ne peut entamer l'Eglise catholique. — Manière dont se présente dans l'Eglise catholique la question de la Bible. — L'Eglise catholique est un organisme vivant . . . . pages 268 à 284

CHAPITRE XIII

LA FOI ET LA VOLONTÉ.

But de cet ouvrage. — Conclusion . . . pages 285 à 294

Évreux. — Imp. de l'Eure, L. Odieuvre.

OUVRAGES DU MÊME AUTEUR

Librairie Lethielleux, 10, rue Cassette.

L'Église catholique au XIXᵉ siècle (1800-1900). Conférences données à Paris, à Saint-Philippe-du-Roule et à Saint-François-Xavier. — I Coup d'œil d'ensemble. II L'Église catholique en Allemagne : le kulturkampf, le secret de la force des catholiques. — III L'Église catholique aux États-Unis (1800-1900). — IV L'Église catholique en Angleterre (1800-1900). — V Conversion du Cardinal Newman et ses conséquences. — VI Le catholicisme en France (1800-1900).

« Beau livre, fortement pensé, vigoureusement écrit, richement documenté. »

(P. Noury, écrivain aux *Études*).

« Les deux conférences sur l'Angleterre sont admirables. Le coup d'œil d'ensemble est du plus haut intérêt. »

(*Tablet*, 5 mars 1904).

Librairies Vaton, 45, rue du Bac. — Berche et Tralin, 69, rue de Rennes.

Les Mémoires du P. Gérard. Missionnaire en Angleterre sous Élisabeth, prisonnier à la tour de Londres, torturé cinq fois, échappé de la tour de Londres. Cinquième édition.

« Il n'y a pas de roman d'aventures qui vaille ce livre rigoureusement historique. »

(Aubineau-*Univers*).

Librairie Leroux, 29, rue Bonaparte.

Olgivie, Écossais, Jésuite et Martyr. Épisode de l'histoire de l'Église catholique en Écosse (1615), d'après des documents contemporains et tous inédits.

« Ouvrage loué par la *Revue des Bollandistes*. »

Évreux. — Imp. de l'Eure, L. Odieuvre.

www.ingramcontent.com/pod-product-compliance
Lightning Source LLC
Chambersburg PA
CBHW050531170426
43201CB00011B/1389